电子竞技专业丛书

E-SPORTS

电子竞技概论

徐 剑 编著

上海交通大学出版社
SHANGHAI JIAO TONG UNIVERSITY PRESS

内容提要

本书是关于电子竞技的概论性教材,旨在使读者对电子竞技的基本概念、产业要素、市场现状、人才培养等内容有一个综合了解。全书共十六章,详细阐述了电子竞技的概念与特征、电子竞技游戏的分类、电子竞技发展阶段和发展现状、电子竞技的功能与价值、电子竞技产业发展与赛事运营、电子竞技俱乐部、电子竞技解说与直播、电子竞技内容生产与传播、电子竞技用户画像、电子竞技运动员与裁判、电竞场馆与电竞设备、电竞人才发展与培养等诸多内容,通过阅读本书,读者不仅能够掌握电子竞技相关的基础知识,同时也能对当前国内外电子竞技的发展现状和未来趋势有客观和全面的认知。本书的读者对象不仅包括体育传播等相关专业的学生和教师,还包括电子竞技产业的工作者和管理人员,以及广大对电子竞技感兴趣的游戏玩家和游戏爱好者。

图书在版编目(CIP)数据

电子竞技概论/徐剑编著. —上海:上海交通大
学出版社,2023.7
ISBN 978-7-313-28172-2

Ⅰ.①电… Ⅱ.①徐… Ⅲ.①电子游戏—运动竞赛—
教材 Ⅳ.①G898.3

中国国家版本馆 CIP 数据核字(2023)第 116770 号

电子竞技概论
DIANZI JINGJI GAILUN

编　著:徐　剑

出版发行:上海交通大学出版社　　　　　地　　址:上海市番禺路 951 号
邮政编码:200030　　　　　　　　　　　电　　话:021-64071208
印　　制:上海文浩包装科技有限公司　　经　　销:全国新华书店
开　　本:710mm×1000mm　1/16　　　印　　张:19.5
字　　数:295 千字
版　　次:2023 年 7 月第 1 版　　　　　　印　　次:2023 年 7 月第 1 次印刷
书　　号:ISBN 978-7-313-28172-2
定　　价:68.00 元

前　言

　　人生是现实实践与精神体验的交互，电子竞技（简称"电竞"）作为一种新技术文化样态，正在复制乃至重塑我们对世界的想象与体验，进而形成基于5G、大数据、AR、VR和XR等信息工业底盘的科技与文化高度融合的新社会生态。电竞以电子游戏为依托，是一项具有竞技性的体育活动，它以高科技软硬件设备为器械，在统一的比赛规则下开展人与人之间的虚拟对抗。作为互联网社会诞生的典型文化形态，电竞不仅是人们娱乐休闲的工具，更是一种集互动性、艺术性和趣味性于一体的重要媒介，是当代胸怀憧憬的人们通向虚拟世界的强大接口，不断实现着网络虚拟世界和现实世界的深度关联。20世纪末电子游戏的飞速发展与革新一方面吸引了无数年轻一代成为其忠实受众，另一方面也面临着公众对于电子游戏危害性的广泛讨论与质疑。在这种冲突的张力中，科技的力量正趋于让生活更美好，协同规制和治理的新思路正在消弭可能存在的不当使用等危害，"青少年模式"正在成为行业健康发展的澎湃动力。电竞作为一种新的时代文化潮流，不仅向世人充分展示了科技创新的新奇，也在孕育和培养青年探究未知的乐趣。

　　早在2003年，中国国家体育总局就已把电竞列为第99个正式的体育竞赛项目；2017年10月，国际奥林匹克委员会

（简称国际奥委会）在第六届峰会上宣布将电竞作为一项"体育活动"（sporting activity）。作为一项新兴的竞技运动项目，电竞正在全世界蓬勃发展。伴随着粉丝和运动员规模的不断壮大，许多知名城市都致力于打造成为世界电子竞技中心，并希望在该行业中获得更多的市场份额。当前，电竞已成为主流的运动项目，其正从充满活力的小众市场转变为全球娱乐的核心形式，门票销售也正在从竞技场转向互联网平台。虽然电竞只是体育产业中的一个部分，但它本身已经发展成为一个完整的产业。随着电子竞技游戏不断融入全球流行文化，全球投资者、各大品牌方、知名媒体和众多消费者都在重点关注这一产业发展。

本书是一本关于电竞的基础性教材，不仅涵盖了电竞的基础知识，帮助读者全面了解电竞的概念性问题，还涉及了电竞中的重要利益相关者及其产业发展状况，能够帮助读者更好地理解电竞的产业链条和当前全球电竞市场的发展现状与趋势。读者阅读本书，能够对电竞这一新兴数字产业的发展现状和未来趋势有一个全面的了解，这将有利于体育产业和数字文化产业的深度融合与协同发展。

过去未去，未来已来。当前，全球正经历以信息技术为主导的产业升级和产业革命，电竞产业在此背景下具有高度的自身延展性以及与不同产业领域间的有机连接性，并为层出不穷涌现的新一代信息技术提供实践的土壤。电竞是互联网社会中青年一代对生活的另一种延伸与想象，是他们诉说故事、表现情感、传达价值的重要窗口，并帮助他们突破现实存在的种种障碍，提升人们对合作、进取、勇敢等美好品质的追求。未来的生活，将具有更加沉浸式的互联网体验，未来的电竞，也将引领人们进入全真互联网时代，成为后人类社会人们通向"虚实合一"的梦幻窗口，进而建立属于人类的崭新的生活观念、价值理想和宇宙哲学。

目　录

第一章

电子竞技的相关概念与特征

伴随着信息技术与移动互联网的发展,电子竞技在近年迎来了全民关注的时代,作为科技、文化、体育和传媒的集合产业飞速成长,为大众带来了新颖的娱乐方式和社交体验。但在对电子竞技的定位上,却始终存在争议。如何界定电子竞技,全面认识其属性与特质,厘清其与相关概念的关系,成为发展电竞产业的当务之急。

（一）电子竞技的定义与特征

游戏对每个人来说并不陌生，从本能的对生存技能的锻炼，到主动的获得身心快感的娱乐，游戏的演变一直跟随着人类社会的发展脚步。随着计算机技术与网络技术的诞生，电子游戏成为技术与文化融合的新游戏形式，游戏的空间也从现实环境延展到了虚拟领域。电子竞技正是在电子游戏多样化发展和深度化演进的过程中应运而生的，它依托于电子游戏与信息网络设备，实现了人与人在游戏场域中的激烈对抗。

近年来，电子竞技已经成为社会、经济、文化的重要组成部分，作为一种世界级的文化现象，其娱乐与竞技交织的独特性，吸引了广泛的参与者与观赏者，日益成为人们生活的重要元素。同时，电子竞技展现出的科技性，与当前技术环境相贴合，这也使得电子竞技产业正在成为各类新技术的实践土壤。

电子竞技的发展催生出新的经济产业，其规模增长迅速，展现出巨大潜力。据统计，2020 年，中国电竞整体市场规模已接近 1500 亿，用户规模已达到 5 亿。而较早发展电竞市场的欧美、韩国等，更是证明了电竞产业在激发经济活力，推动国民经济持续发展上的巨大价值。也正由于电子竞技的蓬勃发展带来了各方面的增长效益，诸多国家纷纷出台政策扶持其产业运作，许多知名城市正致力于打造"电竞之都"，电子竞技日益成为社会舆论关注的焦点。

但在电子竞技已广泛渗入日常生活的今天，人们对它的认知却仍旧莫衷一是，电子竞技在吸引无数人追捧的同时，也面临着不少人对其危害性的质疑。而只有厘清电子竞技的定义，了解其特性，才能让我们对其采取正确的态度与行为，让电子竞技这一新兴内容，与当前人们的发展诉求结合起来，同时也促进其进步与完善。因此,我们首先需要了解电子竞技是什么,以及它有哪些特征。

1. 电子竞技的定义

官方对电子竞技的定义集中于电子竞技的体育性,强调"电子"的运动器械与"竞技"的运动特征。

2003年,国家体育总局正式批准,将电子竞技列为第99个正式体育竞赛项目(2008年改批为第78号正式体育竞赛项目),自此电子竞技正式成为官方认定的体育项目。2017年,国际奥委会宣布将电子竞技视为一项"体育活动"。2018年,雅加达亚运会将电子竞技作为表演项目。2020年,亚洲奥林匹克理事会(简称亚奥理事会)宣布电子竞技项目成为2022年杭州亚运会正式比赛项目。以上这些充分体现了电子竞技向职业体育和竞技体育靠拢的趋势。

国家体育总局将电子竞技定义为:利用高科技软硬件设备作为运动器械,在同一竞赛规则下进行的人与人之间的对抗性活动。通过电子竞技运动,参赛者可以锻炼和提高反应能力、思维能力、协调能力、毅力、团队精神和对现代信息社会的适应能力,从而促进自身的全面发展。

亚奥理事会则认为:电子竞技(electronic sports),简称电竞(e-sports),是具有竞技属性的电子游戏,而这类游戏在形式类型上有所区别,包括射击类、策略类和体育类等。其他有相关定义的术语包括竞技游戏(comp-etitive gaming)、网络体育(cyber sports)、网络竞技(cyber athletics)等。

电竞相关的行业从实践角度对电子竞技进行了不同的定义,大部分沿用了官方的体育性定义,也有部分定义将其直接视作产业。

由超竞教育、腾讯电竞主编的《电子竞技运动概论》将电子竞技运动定义为:电子竞技运动是以软、硬件设备为载体,在虚拟空间中按照一定规则进行的人与人之间的智力与反应速度对抗运动。

三拍电竞则将电子竞技视为电子竞技游戏(亦称电子竞技运动)的简称,认为电子竞技游戏就是一种随着信息技术发展而诞生的竞技类的游戏方式,也是新的信息技术条件下的体育运动。它包含"电子"与"竞技"两个基本要素,是在以信息技术为核心的各种软硬件和它所营造出来的虚拟环境中开展的,是运用技巧和战术的人与人之间的竞争、对抗运动。

艾瑞咨询在其《2022年中国电竞行业研究报告》中,将电子竞技定义为利用电子设备作为运动器械进行的人与人之间的智力对抗运动。同时将电子竞技游戏进行了广义、狭义与泛电子竞技游戏的划分。

企鹅智酷在其《2017中国电竞发展报告》中强调了作为产业的电竞:电子竞技是基于游戏又超越游戏的,集科技、竞技、娱乐、社交于一身的独有商业属性与用户价值的数字娱乐文化体育产业。

青山资本指出:电子竞技的名称隐含了两种属性,一个是电子(互联网)属性,所对应的是内容端的游戏内付费,以及相对较新的直播平台付费等模式;另一个则是竞技属性,对应传统体育竞技,以及在赛事、俱乐部运营方面的营收模式。

学术界在探讨电子竞技的定义时,就电子竞技是否属于体育范畴产生了分歧。

部分学者不认同将电子竞技归类于体育,电子竞技作为一种特殊的电子游戏,就是智力竞技和精神娱乐,它与强化体能或追求身体极限的体育有本质不同,没有必要非纳入体育中来。[①]

另一部分学者的观点与官方定义相似,阐述了将电子竞技视作体育运动的合理性。

李宗浩等将电子竞技定义为计算机技术和竞技运动完美结合的产物,认为电子竞技是人(队)与人(队)之间,运用计算机(含软件和硬件设备),通过网络(局域网)所营造的虚拟平台,按照统一的竞赛规则而进行竞赛的体育活动。[②]

铁钰、赵传飞认为,电子竞技是人类社会进入数字信息时代后将虚拟的电子游戏与传统的实物竞赛有机结合,通过数字信息技术与人工智能技术的融合而产生的一项集竞技、娱乐、科技于一体的运动模式。电竞运动具有竞赛和游戏的双重属性,是区别于网络游戏并达到竞技层面上的一项运动,旨在提高和锻炼受

---

① 易剑东.中国电子竞技十大问题辨识[J].体育学研究,2018,1(4):31-50.
② 李宗浩,王健,李柏.电子竞技运动的概念、分类及其发展脉络研究[J].天津体育学院学报,2004(1):1-3.

众的思辨能力、反应能力，心眼与四肢的协调能力，培养意志品质和团队协作精神的一项有益于德智体全面发展的体育运动，也是纳入全民健身的运动项目之一。①

阳骏滢等在分析中国电子竞技产业时，对电子竞技所下的定义是以信息技术为核心、软硬件设备为器械，在信息技术营造的虚拟环境中，在同一竞赛规则下进行的对抗性益智电子游戏运动。②

杨越基于对电子竞技发展的梳理，指出电子竞技已经从网络游戏中独立出来，形成了独特的体育化发展方向，具备了竞技体育的基本特征。电子竞技是信息时代人类体育行为的一种演化，它是以电子游戏内容为载体，借助电子交互技术和硬件工具实现人与人之间竞技比赛的竞技体育活动。③

恒一在《电子竞技概论》中总结认为，部分学者认同电子竞技源于计算机游戏，但将其归于体育范畴。定义的主要差别在于如何具体表述"电子"与"竞技"两个基本元素以及它们之间"连接"的基础。对"电子"的描述包括项目内容、运动器械、竞赛场地，对"竞技"的描述则基本按照现代竞技体育的相关定义，而"连接"则是指电子游戏将两个元素相连，使电子游戏发展为电子竞技。④

国外有学者同样认可电子竞技属于体育活动领域，参与者运用信息和传播技术发展和训练心智或身体能力。⑤ 电子竞技是体育的一种形式，其关键部分受电子系统操控：玩家及团体进行输入的同时，电子竞技系统进行输出，两者通过人机交互界面得以媒介化呈现。⑥ 2017 年，《美联社写作风格指南》正式确定了"Esports"的通行拼写方式，电子竞技的英文"Esports"中的"sport"已经显示

① 铁钰，赵传飞. 中国电子竞技产业研究[J]. 体育文化导刊，2017(7)：100－104.
② 阳骏滢，黄海燕，张林. 中国电子竞技产业的现状、问题与发展对策[J]. 首都体育学院学报，2014，26(3)：201－205.
③ 杨越. 新时代电子竞技和电子竞技产业研究[J]. 体育科学，2018，38(4)：8－21.
④ 恒一. 电子竞技概论[M]. 南京：江苏人民出版社，2017.
⑤ Wagner M G. On the scientific relevance of eSports [C]//Proceedings of the 2006 International Conference on Internet Computing & Conference on Computer Games Development(ICOMP) 2006. Las Vegas, 2006.
⑥ Hamari J, Sjoblom M. What is eSports and why do people watch it? [J]. Internet Research. 2017,27(2)：211－232.

出将电子竞技定义为体育的倾向。

戴焱淼在《电竞简史》中指出,电子竞技借助信息技术平台,将竞技运动屏幕化、对抗过程电子化、数字娱乐赛事化,并在这个过程中实现娱乐功能、商业价值和文化意义。[①] 现代体育的一项主要功能就是以竞技表演的方式娱乐大众并形成产业。无论任何一个个体或一个机构对待电子竞技的态度如何,也无论电子竞技与亚运会、奥运会的关系如何,它已经在现实中以"体育"的形式存在了。

因此,综合各方对电子竞技的定义,本书认为,电子竞技以电子游戏为依托,是一项具有竞技性的体育活动,它以高科技软硬件设备为器械,在统一的比赛规则下开展人与人之间的虚拟对抗。电子竞技同时具备竞技属性、商业属性、娱乐属性和文化属性,作为一项新兴的体育产业,电子竞技的发展将会有广阔的前景。

2. 电子竞技的特征

1) 竞技性

竞技性是电子竞技的一项本质属性,使其区别于一般的电子游戏活动。电子游戏的竞技性在于其需要参与者通过主观策略选择、战术布局,以及身体操作,进行智力与体力的对抗。电子竞技的竞技性则是在统一的规则下进行,以确保游戏内部的客观条件公平,使得双方能够依据其训练所得技能开展竞争,并且这一竞争最终需要有胜负的评判。

2) 虚拟性

不同于一般的体育运动,电子竞技运动开展的场地是基于计算机信息技术打造的虚拟空间。虽然参与者置身于一个现实场地中操作设备,但他们所控制的用以代替真人竞赛的是一个个虚拟对象。他们在电子竞技游戏所构建的虚拟世界内进行竞技,并且使用网名、账号,代替了真实的操控者身份。而电子竞技的观看者一样可以借由技术,获得竞技现场的"观察者视角",以虚拟的"在场身份"参与竞技。

---

① 戴焱淼.电竞简史[M].上海:上海人民出版社,2019.

3）大众性

电子竞技运动参与门槛低，对参与者的身体素质要求不高，且受到活动环境、场地等方面的限制少，这就使得更广泛的群体得以参与到电竞中来。同时，电子竞技游戏种类广泛，能够满足不同人群的兴趣取向，这使得电子竞技更易向多样的受众进行推广。最后，电子竞技赛事的观看模式也使得其更易广泛传播，由于其本身就在线上举办，大量观众可以随时随地同步观看，且视角自由，这种高主动选择性和可看性更易吸引受众。

4）文化性

电子竞技的文化性体现在两个方面。

第一，电子竞技运动的文化特质。这项运动本身包含着体育竞技精神，竞赛中团队合作、追求超越、坚持不懈等精神内涵，不断传达给电子竞技的参与者与观看者。与足球、篮球等运动一样，电子竞技也成为当下年轻人的一项社交活动。共同观赛并讨论交流，以及日常非正式竞赛开展，让电子竞技运动正逐步形成新的社会文化。

第二，电子竞技游戏中包含着文化内核。每个游戏的故事设定、人物制作、场景展示等，都包含着其所在的文化环境的精神内涵。游戏设计者结合特定的历史、神话、传说、现实等题材，构建出一个庞大的虚拟世界，让参与者能够置身其中，获得直观的文化体验。例如《王者荣耀》中的角色设定就取材于中国传统历史文化，其定位设计也颇似传统棋类设定。通过电子竞技活动的开展，其所展现出的文化得以流动与传播。

5）科技性

依托于计算机信息技术的电子竞技从诞生之日起，就与技术进步密不可分，逐渐成为新技术展示与应用的试验田。最早的电子竞技来自对计算机的科学研究，网络技术的发展则使得竞技功能得以进一步跨越现实空间。如今，传感器技术、虚拟现实技术等，也正逐步应用于电子竞技上。正是信息技术的发展产生新的"运动器械"，带来从身体发展到人脑解放的新任务，使得现实竞技运动发展为电子竞技。可以说，科技性是电子竞技与生俱来的本质属性。

（二）电子游戏、网络游戏与电子竞技

游戏是人类社会发展过程中十分重要的一部分，玩游戏是人的天性，更是人了解自己、认识世界的一种方式。伴随着社会发展、生产力进步、新思想涌现，游戏的形式也不断变化，电子游戏正是信息技术诞生后，游戏虚拟化发展过程中的产物。

电子竞技初步兴起时，对许多不了解它的人来说，等同于电子游戏，并没有被视作一项正式的竞技运动，也曾经一直被污名化为"电子鸦片"。随着网络技术发展，网络游戏普及后，也有许多人认为玩网络游戏就是在进行电子竞技，导致电子竞技的发展一直饱受争议，并被视作引导青少年不务正业的行为。但实际上，电子游戏、网络游戏与电子竞技是三个不同的概念，厘清三者之间的关系，有助于进一步明确电子竞技的内涵，减少大家对其的误解。

1. 电子游戏与网络游戏

电子游戏是以电子设备为媒介运行的交互游戏，是一种新兴的文艺娱乐方式。电子游戏在20世纪中叶诞生，是人类迈向信息时代过程中诞生的全新游戏形式。最早的电子游戏是主机游戏，通过控制器参与游戏，例如街机、家用电子游戏机等设备。主机游戏后续发展为PC游戏（电脑游戏），在个人电脑上运行的各种游戏随着PC的普及逐渐成为主流，例如美国动视暴雪公司（Blizzard）的《星际争霸》（StarCraft）和《魔兽争霸》（WarCraft）。主机游戏和PC游戏可以统称为电子游戏，包括其后伴随着手机诞生的手机游戏，最初大多是PC游戏的手机版本，借助手机这一新型电子设备，能够在移动端进行游戏，也属于电子游戏范畴。

而网络游戏实际上是PC游戏接入互联网之后诞生的产物，厂商在游戏中加入联网功能，使得PC游戏进一步实现大型多人在线竞技的可能，让世界各地的玩家得以连接起来，不仅增强了竞技属性，也使得游戏具有更强的社交属性。移动互联网下手机等移动设备增加了联网功能，所以其中部分游戏也属于网络

游戏,网络游戏不再受限于电脑端,玩家可以随时随地接入游戏,这使得游戏进一步成为全民娱乐活动。

网络游戏对互联网的依赖性更强,其开放、连通的特性使得玩家间的交流更丰富,社交与人际传播的功能更为强大,这使得游戏进一步融合了虚拟与现实,成为新的生活方式。目前大量网络游戏风靡,证明了其对受众的吸引力。

因此,电子游戏的概念更为广泛,随着技术发展,不断衍生出主机游戏、PC游戏,以及后期出现的网络游戏、手机游戏等依赖不同电子设备开展的游戏形式。

2. 电子游戏与电子竞技

电子竞技是一项依托游戏开展的竞技运动,这里的"游戏"指的就是"电子游戏"。游戏天生就具有竞争特质,因此,伴随着电子游戏的出现,早期的电子竞技也很快诞生。

1962 年,麻省理工学院 7 名学生制作的《太空大战》(Space War)被视作最早的电脑游戏,也被认为最早开启了电子竞技赛事。作为一项双人对抗游戏,尽管比较简单,却已经实现将竞技活动延伸至数字空间、虚拟领域。1972 年,斯坦福大学的几位学生举办了"泛银河系太空大战奥运会"(Intergalactic SpaceWar Olympics),虽然比较简陋,但这场比赛已经有了器械、场地与规则,开启了电子化的竞技对抗,因此,部分研究者将其视作电子竞技的开端,本书后续章节将对该段历史进行更为详细地介绍。

也有一些研究者认为,世界上第一场电子竞技比赛,是由世界上第一家电子游戏公司雅达利(Atari)于 1980 年 12 月在美国纽约举办的"国际'太空侵略者'大赛",这场比赛使用的游戏是日本游戏公司南梦宫在 1979 年推出的街机射击类游戏《太空侵略者》(Space Invaders),此次大赛在赛事组织上更为正式,吸引了超过一万人参与比赛。

尽管对哪一场比赛才是电竞的起点看法不一,并且电子竞技的概念直到后期才被正式提出,但显而易见,早在电子游戏刚起步时,电子竞技活动就已经开始进行,因此电子游戏可以视为电子竞技的源头。电子竞技依托于电子游戏程序,诞生于电子游戏的群体活动中,逐渐走向职业化、规范化。

而电子竞技与电子游戏有着本质的不同,不能混为一谈。电子游戏与电子竞技的区别可以归纳为三点。

第一,两者的最终目的不同。电子游戏诞生就是为了满足人们的娱乐需求。电子竞技是一种运动,重点在竞技过程中的对抗。电子游戏玩家在游戏的虚拟世界中扮演一定的角色,从而获得游戏体验。电子竞技以电子游戏为基础,玩家在游戏环境中进行对抗,重点是获得本体的技能提升。

第二,两者的运行规则不同。电子竞技是在统一的比赛规则下进行的,每场比赛都有严格的规则限制,要在规定时间内取得相应的比赛成绩。电子游戏则没有统一的规则,并且通常不受时间的限制。

第三,两者的根本属性不同。电子竞技是参赛选手之间进行的比赛,选手们需要恪守体育精神,通过体力和智力的比拼,最终根据比赛成绩判定胜负。电子游戏是人机对战或者人与人之间的虚拟交流,是娱乐性的活动,胜负不是必然结果。竞技性与娱乐性,也是电子竞技和电子游戏之间最主要的差别。[①]

3. 网络游戏与电子竞技

由前面的分析我们可以看出,网络游戏是电子游戏的一类,而电子竞技是依托于电子游戏展开的竞技运动,那么是否能将参与网络游戏全部视作电子竞技运动呢?

两者确实存在一定的联系,参与网络游戏和电子竞技都需要依托于电子设备,并且都是在虚拟空间开展活动。网络游戏的发展带动电子竞技实现竞技水平的提升,使得大规模多人竞技成为可能。同时,部分网络游戏由于具有竞技性,且具有观赏价值与商业价值,后期确实发展成了电子竞技项目,例如《穿越火线》《王者荣耀》等,已经诞生了正式的电竞赛事。

但两者也存在不少差异,所以并不能将网络游戏等同于电子竞技。

第一,两者性质不同。电子竞技是一项竞技运动,具有很强的竞技性,是为

---

① 张轩,巩晓亮.电子竞技新论[M].北京:电子工业出版社,2019:209-210.

了开展技术、策略等对抗。达成最终的赛事胜利,既需要运动员经过长期的训练,又需要具体的规则以确保赛事运行。而网络游戏是一项休闲娱乐活动,目的在于愉悦身心。许多网络游戏并不具有竞技性,即使存在玩家对抗、人机对抗,也是为了增加游戏趣味性、刺激性,并非专业的竞赛。

第二,两者对网络需求不同。网络游戏是依托互联网展开的,这是它的本质属性,游戏厂商出于游戏运营操作和营造游戏社区的目的,需要让玩家通过互联网进行游戏,玩家通过互联网服务器和客户端进行游戏登录,能够在游戏中获得更好的游戏体验,以及满足社交与竞技需求。而接入网络对电子竞技来说并不是必需的,早期的电子竞技就是以单机游戏的形式开展的,如今许多电子竞技在比赛时为了减少网络的影响,也会选择在局域网内开展。

第三,两者的参与模式不同。电子竞技是有组织的运动,在发展中逐渐形成职业选手、职业战队、职业赛事等,一场电子竞技的举办是在主办方、选手、裁判等多方配合下开展的,选手必须经过专业性的训练,因而竞技参赛也成为他们谋生的手段。而网络游戏并不需要专门组织玩家参与,也不需要训练,玩家寻求的是娱乐放松,并不将其作为职业,反而会在游戏中进行消费以获得更好的游戏体验。

第四,两者的规则不同。网络游戏是服务于玩家个人的体验展开的,因此在游戏内,玩家获得的诸如技能、装备等内容是随机的、不平均的,并且可以通过花钱"氪金"获得游戏优势;部分网络游戏会向玩家开放玩法,并不限制规则;玩家还可以主动选择游戏时间,自由决定游戏时长。电子竞技则强调竞技运动的公平性与严格规范,对战双方无论在游戏内外都遵循同一套规则,并不能以花钱的方式获得竞技上的优势。同时,电子竞技依据赛事要求,有场次、回合的限制,会在一定时间内结束比赛,分出胜负,游戏时限取决于赛事规定。

第五,两者的盈利模式不同。电子竞技产业的盈利方向是从竞技活动特质出发的,赛事是其核心,通过举办运营赛事、开发周边产品、提供配套服务等方式寻求盈利。而对网络游戏产业来说,重要盈利来源是玩家付费,同时还有游戏娱乐化,在音乐、影视等方面融合游戏内容,打造游戏 IP,增加盈利点。

通过梳理电子游戏、网络游戏与电子竞技的关系,我们也可以发现,虽然游戏的类型是会变化的,各类游戏项目随着时间发展可能会纳入或退出电子竞技的范畴,但电子游戏是电子竞技不变的技术基础,电子游戏的发展带动着电子竞技的发展。

　　而一直以来人们将发展电子竞技等同于鼓励玩游戏的观念,很多时候是源于对新事物的不了解。一种新的技术手段和文化工具,在其发展初期会对生活造成前所未有的冲击,自然存在着被了解与接受的过程。如今电竞产业的发展与繁荣,已逐步辐射到更多的相关产业,带动社会经济与文化不断发展,利用好人们对电子游戏、网络游戏和电子竞技不断增加关注度的契机,可以促进各个行业建立起新的发展模式,助推社会发展。

（三）电子竞技与竞技体育

　　随着国家体育总局、国际奥委会、亚奥理事会对电子竞技体育性的认可,电子竞技逐渐被划入竞技体育范畴。但是,不少学者依旧认为,两者之间存在着较大的差异。正是这种差异性,使得电子竞技"入奥"一直饱受争议,尤其在从业方面,也难以获得与竞技体育同等的认可度。

　　但事实上,电子竞技已经在逐步成长为一项特殊的竞技体育。认识两者共性有助于电子竞技朝着职业体育方向发展,获得更广泛的认可与普及;而了解差异,则有助于把握电子竞技作为竞技运动的特殊性,以明了如何正确助力其成长。

1. 电子竞技与竞技体育的共性

1）规范的竞技性活动

　　从名称即可看出,两者最大的共性在于均属于竞技活动,具有可定量、可重复、可精确比较的特征。竞技过程中依托一套完整、公平的规则,可以对参赛者的表现进行定量计分,比较高低,从而分出胜负。在竞技运动中,双方的激烈竞争,胜负的难以预料,以及运动员所展示出的追求更高、超越自我的竞技精神,都是使竞技运动充满魅力的元素,给观众带来观赛的乐趣。

为了使这种竞技活动有序开展,两者的赛事举办也都有一套自己的运行制度,包括赛事体系、赛事流程、场馆规定、人员行为规范等,这使得竞赛能够走向规范化,保证赛事得到认可,从而不断延续。例如竞技体育中的美国职业篮球联赛(NBA),作为世界瞩目的篮球竞技活动,促进了篮球运动的推广传播;全球热门电竞项目《英雄联盟》也已经形成了完整的赛事体系,这种规范的赛事运行制度是电子竞技项目持续发展的支撑。

2) 相同的游戏起源说

竞技体育、电子竞技均起源于游戏,游戏最初是原始生活中为锻炼生存技能而进行的训练、模拟,而后由于环境的改善,这些训练开始从生存需求转型为娱乐、休闲与锻炼并重的游戏,之后其中强调改善身体素质的游戏类型,又逐渐发展成为近代的体育项目。后期,一些强调脑力对抗的游戏项目,诸如围棋、桥牌等,也被认可为竞技体育项目。

而电子竞技的发展是源于电子游戏,电子游戏是在技术条件进步下游戏向着虚拟化发展的结果,身体的对抗性降低,而思维的对抗性提升。正因为如此,亚奥理事会在批准电子竞技进入亚运会时,将其定性为"智力项目"。实际上,游戏、竞技体育与电子竞技,都是身心锻炼的统一,因此三者的联系始终紧密,例如足球是从蹴鞠游戏发展成竞技体育的,《实况足球》又是电子化呈现的足球竞技运动。

3) 一体的教育与娱乐功能

竞技体育与电子竞技都在教育与娱乐方面发挥着独特功能。

竞技体育与电子竞技都包含着体育精神,重视团队协作,鼓励坚持奋斗,强调公平竞争,能够对青少年起到思想上的引领与导向作用。竞技体育能够帮助体育教育更好地开展,促进身体素质提升,而电子竞技也推动了信息技术教育的进步,丰富了信息技术"扫盲"的手段。

娱乐性是竞技体育与电子竞技的又一共同特征,观看体育、电竞赛事,是广受欢迎的娱乐活动,参与体育锻炼、电子游戏,更是人们休闲放松的主要选择。除此之外,两者在产业发展上也增强了娱乐特性:电子竞技以赛事为核心,打造明星选手、热门赛事、游戏IP等,与泛娱乐产业联系日益紧密;而竞技体育也正在不断提升其娱乐性,例如以各类竞技体育为主题的综艺、电视、电影等热度不断,带来的是大众对体育项目的关注度上升,更多资金与人才等进入竞技体育。

4)一致的商业化和职业化

随着生活水平的不断提高,人们越来越注重对精神文化方面的追求,竞技赛事也迎来了新的发展机遇。竞技体育与电子竞技都走向商业化的模式,明星选手与粉丝团体的诞生,赞助商对行业的资金投入,以及赛事的运营、转播、付费观看等,都在不断提升运动项目的商业价值。商业化不仅是与游戏产业密不可分的电子竞技的特点,也已经成为现代体育的必由之路,为保障与促进竞技运动不断发展提供动力。

由于竞技体育有来自政府、体育局等官方的认可,社会认同度高,能够获得资源支持,其职业化道路较为顺利。而像电子竞技这样的特殊竞技运动,最开始并不受社会主流认可,正是在游戏产业发展的助力下、赛事商业化的推动下,电子竞技的职业化才成为可能。电竞的职业体系正逐步完善,职业人才培养逐渐得到保障,职业人才也能获得薪资、奖金等经济来源,通过参与有影响力的赛事来提高职业认同。

2. 电子竞技与竞技体育的差异

1)竞技环境的差异

竞技体育项目往往有专门的运动器械与场地,是在场地内开展的现实中的对抗,环境因素对竞技体育开展的影响较大。不同的项目适配于不同的现实场地,例如棒球场、游泳馆等,户外场地往往易受到天气因素的制约,参与人数也会受场地大小限制。

而电子竞技的真正赛场在虚拟的网络空间,开展对抗的也是虚拟的人物角色,使用的运动器械是电脑等电子设备。同一电竞场馆可以支持不同电子赛事的开展,受环境影响小,参与人数灵活、可调整。

2)竞技侧重的差异

虽然在体育活动中,思维与身体是同步锻炼的,不存在只依靠单一能力开展的竞赛,但是竞技体育与电子竞技的侧重点还是有所不同。竞技体育主要侧重于身体能力的竞争,正如奥林匹克"更快、更高、更强、更团结"的口号,是对人的生理极限的不断突破。而电子竞技操作、运用的身体部位有限,虽然也有身体素质的较量,例如操作速度、精确度等,但的确更重视思维的对抗,双方的战术、策略等也是一场比赛的重要内容。

同时不可否认,电子竞技的训练也存在伤病情况。未来传感器、虚拟现实等技术的进步,有望将电子竞技项目以真实的身体运动方式开展,两者在此方面的差异可能会缩小。

3) 竞技发展的差异

竞技体育的项目具有长期延续性,例如短跑项目,从最初奥林匹克竞技延续至今,对竞赛时的场地、比赛规则、人员要求等,是逐步发展规范的。而电子竞技的项目更迭速度快,对电子游戏依赖性强,游戏传播的方式决定了其规则能够迅速普及,这就使得电子竞技难以形成同一套规范。一方面是同一项目内的规则变动,由于游戏厂商对游戏版本会进行调整以增加其可玩性,吸引玩家,导致项目内规则会有变化。另一方面是项目的更替,从过去到现在,竞技项目已发生较大变化,新游戏层出不穷,这是市场的选择,也与游戏厂商的维护有关。

两者更迭速度快慢的区别也与话语权有关,竞技体育项目依赖的不是某一个具体公司的产品,赛事一般由行业联盟运作,例如德国足球甲级联赛就是由德国足球协会确立举办的。而电子竞技项目必须依托特定游戏开展,受到资本的制约与影响,游戏厂商拥有绝对的话语权,可以决定比赛的规则、体系与流程,如果游戏公司停止对项目的维护与投入,就会导致项目停办。

3. 电子竞技对竞技体育的价值

当前电子竞技已逐步进入竞技体育范畴,两者体现的都是人类挑战极限、超越自我的追求。电子竞技对竞技体育的价值,既体现在对竞技体育本身的发展上,也体现在人们对体育锻炼方式和观念的改变上。

电子竞技活动进入竞技体育范畴,也是社会对它的选择与推动。我国的互联网用户总数大,增长速度快,具有极大的发展空间,新的消费群体的出现又带来了新的消费需求,而电子竞技的出现,正好迎合了这一消费缺口,使得电子竞技产业得以极快地发展。随着电子竞技这一新事物的影响力不断扩展,人们需要将其纳入社会框架之中,而电子竞技也乐于获得这种"正名"来完善自身规范性。

以往这种吸纳主要是电子竞技对竞技体育的学习,从赛事到联盟,模仿已有的成熟、规范的竞技体育发展框架。而如今现代竞技体育也正在经历一些变革,已具有商业化、全球化的特征,因此,随着人们对虚拟空间的探索,未来的竞技体育可能也会出现"虚拟化"的特征,电子竞技或许就是数字体育新模式的代表,成为竞技体育发展学习的一个方向。

电子竞技在数字传播环境中的影响力,也会成为竞技体育影响力扩展的助力,篮球、足球等热门项目早已借助电子竞技获得了新的文化传播渠道,让由于体能等问题不能参与体育竞技的人可以借助游戏感受运动文化,从热衷观看电竞赛事移情至现实世界中的运动赛事。

过去电子竞技与竞技体育最大的差异就在于身体活动的不足,近年来,通过虚拟现实和传感器等技术,交互式的电子游戏开始出现。电子游戏开始探索全身活动模式,对身体能力的要求逐步提高,能够实现新的身体锻炼模式。新冠疫情期间,任天堂"健身环"的火爆,就是人们对此类游戏发展的认可与需求。

可见,未来以电子游戏为依托的电子竞技,也将向着虚拟与现实合一的方向深入,向着身体对抗与脑力对抗合一的体育运动方式发展,这不仅可以增加体育运动的娱乐性,丰富健康锻炼的模式,也将为整个行业带来一次质的飞跃。

拓展阅读

电子竞技运动进入亚运会

2018年雅加达亚运会中,电子竞技成为表演项目,尽管最后不计入奖牌总数,但作为亚洲体育第一盛会,亚运会对电竞赛事的接纳体现了传统体育权威机构对电竞运动态度的转变。中国电子竞技国家队参与了《英雄联盟》、《王者荣耀国际版》(Arena of Valor)、《皇室战争》三个游戏项目的角逐,并于8月26日的王者荣耀国际版表演赛中摘下了2018年雅加达亚运会电竞表演赛首金。这是电竞项目在亚运会历史上的首次亮相,也是亚运会历史上第一块属于电竞项目的金牌。最终,中国电子竞技国家队在3个项目上斩获了两金一银,为电竞产业的蓬勃发展带来新的契机。

这并不是电子竞技国家队第一次代表国家参与体育竞赛,2013年3月,国家体育总局成立由17人组成的电子竞技国家队,目标即为出战第四届亚洲室内和武道运动会(以下简称亚室武会),最终在《英雄联盟》《星际争霸2》《FIFA》3个赛事项目上,收获了2银1铜的成绩。此后2017年的第五届亚室武会中,中国代表队则获得了3金2银1铜。在这两届亚室武会中,电子竞技也仅作为示范项目,并不计算奖牌数,到2021年芭堤雅亚室武会中,电子竞技才正式成为计入奖牌的项目。这是继2019年菲律宾马尼拉海洋运动会之后,第二个正式承认电子竞技为奖牌项目的多项目奥运会。

2022年第19届亚运会在浙江杭州举办(2022年7月19日亚奥理事会宣布将于2023年9月23日到10月8日举办,赛事名称和标识保持不变),在保持40个大项不变的前提下,增设电子竞技、霹雳舞两个竞赛项目。自此电子竞技成为亚运会正式比赛项目,属于"智力项目",这意味着电子竞技项目也将纳入奖牌总榜单。近期亚奥理事会宣布,《英雄联盟》《王者荣耀(亚运版)》《和平精英(亚运版)》《DOTA2》《梦三国2》《街霸5》《FIFA Online 4》这7个项目将成为杭州亚运会电子竞技比赛的小项。

为亚运电竞赛事配套的项目场馆——杭州电竞中心也于2022年5月31日举行了启用仪式暨首次市民开放日活动。启用仪式上,杭州拱墅区发布《拱墅区关于推动电竞产业发展的若干政策意见》,同步启动实施《拱墅区促进电竞产业发展三年行动计划(2022—2024)》,展现了杭州市对电竞产业发展的重视,在高质量建设场馆的同时,抢抓电竞入亚契机,积极谋划产业导入,促成城市电竞产业进一步落地生长。

第二章

电子竞技游戏的分类

电子竞技游戏是电竞赛事开展的依托,是依据专业化的电竞赛事要求从大量电子游戏中筛选而出的游戏,需要具备能体现竞技水平、可计量胜负、规则公平公正、有一定观赏性等特点。电子竞技产业的发展,也带来了电子竞技游戏类型的多元繁荣。不同类型的电子竞技游戏各具特色,不断涌现出日益精良的游戏作品,吸引了大量电竞爱好者的关注。

（一）多人在线战术竞技类游戏

多人在线战术竞技游戏（multiplayer online battle arena，MOBA）是当下最火的一个游戏种类，也是当前电子竞技界最火的一个比赛类型，比如《英雄联盟》《王者荣耀》《刀塔 2》等。

1. MOBA 类游戏的玩法

MOBA 类游戏一般以英雄角色为核心，兼具公平竞技、实时对抗、游戏机制免费等特征。它的游戏特点很多，比如大多数有两个以上的队伍选择不同英雄进行对战，竞技地图通常是 3 条主路连接双方基地，玩家必须击败对手、摧毁敌方基地才算获胜，这是经过多年发展形成的一套非常成熟的体系。而它的竞技模式通常是以 5V5 的形式让玩家操控游戏角色与敌方展开对抗，伴随着对各类资源的争夺，目标是摧毁敌方基地或者标志性建筑物。

2. MOBA 类游戏在电子竞技中的意义

MOBA 类游戏对于电子竞技而言，其最大的价值便是公平竞技，这也是其快速风靡全世界、占领游戏市场的根本原因。在 MOBA 类游戏中的每一局都是从新的游戏开始的，玩家在游戏中的竞争力取决于玩家自身的竞技实力，而这也是主导游戏走向的关键因素。区别于大部分游戏，金钱上的投入几乎不会为 MOBA 类游戏带来竞争力上的提升。

以《英雄联盟》为例，它在五年内就建立了完备的全球电子竞技体系，特别是赛区之间的对抗交流，推动了电子竞技全球化的进程，使 MOBA 类游戏受到全球各地粉丝的喜爱与关注。

3. MOBA 类游戏的发展

MOBA 类游戏的发展与成长并非一蹴而就,它是从即时战略类游戏中慢慢分离出来并形成一个独立的游戏分支后,经历了漫长的发展和改进才逐渐成熟的。通过对下面 7 个 MOBA 类游戏的介绍(以时间顺序),可以清晰地看出其发展过程。

1)《万世浩劫》(Aeon of Strife)

MOBA 类游戏的起源可以追溯到 1999 年。当年,美国动视暴雪公司发行《星际争霸》并在其中绑定了地图编辑器。一个名叫 Aeon64 的玩家制作了一张名为万世浩劫(Aeon of Strife)的自定义地图,这是一张纯粹的 PVE(玩家对战电脑)地图,地图只有两方势力,一名玩家控制的一名英雄与电脑控制的兵团进行激战,地图有三条连接双方基地的兵线,只有将兵线推至对面基地,摧毁对面主基地才算获得胜利。不过由于游戏本身引擎的限制,此游戏没有经验系统和装备系统,野区里没有野怪,技能也非常少,侧重于给小兵升级攻防后再靠小兵来战斗,而英雄对赢得游戏胜利的影响力并不大。虽然这张地图非常老旧,且游戏也是单机性质的,但它提出的概念是新颖的,即不用控制繁多的单位,只需要控制一名英雄就可以参与战斗,这是之前从来没有过的概念。因此从游戏内容的设定(包括三条由电脑控制的连接主基地的兵线、一名玩家控制的一名英雄、摧毁敌方水晶获得胜利

《星际争霸》游戏

等)来看,万世浩劫这张地图可以说是奠定了 MOBA 类游戏的基础。①

2)《远古遗迹守卫》(DOTA)

在完全崛起之前,MOBA 类游戏大多是依赖于即时战略类游戏的,《远古遗迹守卫》也不例外。2002 年,美国动视暴雪公司发行了一款即时战略类游戏《魔兽争霸3》。这款游戏保留了地图编辑器,玩家可以在游戏中创作自定义的地图。随后一个叫 EUL 的地图编辑者制作了远古遗迹守卫(Defense of the Ancients,DOTA)的地图。这张地图延续了《万世浩劫》中玩家控制英雄在有三条兵线的地图上与对手战斗的设定,但与《万世浩劫》不同的是,其游戏的对手不是电脑(AI)而是真实的玩家。另外,在这张地图里增加了 5V5 的玩法模式,并且英雄是可以升级的,同时在三条兵线之间加入了许多中立生物(即基于这张地图,玩家们也可以制作自己的 DOTA 地图,而且每一个创作者都可以在地图中增加英雄、装备、地图资源或其他的一些防御设施)。

随着玩家们制作出越来越多的 DOTA 地图,一个叫史蒂夫·费克(Steve Feak,现任《英雄联盟》游戏策划)的地图编辑者和羊刀(Guinsoo,现任拳头公司游戏设计师)一起创作了广受欢迎的《DOTA 全明星》(DOTA Allstars)。这张地图包含了多个DOTA 版本中的元素,对当时各种自定义地图中的原创英雄进行了汇集,使之成为一张有着诸多选择但在英雄平衡性上有所欠缺的地图。正是这张地图使大量玩家自制的地图变成一张统一的地图。随后这张地图获得大量玩家的认可,不断有英雄和战术被引入,这张地图也被不断更新和维护,并出现稳定的游戏版本和有组织的赛事。《DOTA 全明星》为当代 MOBA 类游戏打下了坚实的基础。即便如此,当时的《DOTA 全明星》仍然只是《魔兽争霸3》的一个地图而已,这也意味着它完全依赖《魔兽争霸3》的游戏资源。2009 年,DOTA 系列地图的受欢迎程度已经超过《魔兽争霸3》游戏本身。MOBA 类游戏的火热让许多游戏厂商看到了商机,其中一些游戏厂商便开始制作并推出独立的 MOBA 类游戏。②

---

① 杨越.新时代电子竞技和电子竞技产业研究[J].体育科学,2018,38(4):8-21.
② 超竞教育,腾讯电竞.电子竞技概论[M].北京:高等教育出版社,2018:30-45.

《远古遗迹守卫》游戏

3)《半神》(Demigod)

2009 年 4 月 14 日,一款译作《半神》的游戏出现在大众的视野中,这是第一款借用了《远古遗迹守卫》的概念并独自发售的多人在线联机游戏。《半神》的玩法与《远古遗迹守卫》基本相似,采用全三维的场景和模型,并且它的玩法非常新颖——英雄角色的装备都是自己身体的一部分,当英雄升级技能和装备时,其自己身体上的挂件也在升级。《半神》在很多方面都与《魔兽争霸 3》很像,不过该游戏创作了自己的英雄单位。但是,该游戏遇到了服务器问题,造成很多人不能

《半神》游戏

正常连接游戏,后续也未能很好地解决服务器问题;它还存在英雄稀少、出兵模式杂乱及毫无战术可言等问题。最终,《半神》没能成为一款真正具备影响力的MOBA类游戏。

4)《英雄联盟》(League of Legends,LOL)

伴随着早期MOBA类游戏的发展,布兰登·贝克(Brandon Beck)和马克·梅里尔(Marc Merrill)创立了拳头公司,他们与其他人合作,在2009年底推出了一款独立的MOBA类游戏《英雄联盟》。当时《英雄联盟》在风格和策划方面和《远古遗迹守卫》类似,但是它相比同时期的MOBA类游戏有太多明显的优点:一是《英雄联盟》有自己的匹配系统和成长系统,玩家不需要像《远古遗迹守卫》那样,要玩游戏必须去对战平台或者登录美国动视暴雪公司的服务器;二是游戏的成长性增加了用户的黏性,玩的时间越长则经验和金币也会越多;三是《英雄联盟》降低了游戏难度,让新手玩家适应起来更快。除此之外,《英雄联盟》加入了许多原创的内容,明确了英雄的定位,重新设计了英雄属性和道具类别,修改了地图遮蔽规则并弱化了死亡惩罚,这些改动给予了《英雄联盟》非常大的发展空间。[①]

另外,该游戏的收费结构对游戏的发展也起到至关重要的作用,玩家只要下载就可以立即进入游戏,游戏中的部分英雄角色也是免费的(倘若不想花钱购买

《英雄联盟》游戏

① 超竞教育,腾讯电竞.电子竞技俱乐部运营与管理[M].北京:高等教育出版社,2019:180-202.

付费英雄角色,就需要通过完成游戏对局来积攒金币购买)。这种模式很快获得巨大的成功,许多此前下载《魔兽争霸3》的玩家纷纷转向了《英雄联盟》。

5)《刀塔2》(DOTA2)

2009年,《DOTA全明星》的首席设计师冰蛙(Ice Frog)加入Valve公司,他想要开发一款属于自己的游戏引擎,并将《远古遗迹守卫》中所有的元素都移植到免费的《刀塔2》上。《刀塔2》于2013年7月在Steam平台正式发行,不仅免费,且不需要购买英雄角色或者以其他方式解锁英雄角色。《刀塔2》延续了《远古遗迹守卫》的经典英雄角色,完整地继承了《远古遗迹守卫》中超过一百位的英雄角色,加上Valve公司优秀的引擎资源,《刀塔2》的游戏系统和游戏画面更上一层楼。

《刀塔2》特色明显:一是拥有众多的英雄角色、装备及技能,易于上手、难于精通;二是设计了全新的系统,在游戏中可以和玩家进行互动交流,指导玩家合成装备及使用技能;三是整合了语音系统和自动匹配功能,保证玩家能够享受到高质量的游戏体验;四是在游戏的平衡性上很出色。

自从《刀塔2》问世之后,PC端MOBA类游戏就基本形成了《英雄联盟》和《刀塔2》两家独大的局面。虽然相比《英雄联盟》,《刀塔2》在用户数量上明显不足,但《刀塔2》的用户黏性更强,每年的《刀塔2》国际邀请赛(Ti)的赛事奖金在所有的电子竞技比赛里最高。

《刀塔2》游戏

6)《风暴英雄》(Heroes of the Storm)

《风暴英雄》由美国动视暴雪公司制作,于 2015 年 6 月 3 日正式发行。游戏中的英雄角色主要来自暴雪四大经典游戏,很多都有迹可循,如《魔兽世界》的巫妖王与熊猫酒仙、《星际争霸》的大主教阿塔尼斯与雷诺、《暗黑破坏神》的大天使泰瑞尔与李敏、《守望先锋》中的狂鼠与源氏等。只要是曾经玩过美国动视暴雪公司游戏的粉丝都能轻松地找到自己熟悉的英雄。

《风暴英雄》与其他 MOBA 类游戏最大的不同便是团队资源机制。不同于《英雄联盟》和《刀塔 2》,《风暴英雄》没有补兵、个人经验及个人装备,而是采用了团队资源和团队等级,也就是说英雄的等级受到团队总体等级的影响。《风暴英雄》也没有装备系统,取代装备的是英雄的天赋系统。每个英雄的天赋都各具特色,每隔几个等级,玩家便可以选择一个天赋来提供新的能力或者增强现有的属性。总体来说,《风暴英雄》强调英雄与英雄之间的配合,强调密切的团队合作,强调玩家与玩家之间共享经验与级别,因此整个团队的每个队员都非常重要。

《风暴英雄》游戏

7)《王者荣耀》(Honor of Kings)

随着智能手机的普及,许多优秀的 PC 端游戏开始尝试移植到手机上,移动端 MOBA 的概念被提出。早期国内市场也有不少 MOBA 类手游的试水之作,如《自由之战》《刀塔西游》等,而真正将 MOBA 类手游推向市场巅峰的是腾讯在

2015 年 11 月 6 日公测的《王者荣耀》。

《王者荣耀》在操作上将门槛降得极低,如削掉补兵、快捷施法、资源共享、野怪减少等。虽然操作性的降低会带来竞技性的减弱,但这也让《王者荣耀》能被更多的玩家接受。

《王者荣耀》玩法丰富,玩家与玩家之间可进行 1V1、3V3、5V5 等多种形式的 PVP(玩家对战玩家)对战及多种形式的 PVE 对战。在操作性和竞技性上,《王者荣耀》作为手游是无法与 PC 端游戏相提并论的,但它加入了《刀塔 2》和《英雄联盟》都没有实现的成就系统。另外,《王者荣耀》短暂的游戏对局、精致的游戏画面、具有社交价值等特点,加上腾讯完善的社交体系和运营能力,使其成为年轻人非常喜爱的一款移动端 MOBA 类游戏。

《王者荣耀》游戏

4. MOBA 类游戏的发展趋势

当 MOBA 类游戏发展到移动端时,它的竞技性和操作性有所下降,社交性和娱乐性受到了更多的重视。MOBA 类游戏从早期的即时战略类游戏的一张地图开始,经过不断细化与修正,逐渐变成一个独立的游戏类型。《远古遗迹守卫》与《英雄联盟》的出现,开始让 MOBA 类游戏收获越来越多的玩家,MOBA类游戏逐渐成为游戏市场的主流。当下 MOBA 类游戏的发展趋势有以下三点。

（1）MOBA 类游戏的难度降低。当初，MOBA 类游戏从即时战略类游戏中分离出来的一个重要原因是降低入门门槛，让玩家花更少的时间掌握游戏操作。MOBA 类游戏在游戏难度上的降低主要体现在游戏资源的获取变得更轻松、视野机制变得更简单、操作英雄人员的难度下降这些方面。

（2）MOBA 类游戏融入日常生活。移动端 MOBA 类游戏更快的游戏节奏和更短的游戏时长非常符合当代用户时间碎片化的特点。玩家可以在日常生活的闲暇，利用手机等随时随地加入游戏。

（3）随着网络游戏设备门槛降低及操作难度下降，导致玩家数量剧增，游戏虚拟组织和玩家行为变得更加复杂。[①]

（二）第一人称射击类游戏

第一人称射击类游戏（first-person shooting，FPS）就是玩家们以自己的视角参与射击的游戏。FPS 类游戏特别强调身临其境的感觉，有着听觉、视觉等方面的感官体验。在视觉上，这类游戏注重视觉技术的运用与视觉效果的呈现；在听觉上，能让玩家们细微地感受到周围环境的变化（如脚步声、呼救声等）。

1. FPS 类游戏的分类及特点

1）从自由程度的角度分类，FPS 类游戏可以分为封闭式与沙盒式两种

封闭式 FPS 类游戏的地图较为简单，地图四周由高墙封闭，地图往往由几条固定的道路构成，路线较为单　，地图及武器构成简单，地图的规模一般也比较小，玩家在有限的空间内进行射击竞技。封闭式 FPS 类游戏的代表作品有《反恐精英》系列、《德军总部》系列、《使命召唤》系列、《DOOM》系列等。

在沙盒式 FPS 类游戏中，玩家可以较为自由地在地图中游戏。地图中没有固定的路线，地图及武器种类繁多，玩家发挥空间大，同时具有一定的战术与观赏性。另外，沙盒式 FPS 类游戏一般带有剧情线索，玩家完成指定任务才能到

---

① 田丰，何祎金.基于 MOBA 游戏团队行为的社会学分析[J].中国青年研究，2020(8)：65－73.

达下一个关卡。沙盒式 FPS 类游戏的代表作品有《战地》系列、《孤岛危机》系列、《狂怒》系列、《孤岛惊魂》系列等。

2) 从游戏结构的角度分类,FPS 类游戏可分为混合式与独立式

混合式 FPS 类游戏是指在游戏中加入其他种类游戏的元素(如 PG、RTS等)。大多数自由度高的 FPS 类游戏均采用混合式,如《绝地求生》《守望先锋》等;独立式 FPS 类游戏是指原始定义上的 FPS 类游戏,也就是单纯的射击游戏。

2. FPS 类游戏在电子竞技中的意义

FPS 类游戏带有非常强的对抗性。在 FPS 类游戏的发展过程中,《雷神之锤》将团队竞技与 FPS 类游戏紧密结合,开启了多人在线的模式,拉开了 FPS 类游戏进入电竞的序幕。此后《反恐精英》系列在对抗性上增强,将 FPS 类游戏受众面大幅扩大,并迅速产生各种电子竞技赛事。

FPS 类游戏的高强度节拍和玩家们在获得胜利后的归属感和胜利感,无一不彰显着电子竞技的魅力。在电子竞技的早期,FPS 类游戏也是电子竞技赛事的"宠儿",许多大型的赛事都会将 FPS 类游戏纳入比赛项目,如世界电子竞技大赛(WCG)、电子竞技世界杯(ESWC)等著名的电子竞技比赛都曾经将其作为正式比赛项目。如今,FPS 类游戏仍然是电子竞技赛事的常客,如职业玩家联盟(PGL)、好汉杯、高校星联赛(CSL)、电子竞技公开赛(NEA)、世界电子竞技运动会(WESG)等一系列赛事都有《反恐精英:全球攻势》项目。FPS 类游戏正引领着全球电子竞技的浪潮。

3. FPS 类游戏的发展

通常认为,FPS 类游戏的起源是 id Software 发行的《重返德军总部 3D》和《毁灭战士》,这两款游戏确定了 FPS 类游戏的设定和玩法。《重返德军总部 3D》的画面非常粗糙,连人物的脸都看不清楚,但它是第一个将伪 3D、自由射击和第一人称视角结合起来的全新体验游戏。《毁灭战士》的游戏机制在当时是非常优秀的,它拥有丰富的武器系统,多类别的敌人、关卡、3D 效果、高度变化等,并且可以向上或者向下进行射击。玩家在游戏中能看到窗户、梯子、楼道、油桶

等障碍物,会有关于地图的层次感的体验,以及更真实的射击感。

《毁灭战士》发行后的几年中,接连出现了几部十分经典的作品,包括《毁灭公爵》《雷神之锤》《虚幻竞技场》《三角洲部队》等,它们大多是科幻题材或者军事题材。随后,一些反恐题材的 FPS 类游戏也相继问世,如《彩虹六号》《幽灵行动》等。这些作品奠定了 FPS 类游戏的基础,通过将不同的题材和内容融入其中,给 FPS 类游戏的发展提供了思路,也为 FPS 类游戏在接下来风靡世界打下了坚实的基础。

1996 年,id Software 制作的《雷神之锤》在画面的流畅度和玩家的体验上提升了一个层次。游戏中的世界被创作成三维空间,人物和怪物都是 3D 型,它是第一款真正意义上的 3D 实时 FPS 类游戏,也正是从这款游戏开始有了 FPS 类游戏的电子竞技类比赛。

《007 黄金眼》首次引入了"伤害计算"的概念:击中敌人不同的部位,敌人会有不同的反应,倘若头部受到攻击,其伤害是最严重的。于是,在 FPS 类游戏中"爆头"便成了体现玩家水平的一个重要标准。

1998 年,由 Valve 研发的《半条命》正式上线,它将完整的剧情和深层次的代入感融入游戏,《半条命》是第一款拥有完整人物塑造和故事背景的 FPS 类游戏,更是被吉尼斯世界纪录评为"史上销量最佳的 PC 端 FPS 游戏"。值得一提的是,大获成功的 Valve 在网络上公开了《半条命》游戏的源代码,允许玩家对游戏内容进行修改,此后不少的射击类游戏都是在《半条命》的代码基础上研发出来的,如《反恐精英》《军团要塞》等。

《反恐精英》在早期只是《半条命》的游戏模组,它以警匪故事为蓝本,凭借出色的音效和紧张刺激的氛围受到广大玩家的喜爱。后来《反恐精英》变为一款独立的游戏,这点跟《远古遗迹守卫》的经历有些相似。后来,随着网络的发展和互联网的普及,《穿越火线》在《反恐精英》的玩法基础上进行了技术上的精简,降低了玩家进入游戏的门槛,并打破《反恐精英》的局域网限制,创建了一个独立的网络客户端,玩家只要拥有腾讯的账号就可以登录,并可邀请各个地区的玩家上线体验。

网络的发展让玩家跨地区作战成为可能,硬件的发展则让 FPS 类游戏玩家开始追求深层次的体验。于是类似《使命召唤》的现代 FPS 类游戏开始崭露头角,这些游戏以强大的硬件设施作为支撑,大大增加了游戏的主动性和真实感。例如,《使命召唤》抛弃了此前在 FPS 类游戏中常用的血条设定,让玩家无法观察到角色具体的生命值,只有通过呼吸和屏幕边角的血迹来观测角色受伤害的程度。除了上述的 FPS 类游戏外,还有《红色派系》《三角洲部队》《虚幻竞技场》等。

4. FPS 类游戏的发展趋势

FPS 类游戏经历了漫长的发展和变革,在 2010 年左右逐步完善并走向成熟,其游戏模式也确定下来,预计未来一段时间不会发生大的改变。目前 FPS 类游戏的发展趋势总体来说有三个方向。

(1)提升 FPS 类游戏自身的硬性指标。随着科学技术的发展,硬件设施提升、网络质量优化,玩家对于 FPS 类游戏的体验度的要求也会相应提高。FPS 类游戏会追求更逼真的画面、更流畅的竞技感、更深层次的代入感。

(2)融入不同的游戏题材与元素。FPS 类游戏题材已经包含许多种类,如警匪、星际战争、大逃杀等,不过游戏的元素和题材是在不断变化的,每过几年就会出现新的游戏模式。游戏研发者也在精心设计充满想象力的故事。搭配着不同的游戏画风和游戏主题的 FPS 类游戏将带给玩家新的体验。

(3)与其他不同类型的游戏相结合。任何一种类型的游戏在成为一个独立的游戏分支后想要寻求发展,都可以尝试与其他类型的游戏相结合。当然,不是所有的作品推出来就能获得玩家的认可,但也不乏成功的典范,如将 MOBA 类型与 FPS 类型相结合的《守望先锋》、第三人称类型与第一人称类型相结合的《绝地求生》都在游戏市场占据一席之地。FPS 类游戏在这条路上仍有很大的发展空间,目前游戏的类型在不断细化与精分,涌现出来的新类型的游戏都可以尝试与 FPS 类游戏相结合,以创造出更具特色的游戏。

(三)即时战略类游戏

即时战略游戏(real-time strategy game,RTS)是策略类游戏的一种,脱胎于早期的回合制策略游戏。RTS 类游戏是即时进行的,并且伴随着战略的谋定,游戏各方同时进行,展开合作与对抗的战略推演游戏。

1. RTS 类游戏的玩法

大家普遍认为的 RTS 类游戏(即狭义上的 RTS 类游戏)通常是带有基地建设与经营、本方单位消灭敌方单位、模拟战争推演的游戏。玩家在游戏中扮演一个指挥官的角色,运用谋略与技术去战胜对手。成熟的 RTS 类游戏通常要考虑以下几点要素:资源采集、基地建造、科技树攀升、生产战斗单位与随时爆发的战斗、复杂多变的地形和战争迷雾。

通常,RTS 类游戏有以下五种获胜方式。

(1)摧毁所有敌方建筑物。

(2)摧毁所有敌方关键建筑物,若敌方无法在指定时间内重建则游戏结束。

(3)先于敌方完成特殊任务。

(4)驻守某块领地并在一定时间内获得胜利。

(5)最终杀死敌方领导人或摧毁敌方关键建筑。

2. RTS 类游戏在电子竞技中的意义

RTS 类游戏有着变化多端的全局战术,以及精密复杂的操作上限,在 2000 年左右非常火爆。诸如《沙丘魔堡 2》《魔兽争霸》《魔兽争霸 2》《命令与征服》《命令与征服:红色警戒》《横扫千军》《星际争霸》等都出现在这个时期。不过随着时间的推移,RTS 类游戏的热度已经降低了很多。《星际争霸》是当时非常受欢迎的 RTS 类游戏之一,该游戏的排位赛系统推动了 RTS 类游戏的多人竞技的发展。另外,RTS 类游戏孕育了最初的电子竞技战队和电子竞技赛事,让人们看到了电子竞技的无限潜力。

3. RTS 类游戏的发展

按照如今 RTS 类游戏的标准是很难追溯其起源的,这类游戏在英国和美国各自发展,随后统一为一个共同的形态。关于 RTS 类游戏的起源主流的看法集中在几款游戏上,一款是由约翰·吉布森(John Gibson)在 1983 年于英国研发的《Stonkers》,一款是由 Evryware 公司的戴夫·默里(Dave Murry)和巴里·默里(Barry Murry)在 1984 年于北美研发的《上古战争艺术》。就如今对于 RTS 类游戏必需的游戏要素而言,这两款游戏并不是真正意义上的即时战略游戏,因为它们只有即时战斗的系统却不具备资源收集的要素,且没有谋略性,所以只能被称为"实时战争游戏"。有些资料则认为 RTS 类游戏的起源是 1982 年发行的《乌托邦》和《格斗贵族》这两款游戏。Intellivision 公司发行的《乌托邦》是两名玩家采集资源并且互相对抗的游戏,但是它缺少战斗时的控制;而克里斯·克劳福德(Chris Crawford)发行的《格斗贵族》虽提供了完整的即时战斗、多变的地形和互助概念,但缺乏资源采集和基地建设概念。

4. RTS 类游戏的发展趋势

随着电脑硬件和移动端的发展,越来越多的新游戏出现。这些游戏有着更快捷的操作、更短的游戏时长、更精美的画面、更华丽的技能等。RTS 类游戏需要更多的脑力投入和长远规划。在最糟糕的情况下,一场战斗可以持续一个多小时,且要求玩家有专注的精神投入。在如今这个快节奏的环境中,RTS 类游戏自然逐渐衰落。不过值得庆幸的是,任何事情都不是一成不变的,RTS 类游戏中的许多元素被大量的游戏研发者借鉴,融入不同新的游戏类型。例如,将即时战略和第一人称射击结合起来的《终极战区》,成为一种新的游戏类型——即时战术。

狭义上的 RTS 类游戏如今已经陷入困境,逐渐衰落下去,但是广义上的 RTS 类游戏在蓬勃发展。随着经济和游戏市场的发展,玩家们更倾向于以一种轻松、娱乐的心态去体验一款游戏,RTS 类游戏的策略和操作门槛较高,如果玩家不投入大量的精力和脑力就很难取胜,这就使得 RTS 类游戏的受众数量大幅度减少。广义上的 RTS 类游戏,其核心的经营和战场要素对玩家而言仍然非常有吸引力,这种指挥作战、运筹帷幄的感觉能够让玩家在游戏中体会到前所未有的乐趣,而这一点也正被融入当下许多热门的游戏之中。

RTS 类游戏有着自身独特的魅力和优秀的品质,一旦有新鲜的血液注入,它是非常有可能重新获得玩家青睐的。首先,需要改变的便是它复杂的操作,过高的门槛限制了RTS类游戏新老玩家的热情；其次，RTS类游戏在宏观上可以突出它的策略性和经营性，深挖战争元素；最后，RTS类游戏需要进行大胆尝试与探索，与其他类型的游戏结合，研发出在玩法、策略上更加有趣的新类型游戏。

（四）卡牌类游戏

卡牌类游戏也被称为纸牌类游戏，一般分为两类。一类是非集换式卡牌游戏，它的牌几乎不会更新，玩家们拥有的牌都是一样的，如扑克牌（包括桥牌、21点、斗地主等）和卡牌桌游（包括三国杀、英雄杀等）。另一类是集换式卡牌游戏，简称CCG（collectible card game）或TCG（trading card game）。TCG是以收集卡牌为基础，玩家将不同主题的卡牌构成自己的牌组，利用各种卡牌的特性与战略搭配，与对方进行对战的卡牌类游戏。集换式卡牌游戏和传统的扑克、塔罗牌等游戏不一样，游戏参与者扮演着游戏背景中的角色，采用回合循环的方式使用卡牌进行博弈，有着非常明显的角色扮演类游戏的特征。

1. 卡牌类游戏的特点

虽然不同的集换式卡牌游戏有不同的规则，但是它们也有一些共同特征。

（1）无论何种游戏，每张卡牌上都会有描述规则的文字来描述这些卡牌的使用条件和效果。

（2）基本上每种游戏都要求玩家拥有一套自己设定的套牌，玩家需要从众多的卡牌中挑选一定数量的牌，相互配合以赢得游戏。这使游戏的对局具有开放性和多元性的特征。

（3）一般来说，使用任何一张卡牌都需要一定的条件，如在《炉石传说》中，每次主动打出一张卡牌必须消耗其左上角所注明的数量的法力。

（4）游戏的基本规则是利用自己拥有的条件，将自己套牌中的牌使用出来，使其产生某种效应，以达成游戏要求的获胜条件。

（5）无论何种游戏，规则如何，都是以回合的方式进行的。同时，卡牌游戏也有着与众不同的回合流程。

重启——让所有的卡牌都成为新回合的状态，如《万智牌》中的"重置阶段"主要体现在生物和地上。多数集换式卡牌都有相同设计。

抓牌——把套牌中的牌放在手中，而放在手中就意味着这些牌有可能产生效应。

使用——使用手中的牌来影响游戏。

冲突——利用牌手可利用的资源进行战斗，一般来说在冲突中获胜是获得游戏胜利的主要手段。

结束——一般在此阶段，本回合使用的牌所产生的效应会终止，牌手被要求弃掉他们手中多余的牌，将手中的牌控制在一定数量之内。

2. 卡牌类游戏在电子竞技中的意义

就现阶段而言，卡牌类游戏在电子竞技比赛中尚没有太大的影响力。除了每年的暴雪嘉年华外，很少有比赛将卡牌类游戏作为固定的比赛项目。卡牌类游戏在观赏性和对抗性上不及 RTS、MOBA、FPS 等类型的游戏精彩。不过在 2018 年 5 月 14 日，卡牌类游戏《皇室战争》作为表演示范项目之一，正式入选第 18 届雅加达亚运会电子竞技表演赛。

3. 卡牌类游戏的发展

卡牌类游戏的起源很早。相传早在秦末汉初时期，大将军韩信就为解士兵思乡之愁发明了一种纸牌游戏，牌面只有树叶大小，故称"叶子牌"，其玩法与麻将大致相同。随着电子产品的发展，卡牌游戏也从纸牌转向电子游戏。在 20 世纪 90 年代中期，由美国数学教授理查德·加菲（Richard Garfield）设计、威世智（Wizards of the Coast）公司发行的《万智牌》成为世界上第一款集换式卡牌游戏。

《万智牌》在卡牌游戏的基础上融入了 RPG（角色扮演游戏）元素，玩家扮演一名叫鹏洛客（Planeswalker，原译旅法师）的法师，用手中的牌组与其他鹏洛客进行战斗。《万智牌》有着明显的集换式卡牌游戏的特点：双方必须有一副牌的组合（即牌组），从自己的牌组中选出不同的牌搭配不同的阵容，并将这些牌放入牌池中，玩家从牌池中随机抽取一定数量的牌，进而设计出独一无二的牌组，使得每场游戏的过程都不相同。

1999 年，一部以日本动漫为背景的卡牌类游戏《游戏王》问世。由于已经在漫画和动画上积累了大量的粉丝，该游戏一推出就收获了大量玩家，并创下迄今为止全球销售卡片最多的游戏记录。《游戏王》基于庞大的故事背景，拥有更多的牌组、更多样的卡牌种类、更复杂的进攻方式，场景的变化也更大。

《万智牌》和《游戏王》可以说是集换式卡牌游戏的开山鼻祖，奠定了集换式卡牌游戏的基础。

2005 年，美国动视暴雪公司与 Upper Deck Entertainment 公司合作研发出《魔兽世界》。凭借着《魔兽世界》在游戏玩家心中的分量和美国动视暴雪公司优秀的制作水准，这款可以通过卡牌改变装备属性和能够乘骑魔兽中稀有坐骑的游戏，将卡牌类游戏市场推向新的发展高度。卡牌类游戏有着碎片化的玩法和简单的操作，非常适合研发成移动端游戏。除自身的天然优势外，卡牌类游戏在游戏研发上也相对简单，同时其受众群体也非常庞大。随着智能手机的普及，各种类型的卡牌类手游迅速涌入市场。卡牌类手游的历史可以分为三个阶段。

（1）平面卡牌阶段。以《我叫 MT》为代表的平面卡牌游戏，采用经典的卡牌战斗方式，融入 RPG 数值成长的玩法，让玩家利用零碎的时间去培养自己选择的角色。这个阶段的卡牌题材相对单一，一般是武侠、三国等题材。

（2）动作卡牌阶段。随着移动技术的发展，卡牌手游也逐渐完成了平面 2D 卡牌、半实体化卡牌完全实体化的转变，卡牌角色动作也更为流畅。以《刀塔传奇》为例，与传统卡牌相比，《刀塔传奇》用故事作为背景，融入微操模式和立体化战斗模式，增加技能释放行为，还有技能打断、技能组合等玩法，其精细的游戏画面和深层次的代入感让卡牌人物的形象更加逼真。

（3）多元化阶段。这个阶段的卡牌类游戏呈现出多元化的特点。一方面是对卡牌游戏本身进行深度挖掘。例如，《少年三国志》在题材上深挖三国历史，将游戏世界设定为英雄少年时代的三国世界；在玩法上对传统玩法进行升级与细化，加入组合技能新玩法；在画面上改进传统卡牌的平面形象，采用立体的游戏画面。另一方面是"卡牌＋X"这一类游戏的出现，使得卡牌＋RPG、卡牌＋塔防、卡牌＋策略等一批新型卡牌类游戏迅速涌现出来，代表作品有《拳皇 98 终极之战 OL》《航海王强者之路》《龙珠激斗》。此外,在这个阶段卡牌类游戏的题材也逐渐多元化,从武侠、三国逐渐向动漫、端游(客户端游戏)等题材延伸。

4. 卡牌类游戏的发展趋势

卡牌类游戏非常注重画面感,同时又有着多元化发展的特点。当下卡牌类游戏的发展趋势有以下三点。

(1) 画面 3D 化。与其他类型的游戏不同,画面是卡牌类游戏非常重要且吸引人的部分。随着卡牌类游戏在画面上的不断进步,画面的 3D 化一定会成为当下及未来卡牌类游戏的发展方向之一。为了使画面更加精美,甚至 VR 技术也可能会被运用其中。

(2) 玩法多元化。一成不变的游戏是很难发展的,卡牌类游戏也不例外。目前卡牌类游戏处于多元化的进程之中,这种趋势体现为诸多的"卡牌＋X"类游戏,也就是卡牌类游戏与其他类型的游戏相结合。例如,《红莲之王》在保留MOBA 战术对抗的前提下,将卡牌集成与英雄技能系统相结合,创造出集换式卡牌 MOBA;《呵呵江湖》在玩法上创新"即时制塔防战斗"模式;《美人无双》将轻度玩法与中度、重度战术结合,尝试"卡牌 RPG＋策略棋盘"的模式。这些玩法获得了许多玩家的认可。未来也会有更多的游戏类型与卡牌结合,以增加卡牌游戏的可玩性。

(3) 游戏社区化。卡牌类游戏带有很强的娱乐性,所以它的社交功能也会被深度挖掘,形成一个交互的社区。基于此,此前许多卡牌类游戏尚未涉及的群体就可以被吸引过来,玩家在体验游戏时,良好的沟通交流环境也能增加用户的黏性。

(五) 其他类游戏

这里主要介绍格斗类游戏和体育类游戏。

1. 格斗类游戏

格斗类游戏简称 FTG,是动作游戏中的一种,画面通常是玩家分为两个或多个阵营相互作战,使用格斗技巧击败对手来获取胜利。这类游戏具有明显的动作游戏的特征,是动作游戏中的重要分支。

1) 格斗类游戏介绍

格斗类游戏的内部分支一般按照不同游戏地图的"线性或非线性"、游戏人物的"活动范围"进行区别,所以有 2D、3D 及混合渲染(2.5D)这些类别。这些类别并不代表画面的渲染方法,而是代表游戏人物的活动范围。2D 是指游戏人物只能前、后(相对于玩家是左、右)运动。3D 是指地图以三维立体空间的形式体现,而且游戏人物可以上、下、左、右、前、后六轴自由移动。2.5D 有两种含义:一种是指虽然地图是 3D 的,但是游戏人物的活动范围只有前、后(相对于玩家是左、右);另一种是指地图是线性的,但是人物可略微横向移动。

2) 格斗类游戏的发展

对现代格斗类游戏的发展具有开创先河意义的作品是在 1985 年发行的《功夫》。《功夫》中每个对手都有独特的外观和战斗风格,游戏中有 16 种动作,其中的许多设定成为后续很多格斗类游戏的典范。1987 年,日本游戏软件公司卡普空株式会社推出的《街头霸王》确定了格斗类游戏的雏形,后面许多格斗类游戏的基本概念都是由《街头霸王》所确立起来的,如轻拳、重拳、必杀技、防御和体力槽等。随后《街头霸王 2》的面世拉开了真正意义上的格斗类游戏时代的帷幕。《街头霸王 2》是一款对战系统完善的 PVP 格斗类游戏,每个角色都有着不同的招数,并且在当时有着最多可供选择的角色。

此后,诸多格斗类游戏诞生,但几乎都是在模仿《街头霸王》,直到另一家日本游戏制作公司 SNK 在 1993 年推出一款冷兵器游戏《侍魂》,该游戏中充满武士道风格,更加注重兵器的真实感,且加入了怒气槽。SNK 公司在 1994 年继续推出《拳皇》。《拳皇》是 2D 格斗游戏时代的经典作品,集合了《饿狼传说》《龙虎之拳》《超能力战士》中的诸多游戏人物,并且加入许多原创的人物,开创了 3V3 的组队战斗模式。《拳皇》有着极强的对抗性、操作性、娱乐性,人物角色绘制精致且都有独立的故事。《罪恶装备》系列则可以视为 2D 格斗类游戏的巅峰作品,人物技能多样化,系统和画面方面也极为细致。

当 2D 格斗类游戏发展得如火如荼时,3D 格斗类游戏也悄然兴起。1993 年首款 3D 格斗类游戏《VR 战士》发行,1994 年 3D 格斗大作《铁拳》登场。以如今的眼光来看,当时的这两款 3D 格斗类游戏在场景和人物上并不够精致,是 3D 人物模型搭配 2D 场景的伪 3D 模式,但这两款作品开创了 3D 格斗类游戏的先河,有着非常重要的启示作用。1996 年,3D 格斗类游戏《魂之利刃》发行,它是真正的 3D 表现方式,在流畅度和动作协调性上有了明显的进步。

当时国内 3D 格斗游戏的代表作是《流星蝴蝶剑》,该游戏共有 20 个人物角色可供选择,人物身高、臂长及其他一些细微的差别会造成使用兵器的攻击范围和效果有所差别,其格斗效果非常接近真实的冷兵器格斗。随后格斗类游戏进入网络时代,许多闯关与格斗相结合的游戏出现,这个时期的代表作是《地下城与勇士》(DNF)。DNF 以任务引导角色成长为中心,结合游戏副本,重视玩家交互和游戏周边系统。该游戏在角色设计上也比较多样化,有鬼剑士、魔法师、神枪手、格斗家等,每个角色都有各自独特的招式和职业发展方向;DNF 的战斗系统也非常完善,其操作和经典的街机游戏一样,通过键盘输入指令,在对战时有连击的操作评分,完成高难度连击会给玩家带来很大的成就感,从而增加了竞技场上的游戏乐趣。

3) 格斗类游戏衰落的本质原因

格斗类游戏最火热的时期是 20 世纪 90 年代至 21 世纪初,随后逐渐变成小众的游戏类型。总体来说,格斗类游戏衰落的本质原因可以从以下两个方面进行分析。

(1) 从格斗游戏的基本特性分析。格斗类游戏基本是 1V1,节奏极快,其模式一定离不开两个人的对抗,这也是格斗类游戏的精髓。但玩家在格斗类游戏中没有其他的体验空间,限制了格斗类游戏面向更广泛的游戏受众。

在最初的格斗类游戏设计中,游戏角色只是被设计为完成一个个独立的动作和招式,如跳跃、下蹲、轻拳、重腿及必杀技等。后来有一些玩家发现,在用某些招式打中对手之后,可以继续释放另一个招式,而对手无法进行防御或者反击,于是就有玩家研究什么招式搭配什么技能能够打出最大的伤害。这是非常复杂的,每个角色自成一个系统,且招数也不同,因此需要大量的时间进行练习。

格斗类游戏作为一种观赏性高、竞技性强的游戏类型,有着非常高的上手难度,需耗费大量的时间。新手玩家与高手玩家之间的巨大差距,阻止了新鲜血液加入。在格斗类游戏中,缺乏练习的新手玩家几乎无法战胜高手玩家,新手玩家常被虐杀得很惨,并且这种新手玩家与高手玩家之间的实力差距和高手玩家击败新手玩家的效率超过了大多数的竞技游戏。玩家很难在格斗游戏中体会到成就感,从而降低了竞技游戏的魅力与乐趣。

(2)从游戏环境的变化来看。格斗类游戏的黄金时代是在街机游戏流行的时候。随着街机的衰落,PC和智能手机成为玩家玩游戏的主要平台。当时街机厅的店家热衷引进格斗游戏,这主要因为一场格斗游戏的对决时间一般也就几分钟,盈利较快。如今,节奏过快的格斗游戏逐渐离开了玩家的视野,在1V1的格斗游戏中,激烈的对局会把玩家自身的不足放大,非输即赢,战败了便是自己的问题。如此,输的一方就增加了挫败感,而对于赢的一方而言,击败比自己实力弱的玩家,也不会获得太大的成就感。

2. 体育类游戏

体育类游戏(SPG)是对现实中各种运动竞技的模拟。体育游戏种类众多,有靠玩家点击频率与节奏取得胜利的,也有像动作游戏一样要求玩家精确操纵的。SPG的代表作品有《实况足球》、EA的体育游戏系列、SEGA的《ESPN体育》系列等。

SPG游戏最大限度地满足了玩家对体育的娱乐性要求,为此所有的体育类游戏都有一个趋势——将球员的真实身份及资料完整地搬到游戏中,并对每一个球员的各项技术指数做了量化处理。这种利用体育明星号召力的方式,使游戏更有吸引力。随着3D技术的发展,观众的欢呼声、逼真的游戏环境、栩栩如生的比赛画面、精彩的镜头回放为体育游戏增添了更大的活力。

1)足球类体育游戏:《FIFA国际足球》

《FIFA国际足球》是美国游戏制造商EA制作的体育竞技游戏,有国际足球联合会的官方授权。该游戏采用3D画面,每一个球星都有自己的特点,玩家可以选择自己喜欢的球队,并且为了夺取世界足球冠军而努力。为了追求体育类游戏的真实性,游戏里雨水和草皮的状况都会影响球员的表现,即使是盘带技术高超的球员也很难在泥泞的草地上有所表现。游戏里还包含碰撞系统,每个球员都会有自己的个人力量统计资料,系统会在球员相撞时计算速度、重量和功率。玩家在游戏中还可以扮演单个球员的角色,通过选择成为一名锋线杀手或一名后防统帅来帮助球队取得胜利。在通常情况下,游戏中每场比赛的时长为十分钟。《FIFA 国际足球》高度模拟了足球运动中的美学细节,包括球员的假动作、任意球的完美弧线、颤动的球网等。

《FIFA22》

2)篮球类体育游戏:《NBA 2K》

《NBA 2K》系列是 2K Sports 于 1999 年研发并发行的电子篮球游戏。此系列的作品有全方位的 NBA 体验、精致的球员和招牌动作等特色,用户可以通过细致精确的操作来感受篮球运动的精妙之处,并体会篮球战术及打法之美。

2017 年 2 月,NBA 官方宣布准备围绕着《NBA 2K》系列游戏打造电子竞技团队,正式进军电子竞技领域。电子竞技赛会和 NBA 的赛事同步安排,这些电子竞技团队代表各自隶属的球队参加《NBA 2K》游戏里的常规赛、季后赛和冠军赛。与现实中的 NBA 赛事一样,NBA 会通过网络和电视广播等媒介报道电子竞技赛事的进展。参赛队伍由 NBA 队伍自己组建,每支球队由五名选手组成,他们将进行和现实中的 NBA 赛季一样长的电子竞技联赛。

3)橄榄球类体育游戏:《麦登橄榄球》

《麦登橄榄球》(Madden NFL)是一款由 EA 游戏公司开发的橄榄球游戏,其拥有精美的画面、逼真的橄榄球动作、便捷的操作,能让玩家体验美式足球中更

《NBA 2K》

顺畅、更激烈的碰撞,切身体会更灵敏的游戏控制。游戏玩家进入新的达阵模式,在直观的快速比赛控制中,挥击传球、点击躲开蜂拥而上的防守队员,最终带领自己的球队走向胜利,为球队的排行榜积分。

游戏中,玩家从 32 支 NFL 球队中选择自己的队伍,并在逼真的球场中一决胜负。除此之外,玩家还可以在游戏中进行交易、跟踪比赛数据,并采用每支球队独一无二的战术册中的制胜策略。

麦登橄榄球

作为"第九艺术"的电子游戏

"第九艺术"是指绘画、雕刻、建筑、音乐、诗歌(文学)、舞蹈、戏剧、电影八大艺术形式之外的某种艺术形式。美国艺术基金会在2011年宣布,所有由互联网和移动技术创造的媒体内容,包括电子游戏,被正式确认为艺术形式。在当前许多研究中,"第九艺术"通常就特指在计算机或计算机网络上实现的电子游戏艺术。

"第九艺术"的兴起,改变了我们以往艺术欣赏的单向模式,使我们在互动的新模式中欣赏、审视、理解文化艺术的形象和发展。电子游戏的最大魅力就是能够将玩家转化为作品中的主角,使其通过参与开放性的游戏互动获得独一无二的体验。参与是其独特的艺术特点,玩家成为艺术活动本身的参与者,与游戏内容、游戏进程、游戏中的其他角色组成一个整体,游戏的一切都是围绕玩家及其所扮演的角色进行的。开放性使得玩家能够在不脱离游戏整体的框架下,拥有最大的自由选择权。开放式游戏是玩家自我创造力确证的体现,也是具有艺术审美性的游戏带给玩家沉浸式体验的原动力。

游戏画面作为一款游戏给大家最直观的印象,能带来最基本的视觉感受,也是游戏作品艺术性的体现。美轮美奂的画面,符合欣赏者对作品的审美要求,也是作品感知物质生活形态以及艺术形象背后的客观生活内容的体现。例如2018年发行的《荒野大镖客:救赎2》,不仅拥有电影级别的画质,在物理细节上也追求极致,为玩家呈现生动又逼真的游戏环境。

在电子游戏中,形象世界得以重建,许多传统形象都被不同文化、不同地域、不同历史背景、不同宗教信仰的开发团体反复设计,从而与其在绘画、雕塑等艺术形式中有所不同,玩家在品评"第九艺术"中的意象时,往往已经被带入制作者所主观创造与设定的特殊背景中。各种形象经过组合成为玩家所参与艺术的环境,就像在展厅欣赏绘画的人们所在的房间也成为艺术品的一部分,这也赋予了"第九艺术"更深刻的艺术内涵。同时,现代科技的迅猛发展使得"第九艺术"的发展空间更广阔。VR、AR 等在电子游戏中得到应用,使交互环境变得前所未有的逼真,使游戏参与者体会到更强、更"真实"的艺术感。

"第九艺术"的制作不可避免地会和现实社会相连,其传播可能影响游戏参与者的精神观念和价值取向,所以必须清醒地看待"第九艺术",明确"第九艺术"参与者的主体地位,在开发中注意文化与价值观的引领。

第三章

电子竞技的发展阶段

2021 年 9 月 8 日,亚奥理事会在其官网刊文宣布,电子竞技成为 2022 杭州亚运会的重要比赛项目。《王者荣耀国际版》(AOV)、《刀塔 2》《梦三国 2》《FIFA OL》《炉石传说》《英雄联盟》《和平精英》《街霸 5》8 个项目将产生 8 枚亚运金牌。早在 2018 年雅加达亚运会上,电子竞技已经作为表演项目登场,当时包括 AOV 在内的共计 6 类电竞游戏入围表演赛,中国队在《英雄联盟》、AOV 项目中夺冠,在《皇室战争》项目中摘银,取得了 2 金 1 银的好成绩。就在雅加达亚运会举办的前一年,即 2017 年,国际奥委会在第六届峰会上进行了广泛讨论,将电子竞技视为一项运动进行发展和推广。

电子竞技并非最近几年才得以发展。事实上,电子竞技的根源可以追溯到计算机的出现。20 世纪 60 年代初期,美国和苏联开展了影响政治格局的太空军备竞赛,从某种程度来看,正是这场竞赛引发了全社会的"电子狂潮",进而深刻影响着电子竞技的发展。可以说,从那时起,电子竞技一直是计算机发展的一部分,并在街机时代首次流行开来。随着互联网的出现和革新,电子竞技也得到了不断的发展和突破。电子竞技行业虽然历经了多次危机,但其商业空间始终存在,产业规模在近年来呈现指数级增长,产业规模惊人。同时,作为一项新兴运动,电子竞技的发展历史却远不如其他体育项目那样悠久。从世界电竞发展历程看,电子竞技运动的发展大致可划分为四个阶段。

(一) 萌芽期(20 世纪 80 年代以前)

1. 计算机的出现和 Tennis for Two 游戏

计算机的产生起初并没有和游戏产生任何关联,毕竟在当时计算机被人们视为一个十分高级的计算工具。1958 年,在隶属于美国能源部的布鲁克海文国家实验室,负责计算机工程的物理学家威利·希金博特姆(Willy Higinbotham)博士为了让来参观的游客能够在实验室中对各种科研成果产生更多的兴趣,决定做一个有交互作用的东西以吸引游客的注意力,从而让游客在实验室待得更久一些。在同事的帮助下,威利·希金博特姆博士总共花了两周就完成了这个创意,装置由一个模拟计算机和一个示波器,一张简单的"网"和一个闪烁的"网球"组成,速度、引力、弹力都会影响球的运动,参观的游客通过两个控制箱进行控制,这个装置获得了预想的效果,完全吸引了游客的注意力,甚至让游客把所有的参观时间都花在了这里。这个吸引游客的东西叫 Tennis for Two,它也成为世界上第一款电子游戏。威利·希金博特姆博士只是一名科研人员,不是一个商人,不会想到这个小创意会发展成一个重要的文化产业。Tennis for Two 在 1959 年的传统参观日结束后就拆除了,威利·希金博特姆博士在这个游戏拆除以后就继续投入了工作,而 1958 年的参观者则成为首批电子游戏玩家。①

---

① 快科技.我们的历史:PC 和游戏机(上)[EB/OL].(2007 - 02 - 12)[2023 - 03 - 30].https://news.
mydrivers.com/1/77/77954_7_htm.

Tennis for Two 游戏设备

2. 电视游戏和游戏的商业化

随着时间的推移,电视游戏开始进入美国公众的视野。彩色电视机的出现和电子元件材料价格的下降,让电视游戏机出现的时机变得非常成熟。电视游戏,是整个游戏业发展中不可缺少的重要组成部分。电视游戏由两种形式组成:家用游戏平台、街机。最早出现的电视游戏并没有家用游戏平台,只能在城市闹市区街道上的游戏厅里才能进行,被人们称为街机,这种游戏形式慢慢形成了一种特有的城市娱乐文化,直到今天,街机文化仍然是城市娱乐的重要组成部分。街机也是最早出现 2 人对战游戏的平台,如《世界英雄》《街头霸王》《侍魂》等①。

电视游戏最早起源于 20 世纪六七十年代的美国,这和电子游戏的先驱拉尔夫(Ralph)有着密不可分的联系。拉尔夫是美国发明家、工程师、电子游戏先驱,他发明了世界上第一台家用电子游戏机,从而推动了电子游戏产业的大规模发展,2004 年他因此被授予美国国家技术勋章,2010 年 4 月入选美国发明家名人堂。拉尔夫也被认为是真正的"电子游戏之父"。

---

① 周昇,余斌.论电子竞技运动的起源与概念[J].现代交际,2012(6):5-6.

　　而在此前,拉尔夫是美国国防武器商桑德斯联盟(Sanders Associates)公司的武器设计总工程师,有一次他在纽约乘坐公交车的时候萌生了一个想法,先是写在了一个笔记本上,后来又做了长达 4 页的企划书,他希望把电视台的 3 台和 4 台改成游戏频道,向人们提供游戏介绍和纸牌游戏。1966 年,美国的电视机数量已经达到 4 000 万台,但所有的美国人都只能坐等到晚上 6 点收看新闻节目。拉尔夫认为电视游戏具有普遍的吸引力,可以让家庭成员聚在一起进行娱乐活动,而不是呆坐在电视前观看无聊的新闻。同年,他在车站等人的空闲时间里,匆匆写下了关于家用电视游戏系统的初始概念。在这些内容里,包括了他所预测的将会出现的几种游戏类型:动作类、解谜类、教育类、运动类。不久后,他和几个同事一起制作了一台原型机器,可以在屏幕上控制一个圆点的移动,随后更新的版本则包括了更多种类的游戏。1968 年,他们完成了第七代产品的研发,著名的棕盒(Brown Box,因外壳木材颜色得名)游戏机问世,它具备彩色图像信号输出并内置多款游戏,比如国际象棋、手球、高尔夫、乒乓球等。玩家通过操纵两个巨大的手柄玩游戏,手柄上有圆形按钮和开关。当时他们还研发了光枪外设,可以玩简单的射击游戏。①

　　Pong 时代的到来,则给电子游戏的最初发展带来良好的商业前景,这在客观上促进了电子游戏的产业化发展。《Pong》是有史以来最早创建的电脑游戏之一,也是第一款在商业上获得成就的游戏。这个简单的"网球式"游戏具有两个"板"和一个球,双方通过移动板子对球进行击打,目标是通过抢先获得 10 分来击败对手,一旦对手错过了一个球,玩家就会得到一分。该游戏可以支持两个玩家一起进行,也可以由一个玩家和计算机控制的"板"进行比赛。《Pong》游戏最初由艾伦·阿尔康(Allan Alcorn)开发,并于 1972 年由雅达利公司发布。

　　雅达利公司由诺兰·布什内尔(Nolan Bushnell)在 1972 年创立,目的是创造游戏和挖掘创意,并将其授权给其他公司进行大规模生产。第一台 Pong

① 21CN 游戏频道.玩家不能不知道的世界最有影响的游戏制作人[EB/OL].(2014 - 08 - 01)[2021 - 12 - 01].https://www.gamersky.com/wenku/201407/388040_11.shtml.

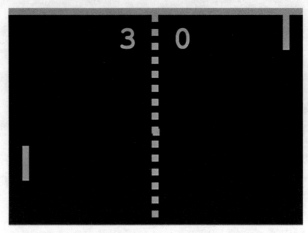

《Pong》游戏界面

Arcade 机器被安装在当地的一家酒吧，一经问世，便大获成功，以至于雅达利决定自己生产和销售这个游戏，而不是授权给其他公司。1973 年，该公司终于从富国银行获得了一笔信贷，并建设了一条装配线。到年底，Pong 街机被运往美国各地以及其他国家。与其他著名的游戏，如《吃豆子》和《俄罗斯方块》相似，《Pong》也成为电脑游戏的象征之一。雅达利公司卖出了 35 000 台 Pong 游戏机，这个数字只占全球销售总数的三分之一，因为在最初的雅达利《Pong》游戏亮相后不久，就出现了许多克隆产品。雅达利则继续生产了更多的创新游戏，如《Double Pong》，这是可供四个玩家一起操作的游戏，每边都有两个板，屏幕也变得更大。1975 年，雅达利发布了《Pong》的家庭版（第一个在街机上播放的版本），成功售出了 150 000 台。今天，《Pong》游戏被认为是启动视频电子游戏行业的游戏，因为它证明了电子游戏市场可以产生可观的收入。

3. 电子竞技的开端：第一场电竞赛事

第一届"星际太空战奥林匹克运动会"（Intergalactic Spacewar Olympics）将于 1972 年 10 月 19 日星期三在此举行。一等奖奖品是一年的《滚石杂志》。此次盛会将由 Stone Sports 记者斯图尔特·布兰德（Stewart Brand）报道，并由安妮·莱博维茨（Annie Liebovitz）拍摄。现场提供免费啤酒哦！

第一届"星际太空战奥林匹克运动会"海报

　　这是当时斯坦福大学人工智能实验室贴在学校公告板上的海报文字部分，可能那时的组织者无法想象，这场电竞游戏竟然成为世界上公认的最早的电子竞技赛事。之所以选择在实验室进行，是因为只有这里的计算机才能带动《太空大战》游戏，比赛规模并不大，参赛选手也只有五人。

第一届"星际太空战奥林匹克运动会"比赛现场

　　《太空大战》是由麻省理工学院的史蒂夫·拉塞尔（Steve Russell）在 1961 年设计的一款交互游戏，它通过示波镜产生图像，从而让两个玩家可以互相用激光来与对方的太空船进行对抗。可以说，《太空大战》是真正运行在电脑上的第一款交互式游戏。这款游戏运行在 PDP－1（编程数据处理器－1）上，它通过阴极射线射电管显示器来显示画面，并模拟了一个包含各种星球的宇宙空间。在这个空间里，重力（引力）、加速度、惯性等物理特性一应俱全，而玩家可以用各种武器击毁对方的太空船，但要避免碰撞星球。游戏中，玩家使用一对专用的控制器进行操作，可以控制飞船左右旋转；使用导弹（不受引力影响、射程短、威力小）和激光（会受引力影响发生偏转、射程远、威力大）作为武器；此外还可使用用于脱逃的超高速空间，不过其出现地点和概率都是随机的。《太空大战》之后衍生出了各种版本，主要有 1971 年的《星系游戏》（Space Game），同年由 Nutting Member 制作的《计算机空间》（Computer Space），以及 1977 年由 Cinematronics 制作的《空间战争》（Space Wars）。其中《空间战争》在商业上是最成功的，发行了一定数量的零售版本。

在当时，电脑技术还相当有限，《太空大战》必须使用新阴极射线管显示器来显示画面，所以这个游戏不过是在一个极小的圈子中流传。但幸运的是，他们遇到了斯图尔特·布兰德。布兰德说得上是一个玩世不恭的人物，他一手创办了被乔布斯奉为神典的《全球概览》杂志，开过全球卡车商店，创建了美国第一个网络社区，大肆宣扬黑客精神，倡导太空移民，复活灭绝物种，其思维方式放到现在也堪称激进。而他还在 1972 年担任《滚石》体育编辑时，独具慧眼，主导并赞助了世界上第一场电子竞技比赛。

在制定一系列详细计划之后，布兰德说服了斯坦福的管理人员，并将实验室作为比赛的场地，之后便用零食与饮料邀请了一些实验室的工作人员来参加他所举办的第一届"星际太空战奥林匹克运动会"，这场比赛采用三种不同赛制，分别是与 WWE"皇家大战"（Royal Rumble）类似的五人混战、单人对抗赛和双人组队赛，赛程历时一天，最后的冠军落入名为巴姆格特（Baumgart）的工作人员手中。[①]

赛后，布兰德写了一篇长达九千字的专题文章来报道这场电竞比赛，这篇文章向当时的大众介绍了电子游戏与电竞比赛的概念，也为之后游戏业在美国的发展留下了深远的影响。

在这篇文章中，布兰德描述了许多细节，其中一段写道：

　　　无论你是否已经做好准备，计算机正在走向普通人。这是个好

---

① 爱活网.电竞无需妥协│从太空大战到亿元奖金大赛[EB/OL].（2017－07－18）[2021－12－1].
https://www.sohu.com/a/158057104_119711?_f＝index_gamenews_6.

布兰德发布在《滚石》杂志上的专栏文章

消息,也许是自致幻剂诞生以来的最好消息。有批评者认为计算机将会威胁或恐吓人类,但计算机的发展偏离了这种预测,竟意外地符合许多科学界先驱的浪漫幻想,例如诺伯特·维纳(Norbert Wiener)、沃伦·麦卡洛克(Warren McCulloch)、约瑟夫·利克莱德(Joseph Licklider)、冯·诺依曼(Von Neumann)和范内瓦·布什(Vannevar Bush)。由于受到一系列因素影响,这个趋势是健康的:发明计算机科学的怪人们充满了青春热情,美国国防部高层开明地推动研究,制造商们提供了资金支持,而一个叫《太空大战》的游戏也吸引了程序员们在午夜沉迷其中。

这场比赛在今天看来,具有非凡意义,它不仅诞生了世界上第一个电竞比赛冠军,还框定了电竞需要具备的三个关键因素:电子游戏的竞技性,人与人之间存在为分胜负而进行的对抗竞技的主观意愿,公平合理的竞技比赛规则。首先,《太空大战》这款电子游戏具备了可竞技的内容(通过操控己方战机去击破敌人战机获得分数,同时躲避敌人战机的射击,保持生存状态);其次,这场比赛是以决出胜负的性质进行的,参赛选手存在为分胜负而进行对抗竞技的主观意愿;最后,比赛规则公平合理,甚至产出荣誉和奖励。①

(二) 成长期(20世纪80年代至21世纪初)

1. 雅达利大崩溃

1976年雅达利公司在美国推出了雅达利2600,这是史上第一部真正意义上的家用游戏主机,基本上可以称得上是现代游戏机的始祖。这款主机在当年以强劲的实力横扫了整个世界。作为早期最负盛名的电子游戏公司,1981年,雅达利公司已经主导了80％的游戏市场。同时,市面上75％的家用主机游戏都来自雅达利。然而,雅达利公司内部却出了问题——各部门之间彼此独立,互不合作。当时,雅达利对动视(Activision)公司发起诉讼,认为其窃取商业机密,并试图阻止动视公司的游戏销售。但这一诉求被法院驳回,这一案件的诉讼结果使游戏行业发生了巨大的变革,即意味着第三方游戏开发的合法化。在此之前,除了动视外,几乎没有其他的第三方游戏开发商。

雅达利2600主机

1982年夏季的游戏展上,已经有30多家游戏开发商展示了自己的游戏,越来越多的游戏公司涌入游戏市场。诸多投机的公司也纷纷加入,他们都想复制动视的成功,但这些公司大多缺乏自主策划和开发能力,许多被雇用的程序员根本没有游戏开发的经验,他们所做的只是对成功作品的模仿而已。结果,市场上

---

① 龚骁,蔡文敏.电子竞技概论[M].广州:中山大学出版社,2021:21.

出现了一大批《吃豆人》《导弹指挥官》等经典游戏的仿冒品,甚至有游戏加入一些暴力、色情的元素,并以此作为噱头吸引玩家购买,这引发了巨大的社会舆论。而此时的雅达利也开发了一批质量参差不齐的游戏,最终上千万游戏卡带销售无门,雅达利在游戏卡带市场的份额从 75% 降到了 40%,而这一切只发生在短短的半年时间内。

1982 年 6 月,斯皮尔伯格(Spielberg)导演的《E. T. 外星人》正式上映,影片深受美国观众的喜爱。为挽回市场颓势,雅达利高层在七月份花费 2500 万美元拿到了该影片的游戏改编权,并决定在 1982 年圣诞期间发行《E. T. 外星人》,要求游戏部门在 9 月 1 日前完成开发,之后,雅达利公司还预先制造了 400 万份游戏卡带。然而《E. T. 外星人》市场反应惨淡,诸多玩家纷纷退款,未销售的游戏卡带也全部被埋到了新墨西哥州阿拉莫戈多市的沙漠里,当时《E. T. 外星人》被人们称为"史上最烂游戏"。

这一事件甚至引发了雅达利母公司华纳的股价暴跌。以此为导火索,各零售店纷纷开始低价抛售大量积压的 VCS 游戏软件,原本定价 30 美元的游戏甚至只卖 2~5 美元。这也导致了连锁反应,软件厂商纷纷倒闭,雅达利自身也陷入了被变卖、分割的境地。①

此后 4 年,美国无人敢谈及游戏行业,本土游戏机市场彻底消失。这一市场巨变后来被人们称为雅达利大崩溃,又名雅达利冲击(Atari Shock)。

2. 任天堂的崛起

雅达利大崩溃导致整个美国游戏业界陷入了一潭死水的状态,各路专家纷纷断言"电子游戏"这个概念至少会在未来 20 年内成为美国人心中的阴影。然而,任天堂在此时横空出世,仅用三年便把完全崩溃的电子游戏领域拉回了全盛时期。正因为这个"救世主"的出现,很长一段时间内对于美国人而言,电子游戏就等于"任天堂"三个字。而任天堂游戏机 NES(美版 FC)也在当时成为大部分

---

① IncGamer. 雅达利大崩溃:步入深渊的一代传奇[EB/OL]. (2018 - 07 - 30)[2021 - 12 - 01]. https://baijiahao. baidu. com/s? id = 1607130870773475939&wfr = spider&for = pc.

《E. T. 外星人》游戏

美国家庭中的必备产品，美国三大广播公司之一的 ABC 频道借这一股东风，开设了一档围绕着 FC 游戏进行比赛的直播栏目，这个节目被后世称为"电竞的雏形"，被视为电子竞技诞生的第一步。

　　1985 年，为了全面推广 FC，任天堂决定允许其他厂商参与游戏开发，并以卡带形式发售。首先参与的就是后来制作了《魂斗罗》这一经典游戏的 KONAMI 公司。同年，由宫本茂制作的《超级马里奥》上市后大获成功，宫本茂也由此成为知名游戏制作人。同年，NES 在欧美市场大获成功，《超级马里奥 2》也在同一时间面世。1988 年，为了宣传，任天堂在美国的分公司设立 *Nintendo Power* 杂志。1989 年，任天堂在 100 岁的时候，推出了 Game Boy 掌机，并附上"史上最受欢迎"的游戏《俄罗斯方块》。同年年底，任天堂公布了新一代主机 SFC。1990 年，SFC 在日本上市，并在 3 天内销售一空。1991 年 SNES(SFC 的美版)在美国上市，随后一年在欧洲上市。SFC 凭借《超级马里奥》《塞尔达传说》《最终幻想》《勇者斗恶龙》等游戏，战胜了 SEGA 公司的 MD 主机，成功占领了全球市场。①

　　1989 年,任天堂与环球影业合作拍摄了一部公路家庭喜剧《小鬼跷家》(*The Wizard*),讲述了两兄弟离家出走参加名为"任天堂电玩冠军赛"的电子游戏赛事的故事。次年,任天堂宣布在全美 29 个城市举办名为"任天堂世界锦标赛"的大型电子游戏比赛,这是有史可记的第一个正式的电子竞技大赛,比大家熟悉的 WCG 还早了足足 10 年。玩家们和电影中的主角一样,经历《超级马力欧兄弟》《红线赛车》《俄罗斯方块》这三款游戏的考验,通过层层挑战夺取冠军奖杯。

1990 年"任天堂世界锦标赛"宣传图

　　任天堂早年只是家生产扑克牌的企业,后来发展成为全世界最大的游戏机生产商和日本最优秀的公司之一。在雅达利大崩溃后,任天堂吸取教训,在"红白机"上建立了"权利金制度"来控制游戏的内容质量,凭借逼人的视觉效果和精益求精的产品质量,20 世纪 80 年代末,任天堂在美国市场份额已达到 98%。1992 年时,任天堂和整个好莱坞的盈利能力不相上下,甚至超过了美国国内三大电视网的盈利之和。②

---

① 杨佳.蝉联榜首,游戏鼻祖任天堂百年回顾[EB/OL]. (2008 - 10 - 14)[2021 - 12 - 01]. https://tvgame. zol. com. cn/109/1093178. html.

② 游资网.细剖雅达利大崩溃[EB/OL]. (2020 - 03 - 23)[2021 - 12 - 01]. https://www. gameres. com/864223. html;老任还搞过电竞? 任天堂的电子竞技发展史[EB/OL]. (2019 - 06 - 11)[2021 - 12 - 01]. https://www. sohu. com/a/319852818_120118809.

3. 电竞赛事初具规模

20 世纪 90 年代,随着《德军总部 3D》《毁灭战士》《雷神之锤》等第一人称射击类电脑游戏兴起,玩家凭借局域网以及后来出现的互联网,不仅能同时在线竞技,而且还以游戏为核心形成了不同的趣缘社群,如 1996 年成立的"雷神会"(Quakecon)。雷神会总部位于美国得克萨斯州,以局域网为基础组织进行面对面游戏竞赛,繁盛时每年可以吸引 7 000 人慕名而来,后来发展成为全球范围内的国际赛事。1997 年 5 月,《雷神之锤》的电竞赛事亮相电子娱乐展览会(E3),奖品为一辆法拉利 328 GTS 汽车。[1]

1996 年,北美格斗游戏比赛(Evolution Championship Series,EVO)在加州首次举办,最初名称为 Battle by the Bay。这个锦标赛从古早的街机开始,由 40 多位参赛者玩两个不同版本的《街头霸王》(Street Fighter)。现在,EVO 从加州搬到了拉斯维加斯的曼德勒海湾度假村,已经成为格斗游戏爱好者的聚集地。最近几届赛事包含八款不同的格斗游戏,从最新版的《街头霸王》到《任天堂全明星大乱斗》(Super Smash Bros),不一而足。

1997 年,职业电子竞技联盟(Cyberathlete Professional League,CPL)在得克萨斯成立,旨在举办电竞赛事,报道传播赛事资讯,同时也为电竞奖项、赞助商和合作企业等制定了新标准。面对面竞技,局域网竞赛,以及狂热粉丝的参与,成为电子竞技产业的基础。CPL 被誉为电子竞技先锋之一,联赛一直持续到了 2008 年,期间举办了无数赛事,共派发了超过 300 万美元的奖金。那时,CPL 赛事最有名的游戏是《雷神之锤》(Quake)系列,而乔纳森·文德尔(Jonathan Wendel,游戏昵称为"Fatal1ty")正是当时联赛中最知名的选手之一。Fatal1ty 最终在他的职业生涯中赢得了超过 50 万美元的奖金,之后便签订了赞助协议,甚至还推出了自己的电子竞技配件品牌。[2]

① 澎湃新闻.从多人游戏到电竞直播:T·L·泰勒的电子竞技研究[EB/OL].(2021 - 11 - 13)[2021 - 12 - 01].https://baijiahao.baidu.com/s? id = 1716278405290232684&wfr = spider&for = pc.
② 火虎电竞.电子竞技简史[EB/OL].(2019 - 08 - 16)[2021 - 12 - 01].https://zhuanlan.zhihu.com/p/78434346.

（三）迅速发展期（21 世纪初至 21 世纪 10 年代）

1. 电竞产业逐步拓展

进入 21 世纪，视频游戏和在线游戏继续在网络上流行：一方面，网吧开始在世界各地涌现，诸多游戏玩家有了在线游戏的场所；另一方面，家用电脑功能的不断完善、价格的不断降低，以及城市宽带速率的提高为人们开启高质量的多人在线游戏提供了重要支持。电子竞技在 21 世纪初取得了长足的发展，这一过程中，韩国发挥了重要的推动作用。1997 年，韩国开启大规模宽带互联网建设，受亚洲金融危机的影响，高失业率推动了韩国互联网游戏中心 café/LAN 的流行，出现了 PC 热潮（PC Bangs），人们可以轻松访问、观看或参加网络游戏，诸多志同道合的玩家们开始聚集。2000 年，韩国电子竞技协会（Korean e-Sports Association，KeSPA）成立，这是韩国文化体育观光部的一个分支机构，旨在促进和规范韩国的电子竞技行业。在 2010 年之前，电子竞技在西方世界仍不是主流运动竞技行业，真正将电子竞技发展成为近十亿美元产业的是韩国。2000—2010 年间，大部分锦标赛在韩国和亚洲其他国家举行。

此时，电竞行业正从一个小众市场向一个多元亿级市场不断转变，电子竞技也逐步受到大型投资组织的青睐，他们将电竞行业视为一个非常具有前景的投资机会，如《反恐精英》《星际争霸》《使命召唤》《刀塔 2》《英雄联盟》等游戏的许多职业战队都归大型企业集团所有，在某些情况下属于名人。2000 年后，即时战略游戏如《帝国时代》《星际争霸》《魔兽争霸 3》在电竞世界占据重要地位；而第一个基于古代防御场景的多人在线战术竞技游戏也在《魔兽争霸 3》中出现并流行；微软公司的游戏主机 Xbox，在 2005 年就开始推出《光环 2》；索尼公司的 PlayStation 也在争夺电竞行业的一席之地。2005 年后，首批奖金高达 100 万美元的锦标赛开始出现，从那一刻起，奖金不断增加，赞助商开始有了更大的兴趣，全世界众多数字产业公司和平台都想从电竞行业分得一杯羹。

2. 赛事规模不断扩大

2000 年,全世界只举办了十几场电竞比赛,到 2010 年,这一数字增加了 20 多倍,电子竞技已经在全世界许多国家或地区获得了重视。2000 年,第一届世界电子竞技运动会在韩国首尔举行。2003 年,第一届电子竞技世界杯在法国普瓦捷举行。2000—2010 年,电子竞技赛事在持续发展的同时,其奖池也在不断扩大。例如 CPL 世界巡回赛是 2005 年第一个获得 100 万美元资助的电子竞技赛事,涉及的游戏包括了当时在德国编入索引的《恐惧杀手》。整个巡回赛在全球十个城市举行,最后在纽约结束,并由 MTV 现场直播。巡回赛的获胜者获得了超过 25 万美元的奖金。2006 年,FUN Technologies 举办了全球网络游戏锦标赛,71 名玩家争夺高达 100 万美元的优胜奖金。2007 年的冠军电竞系列赛(Championship Gaming Series, CGS)宣布奖金超过 100 万美元,相关运动员薪水约 500 万美元,是至 2019 年为止最丰厚的电子竞技赛事。

任天堂在经历了 20 世纪 90 年代促成的电子竞技热潮后,也于 2010 年推出了"Wii 夏季运动会 2010"(Wii Games Summer 2010),比赛持续了一个多月,吸引了 40 多万人参加,并帮助 Wii 平台引入《任天堂全明星大乱斗 X》,该游戏成为 2010 年最流行的电子竞技游戏之一。另外,值得一提的标志性时刻是"Evo Moment 37",它经常被描述为竞争性电子游戏历史上最值得纪念的事件。"Evo Moment 37"指的是在北美格斗游戏比赛中,梅原大吾(Daigo Umehara)和贾斯丁·王(Justin Wong)之间举行的《街头霸王 3》半决赛的一部分,在这场比赛中,梅原大吾出人意料地翻盘,随后赢得了比赛。从"Evo Moment 37"开始,电竞赛事受到的关注不断提升。

3. 电视转播开始兴起

电竞在 21 世纪初开始席卷娱乐行业,这也是电竞赛事在电视上转播的流行时期。在韩国电竞赛事发展的带动下,Ongamenet 和 MBCGame 频道开始提供 24 小时的《星际争霸》和《魔兽争霸 III》等游戏的比赛转播。在电竞赛事的电视转播领域,韩国是发展最为成熟,也是最为成功的国家。其他一些国家在这一时期也曾纷纷效仿。例如德国的 GIGA TV,是德国著名的游戏电视台,拥有庞大的用户群体,该台在 2009 年停止运营和播放电子竞技赛事。在法国,Game One公司在名为 Arena Online 的 Xfire Trophy 节目中播放电子竞技比赛。XLEAGUE. TV 作为英国的电竞电视转播平台,报道了从 2007 年到 2009 年的电竞游戏。美国娱乐与体育节目电视网 ESPN 从 2005 年到 2008 年在名为 Madden Nation 的节目中举办了 Madden NFL 比赛。DIRECTV 公司则在 2007年和 2008 年两个赛季播出了电竞冠军游戏系列锦标赛。在我国,2003 年电子竞技被国家体育总局认证为正式体育项目后,电竞媒体得到了进一步发展,GTV、游戏风云两个游戏类内容付费电视频道应运而生,玩家们得以在电视上获取电竞相关的视频内容。

关于电竞赛事的电视转播,IPL(美国知名电竞组织)创始人大卫·丁(David Ting)的观点是:电竞比赛搬上主流电视台将是大势所趋。"未来是一个商业化的时代,总体来说,人们在电视上看广告花的时间会比在网络上多。对于我们来说,能与主流媒体合作,非常重要。有些观众可能从来都不在网络上看直播,但是有一天,他在 NBC(美国全国广播公司)上发现我们的电竞比赛,从此,他很可能就会爱上这个项目了。我认为,在两年内,玩家一定会在国家级的电视台上观赏到电竞比赛。"①

(四) 成熟期(21 世纪 10 年代至今)

1. 职业化电竞

进入 21 世纪 10 年代,以 LPL(英雄联盟职业联赛)、KPL(王者荣耀职业联赛)为代表的头部电竞赛事开始逐步走向联盟化、职业化。LPL 借鉴 NBA 的联盟体系,引领电竞赛事职业体育联盟发展趋势,引入了 vivo、McDonald's、KFC、Nike 等合作伙伴。KPL 受益于手游行业的高速发展,推动移动电竞主流化,引

---

① DCC 数字产业峰会.电竞观赛方式的变迁:从文字直播到现场观战[EB/OL]. (2018 - 02 - 01)[2021 -12 - 01]. https://www.sohu.com/a/220431859_502262.

领未来电竞发展方向。而靠《刀塔 2》情怀玩家推动的 Ti 赛事奖金不断创出新高,更是体现了电竞赛事极强的生命力。2019 年 8 月在上海举办的 Ti9 的总奖金池达到 3429 万美元,已接近足球世界杯奖金水平。

在职业联赛发展方面,以 LPL 为例,LPL 联赛分为春季赛、夏季赛,分别包含常规赛和季后赛两部分。为实现 LPL 联盟化,2017 年初,腾讯电竞发布 LPL 2018 年战略,有以下几点调整:从 2017 年夏季赛起,LPL 取消降级,构建全新联赛系统,城市英雄争霸赛和 LSPL(英雄联盟甲级职业联赛)调整为英雄联盟发展联盟 LDL(英雄联盟发展联赛),全年产生一个 LPL 名额;推行 LPL 主客场改革,开启地域化时代。LPL 的赛事制度也出现较大的革新,充分借鉴了 NBA 的模式。2019 年 LPL 联赛制度改革之后,参赛队伍由原来的 14 支扩充到了 16 支,更多的参赛队伍意味着更加激烈的竞争,赛事的竞技性和观赏性会有显著的提高。

同时,LPL 职业联盟建立起"青训＋次级联赛"的电竞核心人才培养体系,为俱乐部持续输送优秀选手。英雄联盟在游戏中新设"峡谷之巅"服务器,将游戏内部最顶尖的业余选手汇聚在一起,方便联盟挖掘。官方通过数据分析邀请峡谷之巅顶尖玩家参与青训与选秀,合格者输送至各俱乐部进行训练并有机会参与 LDL。这些选手在次级联赛中进行电竞实战,寻找进阶机会。这一套人才培养体系已为 LPL 赛区和大俱乐部培养出多名顶尖电竞选手,成为职业联盟电竞核心人才补充的主要来源。

电竞的职业化也带来了电竞产业的蓬勃发展。Newzoo 统计数据显示,2020 年全球游戏市场总收入达 1778 亿美元,是 2015 年 918 亿美元的 1.9 倍多;全球游戏市场玩家规模达 28.1 亿人次。[①] 2020 年,All Top Everything 发布的 *Top10 Biggest Video Game Companies in the World* 显示,[②]索尼公司以 250 亿美元的游戏收入高居榜首,腾讯位列第二,游戏收入达 139 亿美元;排名前十的公司,美国占五家,日本有四家,中国仅一家。从公司业务看,索尼是目前全球最大的游戏公司,游戏收入主要来自 PS 游戏机,2020 年发售的 PS5 风靡全球,

---

① Newzoo. Global Games Market Report [R]. 2021.
② 游戏 Down. 2021 全球最大游戏公司 Top10 索尼收入 250 亿,获第一[EB/OL]. (2007 - 02 - 12)[2023 - 03 - 30]. https://baijiahao. baidu. com/s? id = 1695016861949470826&wfr = spider&for = pc.

成为当年最受欢迎的掌上游戏机。腾讯作为 2020 年全球收入最高的游戏内容生产商，专注于电脑端和手机端的电竞游戏，2015 年推出的《王者荣耀》已成为全球用户规模最大的移动电竞游戏。此外，腾讯于 2015 年实现对美国拳头游戏公司的 100％控股，依托《英雄联盟》实施"大电竞"战略，建立起自下而上、包含职业与非职业的全面赛事体系。

在我国，电竞职业化发展也逐渐制度化、科学化和深入化。2015 年，国家体育总局发布《电竞赛事管理暂行规定》，取消了电竞赛事的部分审批权，合法的法律主体可以自行依法组织和举办第三方电竞赛事。2016 年，国家发展和改革委员会发布了《关于促进消费带动转型升级的行动方案》，提出要在保护知识产权和对青少年积极引导的情况下，由企业为主体，引入社会资本举办全国性甚至国际性的电竞项目赛事。同年，教育部增补了 13 个专业，其中包括电子竞技运动与管理，属于教育与体育大类下的体育类。之后，多个高等院校开设了电竞方向的专业。2019 年，国家统计局发布《体育产业统计分类（2019）》，提出将电竞归为职业体育竞赛表演活动。同年，人力资源和社会保障部发布了 13 个新职业信息，其中就包括电子竞技运营师和电子竞技员。关于新增的这两个职业，官方认为"近几年，在国际赛事的推动下，基于计算机的竞技项目发展迅猛，电子竞技已成为巨大的新兴产业，电子竞技运营师和电子竞技员职业化势在必行"。根据官方的定义，电竞运营师是指在电竞产业从事组织活动及内容运营的人员，电子竞技员是指从事不同类型电子竞技项目比赛、陪练、体验及活动表演的人员。各类政策的发布证明电竞运动的发展受到政府部门的高度重视，电竞运动的职业化和赛事体系的专业化成为未来我国体育产业发展的主要方向之一。[①]

2. 新技术不断涌现

这一时期，新技术的创新正在为电竞产业的发展提供崭新的动力，5G、AI、VR、AR、MR 等技术与电竞的结合为电竞发展带来契机，在电竞的赛事内容、商业

[①] 罗宇昕，李书娟，沈克印. 体育竞赛表演业的数字化革命：电子竞技职业化的时代困境与未来展望[J]. 中国体育科技，2021，57（3）：93－97.

模式、用户体验等方面完成全方位升级。以 5G 为例,5G"大带宽、低延时、多连接"的特点大幅度改变电竞产业。5G 的到来为电竞带来令人惊叹的表现形式和产业空间,极大地优化电竞赛事中的网络环境,充分降低网络延时对职业选手发挥的客观影响,提升了赛事的对抗质量与直转播质量。对观众来说,赛事质量与直转播质量的飞跃,配合 VR、AR 等新型观赛媒介,又能够大幅提升观赛体验。①

在新技术的引领下,各大平台及赛事运营商广泛应用的"选手第一视角",即是观众进入"超级数字场景"最为普及的方式之一。随着技术升级,S 赛、KPL 等大型电竞赛事都已实现超高清、长时间的"选手第一视角"直播,对观众感官赛事体验进行了升级。2017 年英雄联盟主办方通过增强现实以及实时渲染技术,在 S7 总决赛现场制造出了峡谷巨龙盘旋在鸟巢体育馆上空的震撼场景。

S7 总决赛现场(峡谷巨龙)

2018 年 LPL 夏季赛总决赛,主办方通过全沉浸 XR 技术在场馆内建造了真实的召唤师峡谷,让观众们宛如亲临,这些都是通过技术手段展现的虚拟数字场景。主办方以超级数字场景提升视听感受的方式,保持电竞赛事观看量和赛事热度。随着各类技术升级,"超级数字场景"不再限于设备内部的虚拟世界,正在逐步实现与现实世界的深度融合,进而在文化传递、公共服务、教育应用、科技创

---

① 腾讯体育. 张涌:技术变革见电竞新格局[EB/OL]. (2020 - 08 - 24)[2021 - 12 - 01]. https://sports. qq. com/a/20200824/010094. htm.

新等方面释放出更大的价值与可能性。①

3. 城市和电竞产业

后工业时代的全球市场正经历以信息技术为主导的产业升级和产业革命，城市正在从"场所的空间"转向"流动的空间"。② 在此背景下，电竞产业凭借高度的自身内部延展性及其与外部产业领域间的有机连接性，正成为城市数字经济建设的重要力量。近年来，无数怀揣雄心壮志的城市军团纷纷寻求发挥自身优势，瞄准电竞市场，力争在这一新兴产业中夺取战略高地，成为全球电竞之都建设的领先城市。美国洛杉矶政府当前正积极争取将电竞纳入2028年洛杉矶奥运会，以带动本市电竞产业的进一步发展；韩国文化体育观光部将电竞看作未来韩国旅游产业的重要组成部分，并在首尔电竞产业发展的优势基础上，重点扶持釜山等一批新兴电竞城市，以扩大韩国城市在世界电竞产业发展中的优势地位；波兰则通过不同渠道鼓励发展电竞产业，并致力于将卡托维茨这座因电竞而改变的欧洲电竞小镇打造成为著名的全球电竞之都。在我国，近年来，以上海、北京、西安、成都、武汉、海口等为代表的城市也纷纷出台相关政策助力城市电竞产业发展。以上海为例，2017年上海发布《关于加快本市文化创意产业创新发展的若干意见》，提出要加快全球电竞之都建设，打造完整电竞产业生态圈。2019年，上海相关部门又联合发布《关于促进上海电子竞技产业健康发展的若干意见》，提出应发挥上海综合资源优势，着眼构建完整的电竞产业体系。

2010年后，电竞逐渐成为信息技术、体育与娱乐相结合的多元化产业。围绕出版商、基础设施平台供应商、体育赛事组织者、媒体公司、赞助商等利益相关者，电竞已经形成了完整的产业链条和盈利方式。对城市而言，电竞根植于城市的互联网生态，助力城市的数字产业发展，实现市民在虚拟空间开展体育运动的新形式、新内容和新体验。作为全球城市文化发展中的青春风暴，优质电竞赛事

---

① 创电竞. Z世代的生意经：电子竞技不止于游戏[EB/OL]. (2021 - 06 - 24)[2021 - 12 - 01]. https://zhuanlan.zhihu.com/p/383453841.

② 徐珺. 从资本之都走向创新之城：创新视角下的全球城市发展探讨[M]. 上海：格致出版社，上海人民出版社，2020：9.

在各大城市的落地已是大势所趋,电竞文化在全球范围内实现了人、网络、社交和娱乐的互融互通。一批批青年人在电竞的世界里扩展对虚拟世界的认知,在电竞的世界里实现社交无边界,在电竞的世界里创造和寻求属于自己的文化,实现群体间的文化认同与文化归属,为城市的未来发展赋予了互联网时代的体育魅力和竞技精神。

拓展阅读

雅达利游戏掩埋事件

雅达利游戏掩埋事件(Atari video game burial)是美国电子游戏和个人电脑制造商雅达利有限公司在新墨西哥州堆填区掩埋大量滞销的游戏卡带、主机和计算机的事件。到 2014 年,已挖掘出的游戏卡带包括商业口碑极其失败的《E. T. 外星人》以及商业表现稍好的雅达利 2600 版《吃豆人》。

1983 年 9 月,新墨西哥州阿拉莫戈多地方媒体《阿拉莫戈多每日新闻》连续刊文报道称 10 到 20 辆半挂车从得克萨斯州埃尔帕索的一家雅达利门店出发,将满载的雅达利产品包装盒、卡带和游戏机倾倒在市内的垃圾填埋场。雅达利最初选择和填埋场交易,是因为这儿不允许人拾荒且垃圾在夜间碾碎掩埋。雅达利表示掩埋的理由是雅达利 2600 要升级成雅达利 5200,但后来有员工出面反驳这一说法。雅达利高管布鲁斯·伊顿(Bruce Enten)表示,雅达利主要是将破碎和退回的产品送至阿拉莫戈多垃圾场,"都是一大堆不能用的东西"。

1983 年 9 月 28 日,《纽约时报》刊出雅达利在新墨西哥州倾倒的报道。雅达利代表证实了新闻,声称废弃库存出自雅达利在埃尔帕索的仓库。原本的仓库已经关门,被改成回收站。报道称,该地有重兵把守,严防记者和公众确认内容。文章并未推测被销毁的游戏作品名称,但随后的报道渐渐将新闻与《E. T. 外星人》的失败联系起来。此外,《阿拉莫戈多每日新闻》有一期的头条文章《雅达利之城:〈E. T.〉垃圾魂归土》,疑似暗示部分卡带是《E. T. 外星人》,但随后幽默地辩解称"E. T."意为"超领域"(extraterritorial),

并非指具体的游戏。自1983年9月29日起，破碎的物件被浇上混凝土，这在废物处理手段中实属罕见。一位不具名的工人解释了原因："下面还有动物死尸。我们不希望孩子们在垃圾场受伤。"最终，居民抗议雅达利大量倾倒垃圾，有专员明确表示当地不想成为"埃尔帕索的工业垃圾场"。当地管理员不久后下令停止倾倒。由于雅达利的倾倒不受欢迎，阿拉莫戈多后来通过《紧急管理法案》，组建紧急管理特遣队限制垃圾承包商日后的调动，阻止垃圾填埋场出于金钱目的的外围业务。时任阿拉莫戈多市长的亨利·皮萨里（Henry Pacelli）评论称："我们不希望看到这样的事情再度发生。"

掩埋事件也成为1983年美国游戏业大萧条的象征，经常被视为骄傲自满于糟糕经营手段的反面教材，尽管有人认为公司出于减税目的抹消了废弃材料。

第四章

电子竞技全球发展现状

电子竞技是一个全球性的产业，其影响力正与日俱增，随着电竞赛事的日渐普及与成熟，其巨大潜力得到了进一步展现。电子竞技在不同国家和地区呈现出不同的发展路径和趋势，也存在各自的产业优势与劣势。学习世界各地，尤其是电竞发展处于领先地位国家的电竞发展历程和产业特色打造方式，能够为中国的电子竞技发展提供更多指导与启迪。

（一）韩国电子竞技发展

韩国的电子竞技行业发展较为成熟，处于全球领先地位。电子竞技与跆拳道、围棋并称为韩国的三大国技，是韩国的支柱产业之一。多年来，韩国作为电竞行业的标杆举办了许多世界性的电竞赛事，如 WCG、世界电子竞技联赛（World E-sports Game，WEG）、国际电子竞技节（World-Sports Festival，WEF）等。这些知名的赛事也孕育出了一批韩国的顶尖职业电竞选手，如《星际争霸》"人族皇帝"林耀焕，《魔兽争霸Ⅲ》中"第五种族"的张宰怙等。

电子竞技在韩国已经得到了公众的广泛认可和支持。时至今日，根据韩国教育部的调查统计，电竞已经成为韩国学生群体中第五大受欢迎的就业方向，仅次于运动员、医生、教师和数字内容创作者。目前世界上最受欢迎的 PC 端游戏《英雄联盟》在 2018 年世界锦标赛上以 7850 万的观众数量打破了纪录。在职业联赛中，韩国队员备受追捧，每支队伍（无论地理位置如何）的名册上至少有一名韩国球员。队员唯一保持全队同国籍的球队是韩国队。

韩国电子竞技的兴起，可以追溯到 1997 年的亚洲金融危机。金融危机使韩国 1998 年的 GDP 增长倒退 5.8%，韩元大幅贬值 50%，股市暴跌 70% 以上。[①] 为了摆脱金融危机引起的经济萧条，韩国政府开始调整国家经济结构，重点发展以 IT、影视、动漫等产业为基础的"软"工业，减少对传统资源出口产业的依赖。随着国家大力推动全国范围的宽带网络建设，低廉的网络费用和优秀的网速使得 PC Room（在韩国类似网吧的场所）快速兴起。与此同时，经济危机导

① 马金龙.电子竞技运动产业化态势发展研究[J].报刊荟萃，2018(1)：12＋14.

致失业人口攀升，人们开始通过电子游戏转移注意力、消磨时间。经济和社会因素为电子游戏的发展提供了市场条件。动视暴雪公司发行的游戏《星际争霸》就在这一契机中在韩国迅速火爆起来，由此拉开了韩国电竞行业发展的序幕。

随着电子竞技的兴起，韩国政府认识到这一行业的巨大潜力，开始采取相关措施支持电竞产业的发展。韩国是为数不多将游戏产业的发展列入法律的国家。1999 年，通过《音乐，视频与游戏法》之后，游戏产业得到规范化的快速发展。

1998 年，韩国政府开始规范电子竞技经营管理机制，到 2000 年，政府开始扶持 KeSPA。KeSPA 隶属于韩国旅游文化观光局，是韩国奥委会和国际电子竞技联合会的成员，由三星、LG、KT 等多个执行委员会成员组成。

韩国职业电子竞技协会（KeSPA）

KeSPA 是韩国唯一一个受政府支持的电子竞技协会，充当着管理者的角色，直接对韩国的电子竞技行业进行管理，其职责覆盖了韩国电子竞技的全部。KeSPA 以中间人的身份连接俱乐部、选手、赛事组织方，又以主人公的身份联合直播电视媒体举办联赛以及组织韩国选手参加国际比赛。KeSPA 不但管理战队和俱乐部，还管理娱乐游戏电视频道，如 OGN、MBC、GOMTV 和 PandoraTV 等。KeSPA 还确定了韩国电子竞技的选秀模式和联赛体系，帮助政府在监督各个环节的同时保证俱乐部和选手的商业利益。此外，KeSPA 还承担着发掘和培养新人的重任，为职业选手提供资格证明、争取权益。

韩国电竞的主流化也离不开媒体的助力。一方面，在韩国政府的支持下，诞生了许多专业的电竞媒体。从电台到电视，再到杂志、报纸和网络新媒体，电子竞技的宣传频道不一而足。2000 年 2 月，OnMedia 媒体集团旗下的专业游戏频道 Ongamenetwork 设立;同年 7 月,OnGameNet(OGN)电视台以独立、专业的游戏电视台的姿态正式成立,标志着游戏领域有了自己的传播媒体。2005 年 3 月在中国举行的 WEG 第一赛季的比赛,就是由 OGN 做赛事直播支持的。在韩国,OGN 已经实现了 24 时全天候播出节目。

韩国拥有世界上最快的互联网平均连接速度,以及最长的专业游戏基础设施历史。韩国信息化综合排名为全球第三。2021 年 8 月的数据显示,韩国宽带普及率将近 97%,拥有 4 975 万网民。[①] 顶尖的信息技术和通信技术,发达的网络宽带环境为韩国电子竞技的起步和发展打下了良好的基础。

韩国电竞人才的选拔培训体系也非常完善。KeSPA 承担了电子竞技的教育和宣传工作,每年举办两次选手职业素养教育大会,对选手的职业礼仪和专业素养进行培训。且所有职业和半职业选手的资料全部登记在 KeSPA 的官方网站上,方便职业俱乐部进行人才遴选。不仅如此,职业电竞选手还拥有稳定的高收入。随着电子竞技吸引的资本越来越多,职业选手的收入也相当可观。据报道,韩国顶级电竞选手李相赫(Faker)年薪将近 3 000 万元人民币,而其他专业选手也大都收入颇丰。电竞选手的高收入也是吸引无数韩国年轻人从事电子竞技的重要原因之一。

尽管韩国电子竞技已处于世界领先地位,但其发展仍存在短板。一方面国内有限体量的市场经过多年发展后已趋向饱和,韩国电竞行业若想继续发展,必须将触角延伸至海外市场。另一方面,《星际争霸》是韩国最核心的电子竞技项目,但这一项目如今面临着疲软衰退的景象:2016 年 10 月 18 日,KeSPA 宣布,《星际争霸2》职业联赛正式停办。SKT、KT、三星、MVP、CJ 等五支星际战队正式解散。

《星际争霸》被誉为"上帝借暴雪之手送给玩家的礼物",曾经风靡韩国,也曾为韩国在电竞产业领先世界方面立下了功劳。然而,《星际争霸》在近年来日显颓势。动视暴雪公司针对《星际争霸2》的电竞政策屡屡失败,加之该游戏操作难度大,上手困难,RTS 游戏市场日渐低迷。2011 年底,拳头公司开发的

---

① 刘玲.中国互联网企业对外直接投资现状及区位选择研究[D].广州:暨南大学,2020.

MOBA 游戏《英雄联盟》登陆韩国,在短短几年时间内便取代了《星际争霸》的位置。除了动视暴雪公司和外部环境外,游戏本身及其赛事的运营也存在问题,公众对游戏的认可度不再高涨。

优势项目的没落,加之人员的流失,赞助商的撤资,韩国电竞的发展重心已经转战《英雄联盟》。2012 年,OGN 电视台举办了 LOL 韩国赛区比赛,简称 LCK。KeSPA 旗下的 SKT、KT、三星等战队均参加了 LCK。经过多年的 SPL 征途,SKT 们早就积累了一大批电竞专业人才。决定转型后,不少原 SPL 战队的资深选手、教练担任了 LCK 战队教练、领队等职位。而韩国战队形成的科学的训练、管理体制,也让 LCK 战队的水平在短时间内迅速提升。2013 年,韩国首次获得 S3 冠军,并从 S3 至 S7,连续五年夺冠,包括在 S5 到 S7 三年间包揽冠亚军。然而,在韩国本土举办的 S8 赛事上,韩国战队竟然被挡在八强之外。

在《星际争霸》和《英雄联盟》这两个游戏上,韩国占据着绝对领先优势,然而其他游戏由于缺少 KeSPA 的重点扶持,面临比赛少、玩家少、职业选手少的困境。这很大程度上是由于韩国市场体量小、人口基数更是远低于崛起的电竞强国美国、中国。可以说,重点优势不再、多点薄弱的韩国电竞,已经失去了它往日的光环。

(二) 美国电子竞技发展

根据 esportbookies. net 上发布的信息,从观众和收入的角度来看,美国是全球第二大电子竞技市场,拥有超过 1.6 亿的玩家。这意味着全球超过一半的电子竞技玩家居住在美国。据 Insider Intelligence 估计,2022 年美国每月有 2 960 万电子竞技观众。美国是该领域的重要参与者,因为它拥有全球主要的电子竞技基础设施。美国还拥有世界上数量最多的电子竞技联盟。1990 年、1994 年美国各地巡演任天堂世界锦标赛,1997 年职业玩家联盟成立并举办了第一届职业锦标赛"星际争霸",获得了包括微软、AMD、Nvidia 等上市公司赞助的 120 多万美元。发展到今天,北美的电竞市场约为 2.575 亿美元,根据普华永道统计,2021 年北美电竞收入约 3 亿美元。[①] 美国因为其浓厚的商业氛围和成熟的市场机制,成为全球电竞市场的一块高地。

美国的电子竞技可以追溯到 20 世纪 70 年代的街机游戏。在欧美国家陷入经济"滞涨"的状态时,通货膨胀和失业率同时高涨不下,人们的空闲时间开始在电子游戏上消磨。街机和家用游戏机畅销一时。一台售价约 199 美元的雅达利 2600,仅在 1980 年就为雅达利的上级公司时代华纳带来了 20 亿美元的利润,电子游戏产业的高额利润尽数体现。尽管这类游戏与如今的电子竞技相去甚远,但这些竞技性的比赛给北美电子竞技的早期萌芽埋下了种子。

虽然雅达利在 20 世纪 80 年代很受欢迎,但任天堂娱乐系统(NES)将视频游戏的控制、图形、游戏性和可访问性提升到了一个新的水平。最初的 NES 于 1985 年进入北美,而超级 NES(SNES)于 1991 年发布。除了让世界各地的家庭更容易接触到电子游戏以外,任天堂还推动了电子竞技的发展。正如前文中提到,任天堂世界锦标赛于 1990 年举行,并在美国巡回演出,最终在加利福尼亚州的环球影城举行锦标赛,这是历史上第一个正式的电子竞技比赛。任天堂在 1994 年举办了另一次世界锦标赛来推广 SNES。这项赛事的世界决赛在加利福尼亚州的圣地亚哥举行。诸类赛事为十年后更大体量、更广规模的电子竞技赛事奠定了基础。

美国电竞赛事的发展,绕不开《毁灭战士》(Doom)这个 FPS 类里程碑式的游戏。1993 年 12 月,IDsoftware 公司发行了游戏《毁灭战士》。DWANGO,广域拨号网络游戏装置(最初是 Doom 广域网游戏组织),作为早期收费的多人游戏服务器,开设了面向《毁灭战士》《毁灭战士Ⅱ》《HereTic》的服务。服务器遍布北美各大城市的 DWANGO 就成为最早的游戏聚集地。随着 1996 年 IDsoftware 开发的游戏——《雷神之锤》的出现,互联网上出现了多人游戏。而在 1995 年底开始萎缩的 DWANGO 在《雷神之锤》发布后几乎奄奄一息。1998 年,DWANGO 宣告正式关闭。

① Esports Ecosystem in 2022：Key industry companies，viewership growth trends，and market revenue stats［EB/OL］.（2022－03－07）［2021－06－30］. https：//www. insiderintelligence. com/insights/esports-ecosystem-market-report/.

美国还成立了类似大联盟、篮球协会的电竞联盟，赞助商、广告商也将目标转向电子竞技比赛。第一个职业电子联盟是职业玩家联盟（Professional Gamers' League，PGL）。它在 1996 年由美国共有娱乐网（Total Entertainment Net-work，TEN）组建成立。PGL 诞生后，其规模之大、参赛人数之多和奖金之高在当时都无出其右者。因此，PGL 也就成为北美电竞最高荣誉的象征。1997 年安吉·穆洛兹（Angel Munoz）创建了另一个职业电子竞技联盟 CPL，CPL 被认为是世界范围内举办的专业电竞游戏锦标赛的先驱，也是美国电子竞技的主要推动者。不过 CPL 已经于 2008 年以财务问题为由停止运营，直到 2011 年才恢复运营。而在这期间，由圣丹斯·迪乔瓦尼（Sundance DiGiovanni）和迈克·斯普索（Mike Sepso）于 2002 年创立的职业游戏大联盟（Major League Gaming，MLG）迅速崛起，很快就占领了北美市场，成为北美地区规模最大的职业联盟。

PGL

美国的游戏产业发展主要是以市场需求为导向，传统体育人的推动在美国电子竞技发展中也发挥了重要作用。著名的体育电视频道 ESPN 在报道中曾说过："电竞产业的特点是每一个传统体育联盟都渴望拥有的，那就是年轻性、世界性、数字化和越来越多样化。"2016 年，美国 NBA 孟菲斯灰熊队老板卡普兰（Kaplan）购买了《英雄联盟》冠军联赛（LCS）的一个席位并组建了 Immortals 战队，开启了 NBA 和 LCS 的"双线"征程。金州勇士队和费城 76 人队的老板也收购了属于自己的电子竞技战队。传统的 NBA 联赛为了迎合现在电子竞技和游戏需求开始涉足职业电竞联赛，并于 2017—2018 赛季举办了 NBA 2K 电竞联赛。NBA 投资人进入电竞市场的举动，为篮球迷和电竞爱好者关注对方领域提

CPL

供了契机,真正意义上实现了两者双赢的效果。

电子竞技在美国大学校园遍地开花,但美国并没有像亚欧国家一样大力开展电竞教育,而是通过举办电子竞技赛事,提供丰厚奖金,鼓励学生参与电竞运动。许多高校模仿了 NCAA 模式,[①]认证电竞选手为运动员。赢得一场重量级的电竞比赛,学生获得的不仅有比赛奖金,还有学校提供的与足球、橄榄球、冰球等运动相似金额的奖学金。

2009 年,高校星联赛(Collegiate Star League,CSL)创立。多年来,CSL Esports 一直是北美最大的大学电子竞技业务的运营商,并提供了超过 100 万美元的直接奖学金。CSL Esports 与各级学术合作伙伴合作,包括各类大学、学院和高中,并为在校学生提供竞争、学习电竞技能的机会。

2014 年 2 月,Riot Games 首次在美国举办北美大学生锦标赛(North American Collegiate Championship,NACC)。这项比赛虽然在 Riot 经营的曼

① NCAA(National Collegiate Athletic Association)为美国大学体育协会,是一个非营利组织,负责监管来自北美多达 1 268 个机构和会议的学生运动员。它还组织美国和加拿大大学的体育项目,并帮助超过 480 000 名每年参加大学体育比赛的大学生运动员。

哈顿电竞馆中进行,但场内座无虚席。决赛中,一支来自华盛顿大学的队伍最终拔得头筹。在比赛高峰期,有16.9万人在线观看了这场比赛。而冠军队伍中的每个人都获得了7500美元的奖学金。

2016年,加州大学尔湾分校(UCI)开始为电竞项目设立专项奖学金,并为学校的电竞项目修建了电子竞技馆。UCI如今已经建立起比较成熟的电竞人才培养项目,拥有两支游戏战队,并为校队提供6000美元的奖学金。除了经济援助外,奖学金获得者还可以参加UCI电子竞技提供的各种个人和学术培养计划。不仅是高校,美国的电竞教育还蔓延至2018年美国国家高中协会联合会(NFHS),自其首次将电子竞技视为一项官方运动以来,已有8600多所高中成立了电子游戏团队。

但美国推动电竞产业发展的路途并非一帆风顺。在政府意向方面,美国在电子竞技职业化方面的进展实际上慢如蜗牛。美国政府直到2013年才正式承认电子竞技运动员为职业运动员,游戏开发商Riot Games的一位代表称这是一个"漫长的过程"。除了城市级的电子竞技场馆建设计划外,美国政府官员基本上忽视了这个不断增长的行业,这助长了一种观念,即职业游戏不是一个真正值得追求的职业。

然后是美国互联网速度差异的掣肘。据报道,6%到12%的美国人没有高速互联网服务。[①] 美国电子竞技玩家的体验很大程度上取决于主要的游戏开发商和发行商选择在哪里托管他们的在线多人游戏服务器。幸运地位于服务器位置附近的玩家将获得最佳体验,他们能够最大限度地发挥才能。与此同时,更偏远地区的玩家必须克服滞后和反应迟钝的网络服务,这同样是最高级别比赛的主要障碍。

财政资本的流向同样让人对电竞未来的发展充满担忧。西方最流行的电竞游戏基本上由几家在美国创立的大型发行商主导,如拳头游戏、动视暴雪、Valve、EA和Epic Games。电竞行业的经济走向与这些公司息息相关,这些公司控制着游戏许可和转播权,甚至调整着游戏本身的机制。美国顶级电子竞技

---

① Rural Broadband Investments Promote an Inclusive Economy [EB/OL]. (2021 - 07 - 12)[2021 - 12 - 01]. https://www. americanprogress. org/article/rural-broadband-investments-promote-inclusive-economy/.

组织在风险投资的支持下,常常向出版商支付高昂的价格,以参与特许联赛。例如,拳头游戏在 2018 年向电子竞技组织收取每个特许权位置 1 000 万美元的费用,以确保其在位于美国的英雄联盟冠军系列赛中获得永久席位,并且要求新加入的团队额外支付 300 万美元。但围绕美国电子竞技的资金流动并不一定会惠及新玩家和初出茅庐的电竞人才,甚至电子竞技团队。相反,大部分收益流向了出版商、一级电子竞技组织和顶级职业选手,他们的平均年工资为 410 000 美元。这种差距还在不断扩大。

在美国,电子竞技仍是一个相对年轻的行业。唯有克服种种文化、资本和基础设施上的障碍,才能让电竞这个生态系统更加健康稳定。

(三) 欧洲电子竞技发展

电竞在欧洲呈现了快速发展、不断扩张的态势。无论是在收入还是收视率方面,欧洲都取得了不错的成绩。从 2019 年到 2023 年,欧洲的整个电子竞技市场预计将增长 23%,到 2023 年,其价值甚至可能达到 6.7 亿英镑。[①] 根据 Newzoo 的报告,2020 年欧洲电竞观众达到 9 200 万,而 2018 年仅为 7 200 万。其中 YouTube 和 Twitch 是欧洲最受欢迎的观看平台。

1999 年一款名为《反恐精英》(Counter-Strike, CS)的射击游戏横空出世,吸引了数以千万计的玩家为之疯狂,欧洲各个国家和地区相继成立了战队,一些已有的职业俱乐部也大力发展旗下的 CS 分部,为即将到来的电竞职业化做好了准备,时代的大门就此开启。

于 1997 年成立的爆破突击队(Schroet Kommando,SK)可谓欧洲电竞行业的一大元老。它缘起于德国的职业电竞组织,被公认为电子竞技产业最成功的战队之一,也是玩家的豪门俱乐部。SK 最早是一支职业《雷神之锤》战队,但它开始为众人所知的游戏是 CS。SK 战队在当时摘得了除 ESWC2003 之外几乎所有主要世界大赛的 CS 冠军荣誉,并在 CPL 赛事中成功卫冕,被称为 CS 最成

---

① Deloitte analysis. 2019 European esports market [R]. 2019.

功的德国小队之一。

SK 开创了很多电竞行业的先河。早期,SK 战队为第一批组建全女性队伍的组织之一。其中最著名的是安娜玛丽·卡彭代尔(Annemarie Carpendale),其游戏昵称为"XS",她是德国著名的电视主持人。2003 年,从 SK Sweden Counter-Strike 小队开始,SK 成为第一个与球员签约的电子竞技组织,选手的职业化通过劳动合同的形式逐渐形成行业规范。而在之后的 2004 年,因 NoA 战队买断了 Ola"elemeNt"Moum 在 SK. swe 的合同,SK 成为第一家收取转会费的电竞组织。自此,战队和俱乐部之间开始有了商业上的合作和交易,资金开始在行业内流通。2005 年初,由于不满俱乐部的奖金分配,CS 分部选手集体拒绝续约并出走。选手通过抗议的手段开始掌握更多话语权,行业开始反思战队与个人之间的利益平衡。随着 War3、SC、DOTA、LOL 分部的相继建立,老牌豪门 SK 不断壮大。其在吸纳人才、更新换代、扩充业务的同时避免了自身因单项目衰落而受损的危险。近十年来,SK 不断解散、吸纳,战队成员不断更新,直到 2018 年,SK 原队员宣布与 SK 合同到期,不再续约,全员转投至 Immortals 旗下,成立了 MIBR 战队。

欧洲电竞另一颗闪耀的巨星当属电子竞技联盟(Electronic Sports League,ESL)。作为当今全球最大的电子竞技公司之一,其总部位于德国科隆,最初通过承办 CPL 旗下欧洲区的一些比赛而迈入了电子竞技赛事组织的行业门槛。其旗下囊括了数个备受瞩目的品牌国际联赛和锦标赛,包括英特尔极限大师赛(Intel Extreme Masters,IEM)、ESL 职业联赛以及其他卓越的体育场规模锦标赛,如 ESL One。ESL 还制作了 ESL Mobile 计划,主办了 DreamHack 公开赛、ESL 全国锦标赛、草根性的业余杯赛和 DreamHack 游戏生活节。目前 ESL 隶属于领先的国际数字娱乐集团 MTG。

英特尔极限大师赛是第一个全球规模的电子竞技精英锦标赛。它属于包含多个项目的综合型赛事。2006 年,英特尔注意到了全球的赛事拓展空间,于是为全球赛事提供资金,与 ESL 合作创立了 IEM 极限大师赛。IEM 以《反恐精英:全球攻势》、《星际争霸Ⅱ》和《英雄联盟》锦标赛为特色,横跨多个大洲。赛事规模和参赛国家数量都在逐年攀升。

ESL 的旗舰品牌是 ESL One 赛事,主要举办《刀塔 2》《反恐精英:全球攻势》《Battle Field 4》等比赛项目。

在欧洲,许多国家实际上缺少与电竞行业及相关从业者有关的法律法规,对电竞工作者的权利和义务也没有明确的界定。而肩负起规范电竞产业秩序重任的组织,就是 ESL 旗下的世界电子竞技协会(World E-Sports Association, WESA)。WESA 成立于 2016 年,它是全球规模最大的电子竞技组织,旨在规范全球电子竞技氛围。它是一个开放、包容的组织,通过引入玩家代表、标准化规则和团队收入分成等元素,进一步使电子竞技专业化。WESA 为所有 WESA 认证的赛事创建了一套标准化的规则和政策,使得战队和选手能够在透明章程的保护下运作。目前,WESA 协会的成员如下图所示:

2022 年世界电子竞技协会的 14 个成员

德国作为欧洲最大的电子竞技市场,不仅坐拥前文提及的 ESL 联盟,还拥有数百家游戏初创公司。到 2023 年,德国的电子竞技市场预计将达到约 2 亿欧元。赞助、活动和广告是德国电竞产业的三大主要增长动力。另一个推动德国电竞产业增长的因素是许多传统体育组织,特别是德甲联赛,创建了电子竞技团队和附属机构。2012 年,德甲联赛便设立了德甲电竞联赛(Virtual Bundesliga, VBL),通过多年的整合运营,集合了来自德国的顶尖 FIFA 电竞队员。

根据英国电子竞技协会的数据,尽管英国是第五大游戏消费市场,它在电子竞技方面却相对落后于其他国家。赞助少和资金流入较慢是这种现象的主要原因。如今,情况逐渐好转,大型赛事活动为英国电竞产业发展增加了活力,例如在温布利大球场举行的 2020 年欧洲电子竞技比赛(后改为线上举行)。

瑞典斯德哥尔摩是欧洲最早出名的"电竞之都"。当地著名网吧 Inferno Online,是每个 CS 爱好者心中的圣地,曾作为瑞典豪门 SK-Gaming、传奇战队 NiP Gaming 等多支 CS 战队的集训基地。当地不仅年轻人爱电竞,还诞生了全世界最年长的电竞团队"银色狙击手"。瑞典的电竞教育也走在时代前列,它拥有领先的大众电竞支持计划,确保初级玩家获得与专业人士同等水平的帮扶。该项目包括青年营、足球训练课程,以及针对电竞选手、选手父母和组织者的严格行为准则,力求使相关人员达到最高标准。

此外,一座波兰的小城——卡托维兹,在欧洲电竞产业中弥足轻重。卡托维兹是波兰第十大城市,人口数量仅有约 30 万。过去,这座小城以工业和艺术场景闻名于世,但在近几年,它却成了电竞职业选手和游戏爱好者的聚集地。2013 年 1 月 17 日,卡托维兹第一次举办英特尔极限大师赛。尽管严寒刺骨,却依然有 1 万名观众在飞碟形状的 Spodek 体育馆外排队等候。也正是从那时起,卡托维兹成为世界上最大的电子竞技赛事中心。

（四）中国电子竞技发展

数据显示,2020 年中国的电竞生态市场增速达 45.2%,根据此项趋势,预测 2022 年中国电竞整体市场规模将突破 2 000 亿元,达到 2 157 亿元。[①] 在电竞行业,中国属于世界行列的后起之秀,但中国电竞市场发展迅猛,体量庞大,如今已经不容小觑。

中国电竞的发展主要经历了四个阶段。相比欧美日韩,中国电竞发展起步较晚:20 世纪 90 年代,随着改革开放第一个十年结束,中国经济开始飞速发展,电子游戏也在这一时期进入了中国。电子竞技的早期发展主要在民间。1995 年,国内第一个网吧"3C＋T"开业,在随后几年的发展中,网吧逐渐普及,网速也不断提升。1998 年,《星际争霸》进入了中国市场,并开始在中国玩家群体中变得流行,玩家开始自发地在网吧举办一些私人比赛,尽管没有成型的赛事规则,但中国的电竞此时已经开始萌芽。

2000 年至 2008 年,中国电竞主要处于探索时期。2001 年,韩国赛事 WCG 踏入国门,中国队成为首届 WCG 世界总决赛的团体亚军。2003 年,中国奥委会和中国体育联合会共同宣布电子竞技为官方体育项目。这一宣布得到了中国体育总局的支持,电子竞技成为我国正式开展的第 99 个体育项目。电子竞技的早期合法化在几年后得到了回报——近年来,中国的电子竞技球队在多个比赛项目中都取得了优异的成绩。然而,中国的信息观念在当时相对保守,加之"蓝极速网吧"事件激发了全社会对于不合规网吧的强烈关注,政府开始加大对网吧的管理力度。在家长强烈反对网络游戏的浪潮下,2004 年,国家广电总局发布了《关于禁止播出电脑网络游戏类节目的通知》。在通知发出的几天内,国内人气较高的几档电子竞技节目全部停播,如 CCTV5 的《电子竞技世界》,旅游卫视的《游戏东西》等。电子竞技在这一阶段被冠以"电子海洛因"的污名,可见,电竞在

---

① 2022 年中国电竞市场规模预计达到 2 100 亿,四个发展趋势展望中国电竞未来[EB/OL].(2021 - 07 - 23)[2021 - 12 - 11].https://new.qq.com/omn/20210723/20210723A034WW00.html.

21 世纪初的中国发展速度缓慢,举步维艰。

2008 年,以"人皇"李晓峰为代表的 10 名电竞选手成为北京奥运会火炬手,国家体育总局在体育项目重组时将电子竞技重新定义为第 78 号体育运动项目。国家政策的松动让中国电竞事业的发展迎来了转机。

2009 年至 2018 年,电竞迎来了发展期。随着政策松绑,中国电竞的冬天已然过去。2009 年,成都市首次承办 WCG 大赛,此后,昆山市分别于 2012 年和 2013 年两次承办 WCG 大赛。在这几届由中国承办的大赛中,中国战队取得良好成绩,吸引了众多中国电竞爱好者,也推动了中国电竞产业进入快速发展的轨道。

2010 年前后,国内互联网快速发展,网络游戏产业迎来井喷式爆发。由游戏厂商主导、多方共同打造的第一方赛事开始成长起来,一些职业化的电竞俱乐部也涌现出来。腾讯逐渐成为电子竞技行业的领导者,它通过并购的方式获得了全球化的游戏资源,开发了游戏《英雄联盟》的美国拳头游戏公司就被腾讯并购。除此之外,腾讯还通过研发、收购和代理等途径,拥有了《穿越火线》《地下城与勇士》《FIFA》《王者荣耀》等优质作品。2016 年,国家体育总局宣布成立中国移动电竞产业联盟。以第一届英雄联盟职业联赛的举办为起点,中国电竞产业迎来了勃兴时期。

2018 年可以称之为中国电竞元年,以 2018 年为起点,中国电竞走入了爆发期。2018 柏林 PUBG 全球邀请赛(PGI 2018)中,中国队 PGI 夺得冠军;《英雄联盟》S8 赛季中,中国战队 IG 获得了全球总决赛冠军;2018 年,雅加达亚运会将电子竞技纳为表演项目,中国电竞代表团在《王者荣耀国际版》《英雄联盟》《部落冲突:皇室战争》项目上共夺得 2 金 1 银……值得注意的是,自 S8 赛季中国夺冠之后,在 2021 年冰岛举办的 S11 总决赛中,中国战队 EDG 又一次摘得桂冠。从"网瘾少年"到"职业选手",从"不务正业"到"为国争光",从两款"网吧游戏"到"650 亿元中国电竞大市场",中国电竞,发生了质的飞跃。

自 2018 年以后,资本和专家都将目光投向了曾经沉寂的电竞行业。LPL 通过联盟化改革,吸引了大量投资,也在成绩、管理水平方面获得了质的飞跃。2019 年,腾讯互娱与拳头游戏合作,成立了全球首家电竞体育公司——腾竞体育,专注于 LPL 赛事运营。在 2020 年,上海承办了《英雄联盟》S10 总决赛全赛程,宣告了中国在电子竞技行业的影响力。

中国电子竞技行业的发展态势,目前来看呈现出四个特点。

首先,各地扶持电竞行业发展的政策持续加码,城市建设和电竞发展不断融合。中国国际数码互动娱乐展览会于 2020 年在上海举办,本次展览会还举办了首届全球电竞大会,发布了我国电竞行业首个授权类团体标准《电竞赛事通用授权规范》,这意味着中国电竞的专业化和标准化程度将不断提高。

2021 年,上海"十四五"规划指出,要打造电竞等职业赛事高地,建设全球电竞之都,这也代表了电竞行业发展的一个积极信号。2020 年底,亚奥理事会宣布电子竞技项目成为亚洲运动会正式比赛项目,并参与杭州亚运会。电竞已经成为一项在国家和公众层面都得到认可的体育项目。近两年,各地也陆续发布了电竞产业扶持政策,部分地方政府致力于推动电竞成为城市新名片。

2020—2021 年各地电竞行业相关政策及文件梳理

省/市	发布时间/主要政策名称
北京	2020 年 12 月《北京经济技术开发区电竞游戏产业政策》《北京智慧电竞赛事中心建设规划》 2020 年 8 月《海淀区关于支持数字文化产业发展的若干措施(电竞产业篇)》《石景山区促进游戏产业发展实施办法》 2020 年 4 月《北京市文化产业发展引领区建设中长期规划(2019—2035 年)》 2020 年 2 月《关于应对新冠肺炎疫情影响促进文化企业健康发展的若干措施》
上海	2021 年 1 月上海"十四五"规划 2020 年 8 月《电子竞技直转播技术管理规范》《电子竞技直转播平台管理规范》 2020 年 2 月《上海市全力防控疫情支持服务企业平稳健康发展若干政策措施》 2020 年 1 月《静安区关于促进电竞产业发展的实施方案》
广东	2020 年 12 月《广州市天河区电竞产业发展规划(2020—2030 年)》 2020 年 11 月《广州市黄埔区、广州开发区促进游戏电竞产业发展若干意见》 2020 年 11 月《白云区白云湖街促进电子竞技产业项目资金申报指南》(广州) 2020 年 7 月《龙岗电竞产业 9 条》(深圳) 2020 年 4 月《关于加快文化产业创新发展的实施意见》(深圳)

（续表）

省/市	发布时间/主要政策名称
江苏	2021 年 1 月《关于促进苏州市电竞产业健康发展的实施意见》 2020 年 6 月《江宁开发区促进电子竞技产业加快发展的三年行动计划》《促进电子竞技产业加快发展的若干政策》 2020 年 4 月《南京数字经济发展三年行动计划(2020—2022 年)》
海南	2020 年 9 月《海南自由贸易港高层次人才分类标准(2020)》
西安	2020 年 3 月《西安曲江新区关于支持电竞游戏产业发展的若干政策(修订版)》
成都	2020 年 5 月《关于推进"电竞＋"产业发展的实施意见》
昆明	2021 年 1 月《盘龙区支持电子竞技产业发展相关措施(盘八条)》
……	……

其次,电竞商业化水平不断提高,电竞市场的规模持续扩张。一方面,头部电竞游戏及赛事的影响力持续提升,商业化发展进程不断加速,带动了电竞产业链下游的游戏直播、电竞陪练、电竞衍生等业态的快速发展。有报告估测,在 2021 年电竞生态将占据 28.3％的电竞市场份额,2021 年电竞生态市场中的游戏直播市场规模将超过 240 亿元。[①] 另一方面,移动端手游占据中国电竞游戏主流。从 2015 年以来,电竞游戏移动端销售占比不断上升,在 2017 年占比超过客户端,随之反映出我国电竞游戏移动化已经成为主流趋势。《王者荣耀》《绝地求生》等手游在广大玩家中受到持续热捧,《英雄联盟》的手游端也于 2021 年 10 月在中国开启公测,未来电竞游戏移动化规模有望进一步提高。

再者,电竞赛事生态多元化、国家队设定常态化发展。中国电竞赛事品类以 MOBA 类和战术竞技/射击类赛事为主,其他类型的赛事也在高速发展。自 2019 年起,机核网与华奥电竞合作举办了主机电竞赛事 Spark 火花锦标赛,如今已经度过了三个赛季,2020 年 VRES(VR 电子竞技国际大赛)全球总决赛在北京进行,这充分彰显了多重类型的电竞赛事的探索和发展。为备战 FIFA 电

---

① 2021 年中国电竞行业研究报告[EB/OL].(2021 - 07 - 23)[2021 - 12 - 01].https://www.huxiu.com/article/439501.html.

竞国家杯,中国国家电竞足球队也于 2020 年成立。国家和地方电竞队伍的设立,说明了电竞作为一门体育赛事,已经向着常态化、稳固化方向发展。

最后,电竞人才培育上进一步发力。随着电子竞技的蓬勃发展,我国政府和高校已经开始进行创新性实践,高校培育体系和市场培育体系两者通力合作,以期为正在崛起的电竞产业输送充足且优质的人才。2016 年,教育部发布《普通高等学校高等职业教育(专科)专业名录》的增补专业目录,公布新增的 13 个专业中,电子竞技运动与管理专业名列其中,新增的电竞专业自 2017 年起执行。政策为电竞专业人才的培养开辟了通道,随后一系列高校开设了电竞相关专业。在设置与电竞直接相关的课程中,高校也紧密依靠业界,如中国传媒大学与虎牙战略合作,成立了中传虎牙电竞研究中心,在高等教育上填补了这一空白。

拓展阅读

全球电竞里程碑事件:《星际争霸》

很多电竞行业内的人公认 1998 年其实是中国电子竞技行业启蒙的"元年",而那一年在全世界范围内,电竞行业最重要的里程碑事件就是《星际争霸》的发布,至此围绕 RTS 类游戏的电竞生态开始出现。那一年,世界电竞强国——韩国正在经历席卷全亚洲的金融危机,当时的韩国政府为了提振经济主动选择了两个行业进行政策扶持,其中一个是我们今天都已经非常了解的娱乐行业,而另外一个就是电子竞技行业。而当时的韩国电竞行业所选择的游戏就是《星际争霸》。迈克·莫汉(Mike Morhaime)是暴雪娱乐董事长兼共同创始人,他亲自参与了《星际争霸》这个科幻作品的诞生过程。《星际争霸》在 1998 年首次发布的时候,暴雪娱乐的即时战略游戏已经为人知晓。《魔兽争霸》和《魔兽争霸Ⅱ:黑暗之潮》系列是这种类型游戏的两大巨头,所以如果要制作一款新游戏,即时战略游戏绝对是最佳的选择。"美术设计师们已经画腻了奇幻类题材,所以我们想这次一定要做一款具有太空风格的游戏,"迈克·莫汉说,"第一步要转换我们所有的地形集。我们使用《魔兽争霸Ⅱ》的引擎,然后换上新的外表,并在 E3 展上展示。玩家们觉得这样很乏味无趣。那时还没有任何游戏机制。我们用了三个月的时间把所有的事情都弄好,结果根本没人关注我们的游戏。1996年的时候,《星际争霸》alpha版被评论家讽刺为'太空版《魔兽争霸》'。"观众的冷漠反应大大刺激了当时暴雪开发团队的主创人员。"当时有很多公司都在开发RTS游戏,我们需要付出更多努力才行,"迈克·莫汉说,"鲍勃·菲奇(Bob Fitch)重写了游戏引擎,我们修改了美术,对我们的游戏抱着更大的野心。"1998年3月,《星际争霸》发布之后,立刻受到了高度的评价,成为当年年度最受欢迎游戏。《星际争霸》在韩国成了现象级话题,而《星际争霸》成了一个家喻户晓的名字,至此,韩国引以为豪的电子竞技比赛如火如荼地进行。

第五章

电子竞技的功能和价值分析

电子竞技运动作为一种新的运动形态和运动模式,可以锻炼和提高参与者的思维能力、反应能力、四肢协调能力,培养参与者的个体意志力与团队协作精神。但是,多年以来,很多人对电子竞技存有偏见,认为电子竞技影响了青年人的健康成长,呼吁政府部门对其加强管理。但是事实上,电子竞技与网络游戏有很大不同:网络游戏常常是游戏者一个人的娱乐活动,很多玩法会影响人们的学习和工作;同时,游戏厂商为了经济效益,常常以免费为噱头吸引游戏玩家进入游戏,再推出花样百出的收费道具、皮肤、外挂及抽奖活动,挑动玩家的虚荣心和攀比心理,吸引玩家不断投入并沉迷其中。而电子竞技则在很大程度上具有体育运动的基本特征,由于要保证公平竞争,所以不存在道具外挂,主要比拼的是操作能力。这种对抗除了能够提高参与者的能力和意识以外,还能给观众带来娱乐效果和思想启迪,并给参与者带来就业机会和经济效益。

(一) 竞技功能

2003 年 11 月 18 日,国家体育总局正式批准将电子竞技列为第 99 个正式体育竞赛项目。2008 年,国家体育总局将电子竞技改批为第 78 个正式体育竞赛项目。至此,电子竞技不仅摆脱了困扰已久的身份问题,而且定位于运动性质的电子竞技的内涵也终于尘埃落定。

运动通常是指一种涉及体力和技巧的活动,具有竞争性。当把这种竞争性附加上一些规则时,则从运动转变成了体育运动。国际体育联合会认为,一项体育运动应当符合如下条件:①有竞争要素;②对于生命体无伤害;③不依赖于某个单一体育器材提供商(不含室内美式足球这样有规则专利的运动);④不包含刻意为比赛设计的运气因素。

电子竞技包含两个基本构成要素:电子和竞技。"电子"是指这项活动的进行方式和实现手段,即这项活动是在借助现代科技发展所产生的各种软、硬件设备的集体作用下实现的,这类似于传统体育项目所必需的运动场地和运动器械。"竞技"则代表比赛结果的不确定性和比赛过程中激烈的对抗。电子竞技具有高度的对抗性,并且遵循一定的规则,因此,具有体育运动的基本属性和很强的竞技功能。

作为体育项目的一种,电子竞技与传统体育项目同中有异。电子竞技作为一种新型的体育运动,参与者需要重复机械练习与运用鼠标及键盘,反复演练与强化手眼的协调能力,这体现了电子竞技运动对体能和运动技能的外部追求;参与者在竞技比赛中对于夺冠或胜利的孜孜追求,诠释了其拼搏与进取的精神,以及对"更高、更快、更强、更团结"的核心价值追求,竞技过程中参与者为获得更高积分或实现通关而对竞技游戏的重复性适应锻炼,则展现了其重在参与、永不放弃、永不气馁、永不低头的体育精神内涵。此外,电子竞技冲破了传统体育在场地、运动员体能高低等方面的限制,很多残疾人可以不必顾虑身体因素,拥有与正常人同场竞技的机会和同等的获胜潜力,这种广泛的全民参与性和公平性,使得电子竞技在传递体育精神与体育功能上的价值甚至超过了传统体育项目。①

(二) 产业功能

电竞产业拥有巨大的潜在经济价值。经过多年发展,形成了一条从游戏授权到内容生产、制作,再到传播的完整产业链,将带动内容制作、授权、分发、赛事运营、传播、监管、教育培训、专有设备研发等一系列相关产业链的全面发展。

1. 赛事

赛事是直接以电子竞技活动为核心的经济组织活动。

根据艾瑞咨询公布报告,2020 年电竞市场整体规模超过 1 474 亿元,增长主要来自移动电竞游戏市场和电竞生态市场的快速发展。到 2021 年,电竞市场已超 1 650 亿元。② 电竞产业的飞速发展背后自然离不开政府的大力支持,2016 年 10 月 14 日,国务院常务会议指出:"要出台加快发展健身休闲产业指导意见,因地制宜发展冰雪、山地、水上、汽摩、航空等户外运动和电子竞技……"③ 自此开始,中国的电竞赛事势头迅猛。另外,电竞成为杭州亚运会正式项目、国际奥委会首次举办奥林匹克虚拟系列赛、多地持续加码电竞政策、新款电竞游戏持续上线等,均是驱动电竞持续增长的动力。

越来越多的电竞赛事得到快消品牌的赞助。比如,快消巨头可口可乐公司

---

① 恒一,陈东.电子竞技产业分析[M].南京:江苏人民出版社,2017:175 - 177.
② 艾瑞咨询.2022 年中国电竞行业研究报告[R].2022 - 05 - 28.
③ 中华人民共和国国家发展与改革委员会.半月改革动态(2016 年 10 月 1—15 日)[EB/OL].(2016 - 10 - 26)[2021 - 12 - 11].https://www.ndrc.gov.cn/fggz/tzgg/byggdt/201610/t20161026_1022120.html.

旗下的雪碧成为腾讯主办的英雄联盟职业联赛的官方赞助商;知名的运动饮料品牌红牛曾赞助 2016 英雄联盟德玛西亚杯总决赛。赛事技术的发展也为赞助形式提供了更多的选择空间,除传统的冠名之外,通过 AR 在游戏场景内植入品牌等方式也受到广告赞助商的喜爱。另外,游戏版权的售卖也提升了电竞游戏的商业价值。2016 年底,美国拳头游戏公司宣布与迪士尼注资的 BAMTech 视频直播公司达成合作意向。BAMTech 将预支 3 亿美元用于获取英雄联盟电竞联赛 2017 年至 2023 年的转播授权。天价的授权费证明了电竞赛事已经吸引了广告和媒体的注意力,社会大众对电竞赛事的态度也发生了变化。而电竞赛事也正朝着传统体育赛事的方向发展,其商业价值将得到大幅度的提升。

相关数据显示,2020 年我国电竞用户达到 5 亿人次。有着如此庞大的用户基础,更需要打通传播渠道的壁垒,使电竞赛事得到更为广泛的传播。

以年轻人为主体的电子竞技受众具有十分可观的消费能力,对自己喜爱的游戏、支持的电竞选手也有很高的认同感,因此可以大力发展粉丝经济,推出相关周边,甚至与电影、动漫、游戏制作等行业合作,开发电竞产业 IP。同时,可以在新媒体平台上,通过电子商务、节目制作等方式将明星选手的影响力转化为商业利益。用这样多方联手、跨界合作的方式,形成投入、收益与再投入的产业良性循环机制。[①]

2. 游戏及其衍生产业

2020 年的中国电竞市场仍保持着高速的增长,增长主要来自移动电竞游戏市场和电竞生态市场的快速扩张。疫情影响下,用户的在线娱乐时长显著增长,带动 2020 年的移动电竞游戏市场增速达到 36.8%,电竞生态市场增速达到 45.2%。[②]

电竞市场的持续发展,需要更多爆款电竞游戏的支撑。2020 年以来,多款优质的电竞游戏已上线或即将上线中国游戏市场。这些电竞游戏的来源主要有

---

① 张轩,巩晓亮.电子竞技新论[M].北京:电子工业出版社,2019:209-210.
② 李芃达.电竞产业快速扩张[N].经济日报,2021-12-27.

两个:一是经典竞技游戏的移动化或升级,如《英雄联盟手游》《使命召唤手游》《穿越火线高清竞技大区》等;二是创新竞技游戏的涌现,如《无畏契约》《永劫无间》《荒野乱斗》等。这些游戏的相关电竞赛事的开拓与市场化发展,将给电竞市场带来新的增长潜力。

头部电竞游戏及赛事的影响力持续提升和商业化发展进程不断加速,带动了电竞产业链下游的游戏直播、电竞陪练、电竞衍生等业态的快速发展。

在电竞游戏和电竞赛事之外,头部电竞 IP 如《英雄联盟》《王者荣耀》等已开始逐渐打造自身的衍生内容宇宙。以《英雄联盟》为例,其在影视剧、综艺、纪录片、虚拟女团、动漫、网文等方面均已有众多内容的拓展,未来还可能会拓展出主题乐园等,电竞领域的"迪士尼"似乎已见端倪。而在观众的认可度上,电竞衍生内容质量的提升也获得越来越多用户的认可。以 2020 年新上线的电竞衍生剧《穿越火线》为例,截至 2023 年 5 月在豆瓣平台有超过 17 万人打分,评分达7.9 分。

(三) 教育功能

电子竞技结合了体育运动和电子信息技术,既能够提升电竞参与者的自我机能和群体合作技能,也能拓宽参与者的知识获取渠道,培养道德规范意识。

第一,相较于传统的体育竞技项目,电子竞技的参与性、复杂性与交互性更强。在参与竞技游戏的过程中,玩家通过扮演冒险家、科学家、发明家、刺客、狙击手等不同角色,并带着这些角色所承载的责任与使命参与到不同的虚拟情景中,遇到问题、做出决策、分析结果,再按照自己的节奏推进游戏。在这一过程中,不仅会涉及视觉空间、感知识别、直觉思维、自我认知、人际关系等方面的有效思维,还需要参与者借助语言认知、数理分析、逻辑推断,以及以往的策略战术与技术储备来进行判断决策,并及时做出反应,参与者对全局的把握和对细节的处理有时甚至会直接影响到比赛结果。从这个意义上说,电子竞技使参与者在注意力、观察力、记忆力、思维力、反应力、自制力等方面的能力得到挖掘与训练,并进一步促进其智力开发,使之能够在面临复杂多变的现实情况时更容易适应以进行有效的问题分析和做出及时的决策。

第二，电子竞技运动作为人与人之间的对抗性体育运动，其较强的交互性使得电子竞技在推进个体发展的同时有助于群体教育。大多数的电子竞技项目都要求玩家组队参与，强调队员之间的通力合作，通过队员默契的配合、策略的使用来达成共同的目标与任务。这个长期磨合、群体战斗的过程有助于参与者养成团结、协作、尊重、宽容等良好品质。以《刀塔2》为例，职业《刀塔2》战队平时要进行长时间、高水平的训练。队员们需要通过训练培养超强的反应能力，队员之间还要相互磨合，建立起属于自己的一套攻防战术体系，这与篮球、足球等传统体育运动别无二致。

第三，电子竞技所涉及的操作与内容的广泛性和多样性，在一定程度上拓宽了参与者的知识获取渠道，有利于丰富参与者的知识体系。一方面，电子竞技运动是以信息技术为载体，由平台开展的特殊项目，其能够在选手收集赛事信息、参与竞技比赛及查找游戏攻略等行为过程中，潜移默化地对选手的电脑操作能力、信息收集与处理等信息技术能力进行培养和训练，而竞技所需的不同软硬件设备的装配与应用也强化了竞技玩家在相关方面的认知与学习；另一方面，当前电子竞技游戏项目数量众多、种类丰富，游戏人物的设定、背景的设置等方面的内容，涉及历史、政治、经济、文化、社会等诸多方面，参与者在获得游戏临场感的同时，也无意识地强化了知识的学习。例如游戏《刺客信条：大革命》，是以18世纪法国大革命时期的巴黎为背景的，游戏制作公司以史实为基础，邀请巴黎索邦大学的让·克莱门特·马丁（Jean Clement Martin）教授和魁北克大学的历史学家洛朗·图尔科特（Laurent Turcot）教授做指导，在游戏中1∶1还原了18世纪巴黎的历史风貌，使竞技玩家在游戏过程中能够直观地了解巴黎过去的风景与特色，更好地感受当时的生活，游戏中的场景仿佛历史版的Google街景，在这里游戏成为学习历史的一种方式。再如策略类竞技游戏《三国杀》的人物设定，能够有效深化竞技玩家对三国人物及其之间关系的了解。

第四，电子竞技的规范性、公平性及竞争性还能够为推进道德教育提供新的渠道。一方面，以特定比赛规则为导向的电子竞技能有效地将参与者在游戏中对规则的遵循延伸到对现实社会中规则的遵循;另一方面,竞技比赛的公平性、竞争性及游戏中所体现的善恶分明的价值观有利于激发选手认知和信念上的道德感,通过在游戏过程中的不断强化,内化为道德意志与道德行为,从而进一步为现实生活提供指导。

(四) 文化传播功能

很多时候,不同文化的交流融合能带来更好的效果,如美国国家橄榄球联盟冠军赛——超级碗(SuperBowl)上,就会请来大牌明星在中场秀的舞台上进行表演。随着电子竞技产业的发展,电竞也开始注重起内容打造,通过与电影、音乐、直播、周边产品等其他文化领域的结合,提供更多与电竞相关的文化娱乐享受,同时还能扩大电竞在文化领域的产业链,帮助电竞产业在更大范围内传播文化正能量。

目前,我国在这方面已经进行了多次尝试,2018 年第 3 届刀塔 2 亚洲邀请赛上,主办方不但请来了张杰献唱,还通过现场互动向玩家赠送围棋礼品,通过将传统文化与电竞赛事结合,实现了正向文化输出。

随着电子竞技从小众亚文化向大众主流文化的转变,越来越多的人参与其中,不断探索和发掘电子竞技更多的潜力和文化价值,电子竞技已经成为互联网情感交流方式的一种。

有学者提出,电子竞技是世界文化交流的一门新兴语言,通过电子竞技这个全新的窗口,中国能够向世界展现更多具有中国特色、体现华夏智慧与精神的优秀文化,凭借这种方式,能够让中华文化走出去。

电子游戏是伴随着互联网的发展而产生的,所以其同样具有互联网所拥有的包容这一特性,如《刺客信条》这类有系统历史考证的游戏与《黑暗之魂》这类富有想象力的游戏能够同时存在,并且游戏不会区别对待不同阶级不同文化水平的玩家。这样的特性令游戏能够包容各类不同形式的内容的嵌入与融合,这使得各类玩家能够对游戏产生相应的信任感,由此可以促进世界范围内文化的广泛传播。电竞行业的兴起,促进了不同国家玩家之间的交流与信息传递,从而构建起世界范围内的交流平台。

电子游戏之所以被称为"第九艺术",是因为它拥有其他艺术形式所不具备的互动性,也就是说游戏的交流是双向的。中国作为文明古国,其悠久的历史和深厚的传统文化底蕴既是一种文化优势,也是文化传播的阻碍。外国人了解中国传统文化一般都是通过书面或者其他艺术形式,而这种单向的交流往往会面临许多困难,烦琐的语言体系和复杂的社会文化让他们望而却步。但是将传统文化与游戏相结合,用这种更加轻松和现代化的形式作为文化传播的载体,可以消除因为语言和文化所带来的畏惧感,从而吸引更多的海外玩家来进一步了解中国。如何利用游戏的互动性打开世界了解中国的新途径,是未来中国游戏产业需要思考的议题。

在这方面,腾讯作为中国著名的电竞游戏研发商已经有了自己的探索。要想进行文化传播,游戏的文化性和互动性是必不可少的。在《王者荣耀》中,我们可以看到大量传统文化的体现,不管是故事背景设定还是美术动作都具有浓厚的中国风格,许多游戏人物诸如赵云、诸葛亮也都是由历史人物加工改编而成的。同时,游戏选择了当前正热门的 MOBA 游戏类型,可以吸引大量玩家,团队对抗的游戏形式也利于玩家和玩家之间的深层互动。

党的二十大报告指出,要繁荣发展文化事业和文化产业;增强中华文明传播力和影响力,讲好中国故事,展现可信、可爱、可敬的中国形象。①

金山软件出品的 3D 武侠角色扮演类游戏《剑侠情缘网络版叁》,利用了很多渲染技术和特效场景,在游戏中再现了一个经典的武侠世界。游戏开发者有意识地在游戏中设置了很多中国风的元素,例如诗词对答、饮酒文化、茶道、古代音乐和舞蹈等,让玩家仿佛置身于大唐盛世。游戏是文化的有机载体,在我国举办的电子竞技赛事中都能找到中国特色。在赛场布置、节目创意和奖杯奖牌设计上,可以别出心裁,融入中国文化的特点和内涵。除此之外,线下赛事还能吸引大量外国电子竞技选手和观众来到中国,亲身感受中国的变化,感受中国的时

---

① 习近平.高举中国特色社会主义伟大旗帜,为全面建设社会主义现代化国家而团结奋斗[M].北京:人民出版社,2022:45-46.

代风貌,从而认识真正的中国。

(五)其他功能

1. 拉动社会就业

电子竞技的参与门槛很低,吸引了很多人的参与。由于电子竞技具备社交属性,因此人们在电子竞技场景中能够建立一种社会联系。同时,电子竞技已经不再是单纯的"玩游戏",而是已经成为一项正式的职业。

新职业的发展初期必然需要大量的专业从业人员,因此电子竞技可以为社会带来很多新增的就业岗位。以国内著名游戏运营商完美世界为例,完美世界联合国家体育总局、国内知名高校、专业电竞内容平台等,培养游戏研发、影视后期、动漫研发、新媒体及电子竞技运动与管理五个方向的专业人才。同时,完美世界与全球顶级赛事和俱乐部签署协议,保证了学员们的就业。

如今,消费者对于电竞产业的消费需求已经不仅停留在物质层面,而是逐渐向精神层面转移。对于从业者而言,这意味着可以摆脱在产业发展初期时受到的众多限制,其工作内容不再局限于如何打好比赛,还可以在其他内容创新上发力。整个电子竞技产业的职业岗位呈现出多样化的局面,从业者有了更多的选择。

2. 传递体育精神

《奥林匹克宪章》中"奥林匹克主义的原则"条款中有这样一段话:"每一个人都应享有从事体育运动的可能性,而不受任何形式的歧视,并体现相互理解、友谊、团结和公平竞争的奥林匹克精神。"这段话很好地诠释了什么是体育精神。在传统体育项目中,选手们在赛场外刻苦训练,努力提高竞技水平;在赛场上互相理解和尊重,按照公平的规则竞赛,力争取得好成绩;比赛结束时,还能够收获深厚的友谊。这就是体育精神的体现。而这样的精神,如今我们都能在电子竞技的赛场上看到。亚洲电子体育联合会主席霍启刚曾经表示,电子竞技所倡导的"个人拼搏、团队合作、全力争胜"的精神和传统体育活动所倡导的精神是完全一致的。

如今，还出现了"电子竞技"精神。很多投身电子竞技的年轻人在各自所在的领域都做到了极致。无论是作为职业电子竞技选手刻苦训练，争取获得更好的成绩，还是作为相关从业人员做好本职工作，共同推动电子竞技向前发展，大家都付出了巨大的努力。如果说，过去电子竞技从业者只是出于爱好，现在则是把爱好变成了毕生追求的事业。他们在前进的过程中遇到了很多前所未见的困难，但是没有放弃，而是克服困难、披荆斩棘。

"电子竞技"精神不但体现在不断超越自我，向着更高水平迈进，还包括热爱自己选择的职业，热爱自己所处的行业。如今的电竞人正在携手并进，扬帆远航。他们相信，在电子竞技的道路上，"胜则优雅，败则光荣"。只要有分享和包容的精神，就能收获快乐。

3. 提供休闲娱乐

电子竞技运动以其形式的多样性、能力的显示性以及竞争的激烈性等特点，成为现代社会人们休闲娱乐的重要组成部分。越来越多的人希望且能够从电子竞技运动中，通过与对手的拼搏竞争、与同伴的默契配合来获得体育运动给人带来的心理满足和快慰感。

电子竞技游戏项目中精细的角色画风、富有质感的画面呈现、优美的场景设计、和谐的色彩调配、多维的视觉效果、极致的音效享受，以及精彩的游戏情节等，也有助于培养竞技玩家的审美情趣，提高其对美的鉴赏力和创造力，使其获得独特的审美体验。不仅如此，电子竞技玩家在参与竞技项目或观看电子竞技比赛过程中获得的角色代入感、场景临场感、竞技交互性及游戏的趣味性，不但有助于调节情绪、释放压力，使工作或生活中的不良情绪得到有效释放，而且还能增进个体、集体之间的沟通与交流，在一定程度上有助于降低抑郁症、焦虑症、偏执等心理疾病的发病率，促进心理健康。

拓展阅读

《王者荣耀》电竞出海：互联网时代的文化软实力

推动电竞赛事全球化也是手游厂商加速出海的有效途径之一，对于MOBA、FPS等大热竞技类型的游戏来说，更是具有天然的优势。可以以《王者荣耀》为例来看中国电竞出海之路。

《王者荣耀》截至目前共有109位英雄人物。其绝大部分英雄人物来源于中国传统历史或中国神话。其中按历史时期可分为八个时代，分别为：上古、商周、春秋、楚汉、三国、南北朝、隋唐、元代。各时代历史名人如盘古、姜子牙、墨子、项羽、花木兰、曹操、武则天等，都出现在游戏角色名单之列。

游戏设计团队并未因游戏主打中国传统IP而故步自封，为游戏设想的世界观中依然保有"天下大同"的理念。不仅在视觉、形象的设计上，而且在内在气质上，也尝试将不同文明的英雄和元素融入其中。例如西方大航海时代背景的"马可·波罗"，日本江户时代背景的"宫本武藏"。任何玩家都能够在短短十几分钟的游戏之中感受到游戏设计团队的开放精神，对于海外游戏者而言，则在无形中感受到中国文化的包容性。

在"文化出海"的宏观政策与移动互联网蓬勃发展的时代背景下，《王者荣耀》迎来了全新的文化出海机遇期。随着《王者荣耀》全球电竞计划的推进以及当选亚运会比赛项目，首先要做的是统一游戏版本。腾讯的海外发行品牌Level Infinite已在社交媒体发布消息，宣布《王者荣耀》正式进军海外市场，并定名为《Honor of Kings》。根据官方描述，《Honor of Kings》于2022年7月开始，逐步进行多轮内测，并已于2023年3月8日正式面向全球玩家推出游戏。目前，Level Infinite尚未公布更多关于该作的消息，但《王者荣耀》无论是游戏设计或运营方面，还是在赛事举办方面都有着丰富的经验，再加上通过周边赛事和IP衍生作的状况，可以对此次《王者荣耀》的出海做出推断。

一方面，腾讯举办的2022年王者荣耀世界冠军杯（AWC）在10月召开，总奖金池高达1000万美元，足以看出腾讯对于扶持《王者荣耀》电竞的决心。

另一方面,此前天美曾宣布了包括开放世界游戏《王者荣耀·世界》在内的多款 IP 衍生作,并表示将全球同步发行,通过强化海外用户对《王者荣耀》IP 的认知度来确保全球发行战略的实施。

第六章

电子竞技产业发展

2020 年，电竞走进大众的视野，获得了来自各个方面的前所未有的关注，也迎来了一个新的蓬勃发展的机遇期。上半年，受到全球公共卫生事件的影响，传统体育赛事纷纷停赛，而电竞由于其天然的数字基因，率先以线上模式开启比赛，并获得巨大成功；下半年，各类大型比赛陆续拉开帷幕，英雄联盟全球总决赛 S10、和平精英国际冠军杯在上海举办，2020 年王者荣耀秋季赛季后赛落户重庆，腾讯电竞运动会十周年年度总决赛在北京开赛。除了赛事上的火爆外，从产业发展上看，新进参与者增加，产业生态日益活跃繁盛，专业投资机构也不断加入。同时，不少传统领域企业也开始涉足电竞，如电商零售领域的京东、苏宁，视频网站哔哩哔哩，运动消费领域的滔博等。它们一方面布局新产业，另一方面也在积极寻找电竞与自身已有业务的协同，这些都将使电竞的产业形态变得更加复杂，也充满了多种可能。

电竞是新兴的高科技密集竞技产业，它有很多与传统竞技体育相似的方面，同时它与传统体育的差异也难以忽视。电竞涉及领域多样，参与者类型众多，体量庞大，结构复杂，拥有科技、文化、竞技的三重属性，并且这三个方面都呈现出鲜明而强烈的特征。电竞产业的发展与"产业结构环境"和外部的宏观条件高度相关。作为富含数字基因的新兴的竞技文化产业，电竞在新产业革命和消费升级的背景上，具备和不同领域连接的丰富的可能性。面对内循环为主的新发展格局，文化经济的高速发展，电竞"文化产业"也会成为演进过程中的关键因素。另外，随着市场成熟化，不同城市的发展将会更多地呈现出差异化的特质，这会影响到作为"体育文化"一员的电竞在不同城市中的发展面貌。产业升级和消费升级、新科技产业革命、内循环为主的新发展格局、文化经济的蓬勃发展，这四个方面深刻地规定了电竞发展的"宏观地貌"，这丰富变化的"地形地貌"将会"塑形"电竞产业演进的多种可能的未来。[1]

---

① 宋德铮.一个"连续变焦"的产业观察方法：以电竞为例[J].清华管理评论,2021(4):16-22.

（一）电子竞技产业发展现状

电子竞技产业是一项新兴产业，作为科技产业、文化产业、体育产业和传媒产业的集合体，产业间显著的关联特性会产生巨大的协同效应，极具发展空间和前景。近些年来，随着《英雄联盟》与《刀塔 2》等系列精品游戏的出现，以及政策、资本、社会、技术等因素的推动，电子竞技产业迅猛发展。我国政府也由原先限制、制约转为扶持、支持的态度，并组建了电子竞技国家队，教育部也增设了电竞相关专业。随后，风投资本也开始大量涌入，社会对电竞的传统偏见改变，热爱电竞且消费能力强的年轻一代成为社会中坚力量，计算机电脑硬件升级、互联网网速提升、视频直播技术成熟、虚拟现实 VR 应用等也为电竞奠定了必要的技术基础。由此，电竞产业链的发展也不断完善细化，逐步形成了游戏研发和运营、赛事运营、游戏解说、节目与内容制作、直播平台等在内的上下游结构。

和其他产业一样，电竞产业的发展也经历了自身独具特色的演变趋势。根据前文对电竞发展历史的梳理能够发现，从 1970 年至今，世界电竞已经从传统街机时代蜕变为电脑、手机和传统街机等多端口融合的电子竞技新时代。2020年，全球电竞总收入已达 9.471 亿美元，全球知晓电竞的人数已经高达 20 亿人，电竞观众高达 4.35 亿人，其中电竞爱好者 2.15 亿人，预计 2023 年将达到 2.95亿人。得益于城市化和 IT 基础设施的进步，在拉丁美洲、中东和非洲以及东南亚等新兴市场，电竞的知名度与观众数量迅速增加，手游已成为电竞普及的重要推动力。纵观中国的电竞产业发展，1998 年以前，互联网普及率还很低，但传统的足篮排等体育活动已逐渐不能满足年轻用户群体更高的娱乐需求。伴随着红白机以及游戏厅的出现，借助机器进行的游戏体验初现，电子竞技的萌芽开始显现。随后,电子竞技经过单机、网游、移动时代的发展历程,逐步趋于成熟,走向大众化、职业化。

　　总体上,中国电竞产业从互联网普及和国外电子游戏引入发展为集体育化、技术化、商业开放化为一体的电竞产业生态系统。2018年后,电竞赛事的商业化进程大大加快、商业价值显现,逐步形成涵盖赛事直播、游戏解说、电竞陪练等方面的完善的商业生态系统。2019年,电竞被列为体育竞赛项目,2020年"游戏产业"纳入"十四五"规划,中国战队国际赛事成绩瞩目,头部电竞赛事的社会认可度与影响力显著提升,在国家政策的规范支持下,电竞行业规范不断完善。2020年,中国电竞行业整体市场规模近1 500亿元人民币,其中移动电竞市场规模占比为51%,高于电竞生态(25%)和端游电竞市场(24%)。电子竞技产业市场涵盖端游电竞游戏市场、移动电竞游戏市场和电竞生态市场(赛事门票、周边、版权、广告等围绕赛事产生的收入,俱乐部和选手收入,游戏直播、电竞陪练等赛事之外的收入等)。艾瑞咨询发布的《中国电竞行业研究报告:2021》显示,2018年中国电竞用户从4.4亿人上升到2020年的5亿人,超越美国、韩国等,成为全球第一大电竞行业市场。[①]

(二) 电子竞技产业链

1. 电子竞技产业链的界定

　　电子竞技产业链作为产业链的下位概念可以参考产业链的概念提出。产业链理论的源头可以追溯到西方古典经济学家亚当·斯密(Adam Smith)关于社会分工的论断,其在《国富论》中提道"生产一种完全制造品所必要的劳动,也往往分由许多劳动者担任"[②],认为内部分工与专业化可以显著提升企业的生产效率,并且这种分工由曲折的链条构成。但是,亚当·斯密时期所理解的"产业链"还停留在具体生产过程的微观层面,体现在制造业的日常生产劳动中。在亚

---

① 艾瑞咨询.2021年中国电竞行业研究报告[EB/OL].(2022-01-01)[2023-01-10].https://baijiahao.baidu.com/s? id=1698795062906964150&wfr=spider&for=pc.

② 亚当·斯密.国富论[M].郭大力,王亚南译.北京:商务印书馆,2014.

当·斯密思想的基础上,阿尔弗雷德·马歇尔(Alfred Marshall)将分工的概念向更为宏观的层面拓展,开始关注企业之间的分工,这被认为是产业链的萌芽。1958年,赫希曼(Hirschman)在《经济发展战略》一书中,从产业前后向联系的角度论述了产业链的概念。但是,随着供应链和价值链相关理论的兴起,产业链理论的研究变得相对弱化。从产业链发生与发展的实际情况来看,价值链和供应链理论对产业链理论的研究起到了关键的导向作用,成为丰富产业链研究的理论基础。[①]

实际上,产业链理论真正被关注并得以广泛研究还是在中国。据蒋国俊考证,最早提出"产业链"一词的是我国学者姚齐源、宋武生,他们于1985年提出要将产业链规划作为实现区域经济发展目标的战略重点[②];傅国华于20世纪90年代,受到海南热带农业发展的成功经验的启迪,提出研究海南热带农业产业链[③]。20世纪90年代以后,我国经济学者开始在各行业研究产业链的定义与内涵,据已有文献,学者们大致从以下三方面对产业链进行界定:一是从价值链和供应链的角度定义;二是基于战略联盟角度进行定义;三是基于产业关联角度展开定义。三种定义方式体现的是从微观、中观到宏观层面的逻辑。具体定义方面,杨公朴、夏大慰认为,产业依据前、后向的关联关系,构成一种横纵链状交叉的网状模式,这就是产业链,产业链的实质就是产业关联。而产业关联的实质就是各产业相互之间的供给与需求、投入与产出的关系[④];贺轩、员智凯在结合诸多定义的基础上,提出广义和狭义的产业链概念:"广义的产业链包括满足特定需求或进行特定产品生产(及提供服务)的所有企业集合。涉及相关产业之间的关系;狭义的产业链则重点考虑直接满足特定需求或进行特定产品生产(及提供服务)的企业集合部分,主要关注产业内各环节之间的关系。"[⑤]

结合已有的产业链定义,考虑电子竞技行业的实际情况,可以将电子竞技产业链的概念定义为:在电子竞技产业领域中,以供求、投资和产出关系为纽带的,

---

① 赫希曼.经济发展战略[M].曹征海,潘照东译.北京:经济科学出版社,1992.

② 蒋国俊.产业链理论和稳定机制研究[D].成都:西南财经大学,2004.

③ 傅国华.运转农产品产业链 提高农业系统效益[J].中国农垦经济,1996(11):24-25.

④ 杨公朴,夏大慰.现代产业经济学[M].上海:上海财经大学出版社,1999.

⑤ 贺轩,员智凯.高新技术产业价值链及其评价指标[J].西安邮电学院学报,2006,11(2):83-86.

所有微观、中观和宏观层面所形成的链条之和。

2. 电子竞技产业利益相关者的基本构成

电子竞技产业是一个高度交织的复杂系统,无论是在供求,还是在投资和产出环节,都涉及广义的产业之间的关联和狭义的产业内部各环节的关联。因此,需要先重点考察电子竞技所涉及的利益相关者。利益相关者通常被定义为"没有他们的支持,组织将不复存在的群体"[1]。虽然利益相关者分析通常用于组织研究,但是也可以应用于行业研究。就电子竞技行业而言,其组织边界有时是不透明的,但是关注组织内部和行业内部与外部的利益相关者,对于任何参与进电竞产业的机构而言都是有所裨益的。[2] 因此,识别和理解电子竞技产业链中每个利益相关者的角色对于任何组织的生存和发展都是必要的。[3]

从对利益相关者的分类来看,按照对产业的影响程度,利益相关者可以分为主要利益相关者和次要利益相关者。主要利益相关方作为价值链的利益相关者,他们能够产生直接的影响,并且会与内部利益相关者互动;次要利益相关者具有间接影响,通常被视为环境或社会利益相关者。[4] 就电子竞技产业而言,其利益相关者也可以分为两种类型:一是主要利益相关者,在价值链或价值链网络中相互联系,至少在一定程度上相互需要。这种类型包括关键的利益相关者及受众,每个人都在为之奋斗并试图盈利。二是次要利益相关者,他们对电子竞技行业有间接的影响,但是与价值链没有直接联系,而是通过投资、观点和法规影响主要利益相关者。主要利益相关者必须对次要利益相关者的行为做出反应,并对这些次要利益相关者的权利、合法性和紧迫性进行分类。

主要利益相关者试图与关键的利益相关者及受众互动:游戏开发者、专业团

① Freeman R E, David L R. Stockholders and stakeholders: a new perspective on corporate governance[J]. California Management Review, 1983, 25(3): 88 - 106.

② Savage G T, Timothy W N, Carlton J W, et al. Strategies for assessing and managing organizational stakeholders[J]. Academy of Management Perspectives, 1991, 5(2): 61 - 75.

③ Bryson J M. What to do when stakeholders matter: stakeholder identification and analysis techniques [J]. Public Management Review, 2004, 6(1): 21 - 53.

④ Darnall N, Henriques I, Sadorsky P. Adopting proactive environmental strategy: the influence of stakeholders and firm size[J]. Journal of Management Studies, 2010, 47(6): 1072 - 1094.

队、赛事组织者和专业玩家是电子竞技产业链中必不可少的核心角色;主要利益相关者的服务提供商、社区、硬件提供商和基础设施提供商则承担支持性角色。而次要利益相关者——管理机构、体育企业、赞助商、公众、投资者、企业家、媒体企业和股东,并不直接为价值链作贡献,而是通过投资或对特定方向的变革施加压力,从而对电子竞技行业产生重大影响。

3. 电子竞技产业链的分类方式

电子竞技产业主要利益相关者的基本构成体现的是全球电竞产业的整体性特征。但是,不同国家的产业生态和样貌存在差异,具体利益相关者在产业链中的定位也不尽相同。从我国电子竞技产业的实际情况来看,目前学界和业界对电子竞技产业链的划分方式尚未统一。综合而言,主要有以下几种分类方式。

1)产业链前后向视角

从前后向视角出发,学者们将电子竞技产业链分为上游、中游和下游三个部分。李涛认为,电子竞技产业的上游包括硬件、软件提供商,中游包括赛事运营企业及网络服务,下游包括传播企业和用户等,并认为产业链的最核心部分是赛事运营与推广。[1] 游继之和布特在此基础上,将电子竞技产业分为上游的游戏内容、中游的电竞赛事、下游的落地平台及衍生行业等部分。上游的游戏内容层面,包括游戏开发商、发行商和运营商;中游的电竞赛事包括赛事的赞助商、运营商、参与方及内容制造商;下游的落地平台包括电视播出平台、视频网站播出平台及在线游戏直播平台,下游衍生行业包括周边产品及电商平台等。[2]

2)行业监督管理视角

有学者从我国实际出发,以相关监管部门的监督管理体系作为划分电子竞技产业链的方式。例如,廖旭华认为,电子竞技产业链的运作主要是在相关监管部门的监督管理之下进行的,游戏内容提供商供应游戏,电竞选手、俱乐

---

① 李涛.我国电子竞技产业的发展研究[D].桂林:广西师范大学,2008.
② 游继之,布特.我国电子竞技产业链发展现状及前景研究[J].吉林体育学院学报,2018,34(3):56-62.

部和主播根据与电竞赛事运营商、电竞节目制作方的合约,在相关赛事赞助商的赞助下,电竞营销媒体的营销和资讯的推动下,通过电视直播平台或网络直播平台最终触达用户,而用户可以选择通过电商渠道为电竞赛事、主播等付费。[①]

3) 电竞产业生态视角

除了学术界对电竞产业链进行研究与分类以外,一些商业咨询企业也对电子竞技产业发展及产业链结构进行了研究。艾瑞咨询研究院从整个电竞产业生态出发,对 2021 年中国电竞产业链进行梳理,认为电竞产业链主要包括监管部门、内容授权、赛事执行、赛事参与、内容制作、内容传播、电竞用户和电竞衍生。这一划分方式,同样强调了电竞产业的行业监管属性,并且在常规的电竞赛事和内容传播的链条基础之上,增加了电竞教育、陪练、地产等电竞衍生行业,全面反映了当前我国电竞产业生态。另外,电竞用户在产业链中的主体地位得以显现,内容授权的出发点源于用户,而电竞内容的输出方向仍为用户,并且电竞用户是电竞衍生行业的重要关联者。

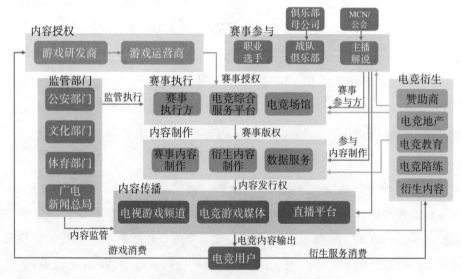

2021 年我国电竞产业链(来源:艾瑞咨询)

---

① 廖旭华. 中国电子竞技的风雨二十年[J]. 互联网经济,2018(C2):90-97.

我国电竞产业链主要相关企业(来源:艾瑞咨询)

4. 我国电子竞技产业链各环节要素

综合现有对我国电子竞技产业链的划分方式,可以归纳出当前产业链的主要构成部分:电子竞技监管部门、电子竞技内容授权方、电子竞技赛事、电子竞技内容传播平台和电子竞技衍生产业。

1)电子竞技监管部门

我国电子竞技产业链中不可忽视的重要组成部分是相关监管机构。电子竞技产业所涉及的领域广泛,需要多部门协同合作,监管部门主要包括体育、公安、文化,以及广电系统的主管部门。这些部门分别对电竞产业不同生产环节进行监督和管理。例如,电子竞技作为体育运动项目需要受到国家体育总局的监管;电子游戏的发行,包括客户端游戏、手机游戏、网络游戏等,需要国家新闻出版署审批;电子竞技作为媒介内容通过直播平台或电视媒体传播,则需要受到国家广播电视总局的监管。

2)电子竞技内容授权方

电子竞技内容授权方主要包括电子游戏开发商和电子游戏运营商。电子竞技产业链的核心产品为电子竞技游戏产品,即能够被玩家或电竞爱好者直接使用的虚拟产品。游戏开发商主要是指制作电子游戏软件的企业。而游戏运营商一般是指在取得游戏代理权后运营网络游戏,并在运营的过程中通过出售如游戏时间、装备或者其他增值服务,以及内置广告等而获得收益的公司。目前我国头部游戏运营商,主要以自主开发、自主运营和代理运营某一地区这两种模式为主。腾讯游戏、网易游戏、完美世界、巨人网络、英雄互娱等头部运营商,同时具备自主研发和运营的能力。国内主要电竞产品的开发商和运营商如下表所示。

国内主要电竞产品开发商、运营商一览

游戏名称	游戏开发商	游戏运营商	游戏平台
《王者荣耀》	腾讯游戏	腾讯游戏	Android、IOS、NS(任天堂)
《刀塔 2》	Valve	完美世界	PC/Mac OS X/Linux
《守望先锋》	暴雪娱乐	网易游戏	PC、PS4、Xbox one
《英雄联盟》	拳头游戏	腾讯游戏	Microsoft Windows、Mac OS X
《绝地求生》	Bluehole	腾讯游戏	PC、Xbox one
《炉石传说》	暴雪娱乐	网易游戏	Windows、Mac、iPhone、Android、iPad

3)电子竞技赛事

电子竞技产业中的电子竞技赛事主要包括电子竞技赛事参与方、电子竞技赛事运营商、电子竞技赛事赞助商,以及电子竞技赛事内容制造商。

电子竞技赛事参与方主要指参与电子竞技比赛的职业俱乐部、职业联盟、职业选手及解说主播。随着电子竞技的发展以及越来越多的人对电子竞技的喜爱,电子竞技已同其他的体育项目一样越来越职业化,拥有职业的电子竞技联盟与俱乐部,并且培养和发掘了一批在电子竞技上拥有高水平与天赋的职业选手和具备职业素养的主播。2011 年 11 月,我国电子竞技俱乐部自发组织成立中国电子竞技俱乐部联盟,主要负责我国职业电子竞技战队的注册、管理、赛事监督等方面的工作,并颁布相关条例对职业联赛和职业选手的行为进行规范。目前我国已有超过 30 家的电子竞技俱乐部,其中不少在世界大型电子竞技赛事中已经取得了优异成绩。头部电子竞技游戏的发展促进了我国电子竞技职业俱乐部的成长,《英雄联盟》就是一个典型的代表。

电子竞技赛事运营方,就是以电子竞技赛事作为主要核心内容,通过与游戏厂商的合作取得赛事的运营权,对整个赛事进行筹备、组织和实施,保障赛事顺利进行的机构。目前国内不少企业致力于运营电子竞技赛事,并且积累了丰富的经验。例如,2016 年成立的量子体育 VSPN,已成功举办了 2017 年王者荣耀职业赛 KPL、2018 年英雄联盟德玛西亚杯,以及 2018 年《绝地求生》的国内首个官方职业赛事 PCPI 等。

电子竞技赛事赞助可以分为俱乐部、俱乐部选手的赞助及电子竞技俱乐部赛事的赞助。随着电子竞技的备受关注,不同背景的资本也通过种种方式进入电子竞技产业,将重点投向电子竞技赛事。在俱乐部赞助上,电商和视频网站也加入行列,如电商平台苏宁的 SNG 俱乐部和京东的 JDG 俱乐部以及视频网站哔哩哔哩的 BLG 俱乐部等。在电子竞技赛事赞助商方面,2020 年英雄联盟全球总决赛的赞助商包括光明莫斯利安、娃哈哈、战马、KFC 等中国区官方合作伙伴,OPPO 和 Mastercard 等全球合作伙伴,苏宁易购、浦发信用卡、JMGO、ROEHL、英特尔、Logitech G 等中国区特约合作伙伴。

电子竞技赛事内容制造商,即拥有电子竞技赛事版权的企业,以输出与电竞赛事相关的内容为主要商品,其形式载体可以是图片、视频、文字、数据等。赛事内容制造商通过输出不同载体的赛事内容来盈利。

4) 电子竞技内容传播平台

由于我国电子竞技的消费群体年龄特征,以及电子竞技的产生起源于网络,并且对网络依赖较大,所以电子竞技的内容传播平台主要以网络直播平台和视频网站为主。网络直播平台通过购买电子竞技赛事版权,对赛事进行直播,并且可以通过弹幕、打赏等形式互动;同时不少电子竞技职业选手、退役职业选手,以及业余电子竞技爱好者通过网络直播平台直播电子竞技游戏,并进行教学或者娱乐表演。目前我国头部网络直播平台主要有斗鱼 TV、熊猫直播、虎牙直播、战旗直播、企鹅电竞等。而在视频网站方面,主要以电子竞技视频剪辑为主,包括娱乐搞笑、赛事解读及视频教学等类型。

5) 电子竞技衍生产业

电子竞技衍生产业,是指随着电子竞技产业的发展而出现的直接或间接与电子竞技相关,能够促进电子竞技良性发展的产业,主要包括电子竞技电商平台、电子竞技地产、电子竞技教育等。电子竞技电商平台方面,目前电竞主播等通过电商将流量变现,如在淘宝、微博等平台售卖相关产品。同时,一些专门售卖电商周边的平台,如 VPGAME 也应运而生。电子竞技教育方面,经过教育部批准,一些有资质的大学开始培养电子竞技运动与管理相关专业的学生,中国传媒大学、上海体育学院、西安体育学院等有资质的大学已培养大量相关人才。在电子竞技地产方面,诸如江苏太仓、河南孟州、重庆忠县等地的电竞小镇已经建成并投入使用。

(三) 电子竞技产业发展趋势

世界经济论坛的数据显示,2018 年第一季度,全球网友在 YouTube 游戏频道和 Twitch 等频道上观看电竞相关视频花费的时间总共为 1790 万小时。大多数电竞观众和玩家是千禧一代,电竞游戏的发行商通过个性化游戏体验和在不同平台上提供游戏来瞄准这些客户群。截至 2018 年 4 月,《堡垒之夜》跨平台创造了 2.96 亿美元的收入,比当时任何主要的主机游戏或 PC 游戏的年收入都多。随着生态系统中的新游戏不断涌现,预计将吸引更多的电竞观众,而这将随着时间的推移产生更多的收入。世界电竞协会、电竞诚信联盟等正在与电竞利益相关者合作,以保护比赛的完整性,并调查所有形式的作弊行为,这对市场发展起着积极的作用。另外,电竞产业也显现了如下新的特征与趋势。[1]

第一,疫情时代下的电竞赛事新模式。受疫情影响,电子竞技行业在 2020 年开始迅速转变为在线模式。疫情将电竞和整个游戏产业推到了聚光灯下,使其成为少数可以在"隔离世界"中继续存在的娱乐形式,电竞的灵活性塑造了该行业的

[1] The World Financial Review. Esports industry in 2021: 8 esports industry trends to watch out for in 2021 [EB/OL]. (2021-05-19)[2022-01-01]. https://worldfinancialreview.com/esports-industry-in-2021-8-esports-industry-trends-to-watch-out-for-in-2021/.

形态。电竞赛事在 2021 年迎来了迄今为止最成功的一年,并且还没有放缓增长的迹象。未来,电竞行业将继续加速发展,出现许多趋势:越来越多的流媒体平台开始实时直播电竞比赛,观众也有望在电视直播、联赛网站和社交媒体上收看比赛动态。电竞行业最开始是为现场赛事而设计的,现场观赛是电竞体验感的重要组成部分,在流媒体技术支持下,将举办比以往更多的现场赛事活动,以带来更多的粉丝、门票销售和场地收入。

第二,广告成为电竞收入的最大来源。电竞的广告包括针对电竞观众的广告,以及在线平台的直播、电竞比赛的视频点播内容或电竞电视上展示的广告。随着 Twitch 和 YouTube 等在线平台的收视率不断上升,广告在未来也将产生更多收入。根据 Streamlabs 的数据,Twitch 和 YouTube 在 2018 年分别以每季度 113 万名活跃主播和 43.2 万名活跃主播领跑,且随着主播数量的增加,广告收入也不断增加。此外,2019 年 9 月 29 日举行的守望先锋联赛总决赛的收视率比上一年增加了 16%,全球平均每分钟观众达到 112 万人。动视暴雪于 2018 年 4 月与尼尔森(Nielsen)合作,[①]以追踪守望先锋联赛和使命召唤联赛的收视率。此次合作旨在准确衡量这些活动的收视率,帮助动视暴雪建立准确的投资和广告合作伙伴关系,有助于广告部门在预测期内为电竞产业创造新的收入。

第三,中国市场占据重要份额。中国在电竞产业占有重要的市场份额,这归功于电竞在中国年轻人中的普及度以及中国政府对电竞市场的支持。"作为 2023 年亚运会的承办者,杭州攻坚克难,于 2022 年 12 月,进行了杭州亚运会部分电竞项目的全方位测试,为今年杭州亚运会电竞比赛保驾护航。与此同时,历经 20 个月,杭州打造的中国杭州电竞中心于 2022 年 5 月 31 日正式启用,是国内首座亚运会赛事标准的电子竞技场。"[②]此外,作为电竞行业的重要参与者,腾讯通过《王者荣耀》等游戏,自营收入达 13 亿美元,为中国电竞产业的发展发挥

① Bennet L. Esports Trends for 2022［EB/OL］.（2022 - 02 - 01）［2022 - 05 - 15］. https://www. ilounge.com/articles/esports-trends-for-2022.

② 夏亮,李涛.杭州亚运会部分电竞项目进行全方位测试［EB/OL］.（2022 - 12 - 08）［2023 - 03 - 30］. https://www.hangzhou2022.cn/xwzx/jdxw/ttxw/202212/t20221208_54314.shtml.html;郑媛、杨亦淇.中国杭州电竞中心开馆！［EB/OL］.（2022 - 05 - 31）［2023 - 03 - 30］. https://www. hangzhou2022.cn/xwzx/jdxw/ttxw/202205/t20220531_49309.shtml.html.

了重要作用。2018 年,腾讯在中国扩大《英雄联盟》和《王者荣耀》等热门游戏的锦标赛规模,以吸引全球的玩家和观众。2019 年 2 月,耐克公司与中国的 LPL 签署了一份为期四年的协议,耐克公司将为每支队伍提供运动鞋、休闲服装和职业服装,耐克赞助的服饰有望提高 LPL 联赛在全球的知名度。

第四,获得更大规模的全球投资。作为近年来席卷全球的最新和最伟大的数字趋势之一,电竞在以后会获得更多的投资。越来越多的投资者进入不断扩大的电竞行业,投资人泰杰·科利(Tej Kohli)向总部位于瑞士的 Rewired Venture Studio 基金投资了超过 1 亿美元,成为欧洲最大的个人电竞投资者之一。大卫·布里连伯克(David Brillembourg)则专注于未来游戏、电竞和互动技术领域。同时,受疫情影响,许多大学的电竞赛事被缩短或取消。但也有部分大学继续开展,例如诺斯伍德大学,他们的电竞项目是唯一运作的体育赛事,学生可以远程参加电竞比赛(如毛伊岛电竞邀请赛),这让大学电竞的潜力成为焦点。更多的大学将投资自己的大学电竞项目,更多的专业电竞组织将与大学合作。通过与这些学校建立关系,电竞组织可以与目标市场建立牢固的关系,甚至可以识别潜在的实习生和员工。Cloud 9 与全国多所大学及其电竞项目合作,举办了关于电竞职业的研讨会等。大学电竞也可以作为人才管道,促进全球电竞产业的更新发展。

第五,与主流娱乐的深度融合。现在,电竞越来越不属于利基市场,受欢迎的电竞游戏玩家在他们的各种社交媒体平台上获得了名人地位,并获得了数百万的观看次数,电竞玩家开始成为“内容创造者”和“影响者”。在所有职业体育联赛受疫情影响都暂停时,许多运动员也开始参加慈善电竞赛事,由 FaZe Clan 和 100 Thieves 等电竞组织筹办的 Celebrity Pro-Am Call of Duty Warzone 等活动变得司空见惯。许多主流品牌也相信电竞行业的潜力,波兹·马龙(Post Malone)和德雷克(Drake)等名人分别投资了 Team Envy 和 100 Thieves 等电子竞技组织,而朱朱·史密斯-舒斯特(Juju Smith-Schuster)则创办了自己的电竞组织。随着游戏越来越成为主流,越来越多名人参与游戏活动并投资游戏公司。过去人们通过玩游戏来打发时间,而现在无论是在职业电竞比赛中还是在休闲直播中,人们通过观看其他人玩游戏来进行娱乐的方式越来越普遍。①

拓展阅读

持续发展的东南亚电竞产业

随着东南亚电子游戏玩家人数迅速增长,加上疫情推动电玩市场,区域和本地电子竞技市场也获得投资者青睐。天宝富投资(Tembusu Partners)旗下的峰视资本基金(FrontSight Capital Fund)近期完成首次电子竞技投资,向东南亚职业电子竞技组织 RSG 投资 100 万美元。根据游戏市场研究公司 Newzoo 的研究,全球电竞收入预计将以 15% 的速度增长,东南亚是全球增长最快的地区之一,从 2018 年到 2023 年的年复合增长率为 24%。峰视资本基金管理合伙人曹宇指出,目前美国和中国在全球游戏产业处于主导地位,但东南亚,电子竞技的成长旅程才刚刚开始。在东南亚,有许多年轻和有待开发的电子竞技组织处于有利的地位,并有潜力在区域甚至全球范围内扩张。

电竞团队管理公司的收入主要来自广告和赞助商。Newzoo 的研究显示,电竞团队进一步让业务多元化,除了传统竞技模式外,也把焦点放在打造生活休闲品牌或创建内容策略上,从而让收入来源多元化,降低风险。沃尔顿(Walton)认为,东南亚的电竞具备吸引各地投资者的基本条件。东南亚城市在线人口中 82% 是游戏玩家。在新加坡,2019 年游戏玩家在游戏上花费了 3 亿 2720 万美元,每人每周平均花 7.44 小时玩电游,高于亚太地区其他市场。本地创投公司求索创投(Quest Ventures)合伙人佘庭瀚说,互联网的渗透率带来了电竞的巨大潜能,疫情则加快了这个步伐,随着互联网更

---

① Mordor intelligence. Esports market,growth,trends,COVID‐19 impact,and forecasts(2022‐2027)[EB/OL].(2021‐12‐02)[2022‐01‐01]. https://www. mordorintelligence. com/industry-reports/esports-market. Nelson H. five esports industry trends to watch in 2021[EB/OL].(2021‐01‐30)[2022‐01‐01]. https://www. kemperlesnik. com/2021/01/five-esports-trends-to-watch-in-2021/#:~:text＝Five%20Esports%20Industry%20Trends%20to%20Watch%20in%202021,profit. %20Running%20professional%20esports%20teams%20is%20incredibly%20expensive.

普及和稳定,速度更快,东南亚的游戏玩家数量会继续增长。

区域政府对电竞的支持也鼓励品牌、企业和投资者共同发展市场。新加坡旅游局多年来为许多电竞比赛的组织者提供支持。印度尼西亚的青年和体育部以及国家体育委员会正式承认电竞是一项"有成就的运动",使该领域的金融投资合法化。不过沃尔顿指出,和欧美市场相比,东南亚品牌仍在学习如何通过电竞赚取利润和进行市场营销。(来源:《联合早报》)

第七章 电子竞技赛事及其运营

随着游戏热度的上升、互联网与科技的发展，作为电子竞技核心的电子竞技赛事应运而生。电子竞技赛事通常是指在规章与制度之下，一般在封闭的空间内，围绕游戏展开的竞技性的以获胜为目标的集中性活动。随着电子竞技产业的不断发展，电子竞技赛事作为电竞文化的主要载体正朝着多维度、全方面继续发展。本章将围绕电子竞技赛事的发展历程、组织构架及运营模式展开讲解。

（一）电子竞技赛事概述

电子竞技赛事从萌芽、兴起、发展到如今逐渐走向成熟共经过四个发展阶段。电子竞技赛事的起源可以追溯到 20 世纪 70 年代，这也是电竞赛事的萌芽期。1972 年，斯坦福大学举行了目前公开记录的第一场电子竞技比赛，一群热爱《太空大战》的玩家自发组织竞赛，一决高下，这场比赛吸引了 20 余人参与，采用了三种赛制。进入 20 世纪 90 年代，电子竞技赛事逐渐走向正规与专业。1990 年，历史上首次正式的电子竞技赛事——任天堂世锦赛开赛。这一赛事的举办原因虽然是任天堂公司为了宣传自己的产品家用游戏机，但是其两个环节（预选赛和决赛）的设计成为日后比赛借鉴的雏形，因此这场锦标赛的举办在世界电子游戏竞技史上意义非凡。1997 年，北美地区成立了职业电子竞技联盟 CPL，开始正式举办职业电子竞技比赛。CPL 创始人为美国得克萨斯州的安吉·穆洛兹（Angel Munoz）。同年，世嘉公司在森永食品公司的赞助之下，举办了《VR 战士 3》的第一届"森永天使杯"世界大赛，召集世界各地的"VR 战士"选手参赛，来自韩国的高一男生申义旭和赵鹤东拔得头筹，这也是韩国电竞称霸的开端。进入 21 世纪，随着互联网与电脑的发展与流行，全球逐步进入以互联网为主的数据世界，电脑游戏也迅速占据了全球市场。电子竞技赛事随着科技的提升及一系列规则的出台逐渐走向发展期。在这一时期，涌现出了 ESWC、WCG，它们与 CPL 并称为当今世界三大电子竞技赛事。2010 年，随着全球化、信息化、网络化成为社会发展的大趋势，电子竞技赛事也走向成熟，日益规范化，影响力大幅度提升，其发展也被各个国家及城市作为衡量文化软实力的一部分。在这一时期，电子竞技赛事呈现向体育化、专业化发展的趋势。首届电子竞技奥运会于 2016 年在巴西举行。这次电子竞技奥运会不设立奖金池,而是按照奥运会赛制颁发奖牌,比赛项目包括《英雄联盟》《刀塔 2》《使命召唤》等,参赛国家包括美国、加拿大、英国等,中国并没有参加。[①] 2018 年的雅加达亚运会,电子竞技赛事被列入表演赛项目,标志着电子竞技开始向世界级体育赛事迈进。2021 年杭州亚组委正式宣布 8 款入选 2022 年杭州亚运会的电竞比赛项目,分别为《英雄联盟》《王者荣耀亚运版本》《和平精英亚运版本》《FIFA Online 4》《炉石传说》《街霸 5》《梦三国 2》《刀塔 2》,根据亚奥理事会的消息,AESF - 机甲大师和 AESF-VR 虚拟科技体育作为示范表演项目将登上亚运会赛场。这也进一步说明了电竞的体育化历程正在加速。

中国电子竞技赛事发展史

2001 年,中国参加了全球闻名的 WCG 赛事,这也是中国参加的第一个世界级电子竞技赛事。中国在这届大赛中取得了 2 金 1 铜的好成绩,仅次于东道主韩国。

2002 年,中国电子竞技大会(China Internet Gaming,CIG)由人民邮电报社联合原信息产业部、文化部、体育总局等部门共同发起,成为中国电竞赛事的先河。它开创了中国电子竞技产业的奥斯卡奖——"金手指奖"。

2003 年 11 月,国家体育总局承认电子竞技是我国第 99 个正式体育项目。电子竞技在中国开始萌芽。

2004 年,来自四川省成都市的孟阳赢得了我国第一个世界电子竞技冠军,即 CPL2004 冬季锦标赛 DOOM3 项目全球冠军。因此,2004 年又被称为中国电子竞技元年。

2006 年,由中华全国体育总会制定,经国家体育总局批准,面向社会颁布实施电子竞技运动项目管理规定,具体包括《全国电子竞技竞赛管理办法(试行)》《全国电子竞技裁判员管理办法(试行)》《全国电子竞技运动员注册与交流管理

---

① IT 世界网.里约将举行首届电竞奥运:不设奖金池 只颁发奖牌[EB/OL].(2016 - 08 - 10)[2022 - 01 - 10].https://www.sohu.com/a/109795549_119923.

办法(试行)《全国电子竞技运动员积分制度实施办法(试行)》《全国电子竞技竞赛规则》。

2008年,国家体育总局重新整合了我国体育项目,将电子竞技由第99个正式体育项目改为第78个体育项目。

2009年,世界电子竞技大赛在四川成都正式开赛,这是WCG首次在中国举行。

2012年,IG战队夺得美国西雅图DOTA2国际邀请赛(TI2)总冠军,同年取得了WCG世界总决赛的冠军。

2013年,国家体育总局体育信息中心主办第一届全国电子竞技大赛(National Electronic Sports Tournament,NEST),比赛共设有《魔兽争霸3》《星际争霸2》《英雄联盟》《刀塔2》《FIFA13》5个竞技项目。

2015年,国家体育总局体育信息中心主办第一届全国电子竞技公开赛(National Electronic Sports Open,NESO)。

2016年4月,国家发展改革委员会等部门联合出台文件《关于印发促进消费带动转型升级行动方案的通知》,提出在有效的监管及对青少年正确引导之下可以多开展电子竞技赛事。同年,国家体育总局体育信息中心主办了首个面向国际的、具有中国特色的官方综合性电竞赛事,即国家级综合性电子竞技赛事"2016 CHINA TOP·国家杯电子竞技大赛"。

2018年,电子竞技成为雅加达亚运会的电子体育表演项目,参演的电竞游戏包括《英雄联盟》《王者荣耀国际版》《皇室争战》《实况足球2018》《星际争霸2》《炉石传说》。在雅加达亚运会上,中国电竞选手们在《英雄联盟》《王者荣耀国际版》两个项目上取得金牌。同年11月,中国的IG战队获得英雄联盟职业联赛(S8)总冠军,刷屏社交网络,引发全民狂欢。

2019年4月,人社部发布的13个新职业中包括电子竞技运营师和电子竞技员两个职业,电竞从业者获得官方的认可。

2021年11月5日,杭州亚组委将8款游戏列入正式比赛项目。2021年11月7日,中国的EDG战队获得英雄联盟职业联赛(S11)总冠军,再次刷屏社交网络。

（二）电子竞技赛事类型体系与组织架构

1. 电子竞技赛事类型

根据主办方的性质,电子竞技赛事一般分为第一方赛事与第三方赛事。

第一方赛事是指由游戏运营商直接举办的官方赛事。游戏厂商由于手握游戏版权和大量游戏用户,在举办电竞赛事中占有独特优势,第一方电竞赛事也因此兴起。具体赛事有《英雄联盟》的 LPL 职业联赛、LDL 发展联赛、季中赛、洲际赛、全球赛,《刀塔 2》的 TI 系列比赛、大师赛、国际邀请赛等。此类赛事单项奖金极高,游戏种类单一,与游戏本身关联性高,契合游戏产品的开发与运营。

第三方赛事是由品牌商、赞助商、体育公司等举办的赛事,是游戏研发商、运营商之外者所举办的。这类赛事的赞助及赛事的收益由赛事运营商自行决定。其一般需要经过游戏运营商授权才可以举办。具体赛事有 WESG、ESWC、世界电子竞技冠军赛、世界电子竞技大赛(Word Cyber Arena,WCA)等。此类赛事单项奖金相对第一方赛事较低,但游戏种类比较丰富。

2. 电子竞技赛事体系与组织架构

电子竞技赛事体系是指围绕某一款游戏的赛事,形成的较为成熟且规范的体系,一般由游戏开发商、赛事运营商、职业俱乐部及媒体和赞助商构成。由于电子竞技赛事起步较晚,因此商业化模式至今并不完善,只围绕一些主流热门游戏形成了国际性的专业化赛事。

1）围绕《英雄联盟》建立的赛事体系

《英雄联盟》是由美国拳头游戏开发,中国腾讯游戏代理运营的英雄对战MOBA 类竞技网游。

《英雄联盟》赛事致力于推动全球电子竞技的发展。《英雄联盟》赛事以地区为单位,由拳头公司进行划分,除了联动各赛区发展职业联赛、打造电竞体系之外,每年还会举办"英雄联盟季中冠军赛""英雄联盟全球总决赛""英雄联盟全明星赛"三大世界级赛事,形成了自己独有的电子竞技文化。

以中国赛区为例,中国赛区经历了初步建立、后续发展与不断完善后最终确立了较为成熟的《英雄联盟》赛事体系与组织架构。最初萌芽是腾讯在线下举办的城市英雄争霸赛(TGA)。2011年,第一届城市英雄争霸赛打响。2013年的争霸赛,为后续的电竞人员储备奠定了基础,真正意义上培育了第一批《英雄联盟》电竞选手。同时,也打下了扎实的俱乐部基础,iG、OMG、WE、PE、皇族、TL、WOA、Spider 8支队伍脱颖而出,获得第一届LPL的参赛资格。第一届LPL的赛程设定参考了传统体育赛事。LPL现在已经成为中国最高级别的英雄联盟职业比赛,同时也是中国赛区每年通往英雄联盟季中冠军赛和英雄联盟全球总决赛的唯一渠道。每年的LPL由春季赛和夏季赛组成,每季分为常规赛与季后赛。常规赛积分排名前十的战队将晋级季后赛,为赛季总冠军和奖金继续展开争夺。春季赛冠军会代表LPL赛区参加每年5月的英雄联盟季中冠军赛。夏季赛冠军将作为LPL赛区的一号种子直接保送英雄联盟全球总决赛,全年积分最高的队伍将作为二号种子晋级全球总决赛,顺位之下的4支积分最高的队伍进行预选赛,获胜的队伍将作为三号种子拿下最后一张全球总决赛的门票。

除了完整的赛制之外,一个较为完整的赛事体系也需要源源不断的人才引进与培养。2014年1月,英雄联盟甲级联赛(LSPL)正式揭幕。作为LPL赛事战队的补充与完善,战队在LSPL的成绩决定其是否能够正式进入LPL比赛。2014年1月,由腾讯游戏主办的德玛西亚杯打响,打破了除LPL之外,中国没有官方杯赛的状况。LPL排名靠前的8支参赛队伍获得德杯的参赛资格,而贯穿全年、落地多座城市的德杯,在真正意义上激活了观众群及各个地区的电竞热度。

2017年8月,首届LDL夏季选拔赛拉开帷幕。LDL在一定程度上可看作是LSPL、TGA与QQ网吧冠军赛的整合赛事。LDL在全国划分四个赛区,进行城市海选赛。LDL比赛的积分是战队是否获得LPL比赛入场门票的参考。不久,《英雄联盟》电竞战略发布会在南京召开。在发布会中,《英雄联盟》中国团队与拳头游戏中国团队正式公布了"LPL 联盟化"与"主客场制"的全新电竞改革计划。除了取消降级、扩充战队等联盟化措施外，聚集在上海的各大俱乐部，将在未来几年内迁移至全国多个城市，建立自己的主场阵地。9 月，正式公布三个主场城市分别为成都、杭州、重庆。降级制度的取消有利于赛事进一步商业化发展，而主客场制度的确立也使得赛事更专业化，同时扩大观看受众范围，从而进一步扩大了电竞影响力。

2）围绕《刀塔 2》建立的赛事体系

《刀塔 2》是由《远古遗迹守卫》的地图核心制作者冰蛙联手美国 Valve 公司（业内也称 V 社）研发的一款游戏。

2011 年，在科隆游戏展上，V 社宣布举办关于还处在测试阶段的游戏《刀塔 2》的一项电竞赛事，将其命名为 TI，同时宣布总奖金为 160 万美元，其中冠军独享 100 万美元。这个奖金在当时已经非常丰厚，以至于消息发出后很多人以为是场骗局。从 2011 年开始，V 社每年都会为冠军制作盾牌，冠军队伍及队员将记录在泉水冠军盾上，这是对职业选手最高的褒奖。除此之外，丰厚的奖金也是吸引众职业队伍参赛的原因。从第三个赛季开始，V 社推出互动指南物品，意为众筹奖金，而这次举动也成为高额奖金池的基石。之后每年都会推出新的勇士令状为每一届 TI 国际邀请赛众筹奖金池。这种独特的方式让 TI 赛事奖金飙升。

除了大型国际赛事 TI 之外，作为 TI 赛事的资格赛，Major 和 Minor 也是这个赛事体系不可或缺的部分。2019 年，V 社公布新赛季规定，即新赛季每个阶段的 16 支 Major 战队、8 支 Minor 战队和参加赛区预选赛的队伍都可以获得积分，每个赛区积分排名前八位但无缘直邀 TI 的战队将参加 TI 赛区预选赛。

2020 年，V 社宣布改革赛制。从 2021 年开始巡回赛一年分为 3 个赛季，每个赛季由 6 个地区联赛组成，包括中国区、欧洲区、独联体区、东南亚区、北美区与南美区。Major 在每个赛季末举办。同时 Major 比赛改制成各地区联赛的冠军赛。一共有来自全球各赛区的 18 支队伍有资格参加 Major，争夺奖金和 TI 赛积分。3 个赛季结束后，Major 比赛积分排名前 12 的队伍，会获得 TI 直邀资格。剩余 6 个名额，将由六大赛区的最终预选赛（类似于 LOL 的冒泡赛）决出。

2022年,由于全球公共卫生事件的影响,V社宣布取消《刀塔2》本年度首个Major赛事(甲级联赛)。

3)围绕《绝地求生》建立的赛事体系

不同于《英雄联盟》和《刀塔2》等MOBA类游戏,《绝地求生》是由韩国Krafton工作室开发的一款战术竞技型射击类沙盒游戏。沙盒游戏(sandbox games)由沙盘游戏演变而来,它由一个或多个地图区域构成,往往包含多种游戏要素,包括角色扮演、动作、射击、驾驶等。在《绝地求生》中,玩家需要在游戏地图上收集各种资源与装备,并在不断缩小的安全区域内对抗其他玩家,让自己生存到最后。

从2019年起,《绝地求生》电竞体系被分为9个独立赛区。每个赛区各自都拥有一系列的职业比赛,分别是中国内地/大陆地区的主联赛PCL(PUBG Champions League)、次级联赛PDL(PUBG Development League),中国港澳台地区的PML(PUBG Master League),北美的NPL(National PUBG League),欧洲的PEL(PUBG Europe League),韩国的PKL(PUBG Korea League)和日本的PJS(PUBG Japan Series)。大洋洲、东南亚和拉丁美洲因国家众多,采取"职业巡回赛"体系。"职业联赛"体系的特点是比赛周期较长,每个赛区都有自己的主级联赛和次级联赛。参加主级联赛的优胜队伍,可以获得国际比赛的参赛资格。而次级联赛的优胜队伍可以晋级到主级联赛。2020年4月,受全球公共卫生安全事件影响,《绝地求生》官方取消了2020年的PGS(PUBG Global Series)全球系列赛并引入全新PCS(PUBG Continental Series)洲际赛。

在中国大陆/内地赛区,顶级联赛包括PCL、PCM(PUBG China Master,中国大师赛),次级联赛包括PDL、PCLP(PCL Preseason,冠军联赛季前赛)。按照赛事规则,前一个赛季PCL排名最后的6支队伍和PDL的前10支战队将在PCLP进行角逐,前6名晋级PCL,因此PCLP可以说是升降级赛。而PCL一共有48支战队名额,包括42强与PCLP的前6名。首届PCL春季赛比赛时间为2019年4月29日—2019年6月9日,共计六周。2021年12月,在2021年PGC全球总决赛中,来自中国的战队NewHappy获得冠军。

《绝地求生》全球赛事体系的最高级别是独立于赛区外的世界级大赛PGC

(PUBG Global Championship,《绝地求生》全球总决赛)。

(三) 电子竞技赛事的运营模式

运营是指对比赛过程的计划、组织、实施和控制,是与各种部门密切联系的各项管理工作的总称。赛事运营是指商业性组织利用资源要素,将输入(人、财务、技术等)转化为输出(经济效益)的过程。赛事运营能力的强弱直接决定了电竞赛事的影响力和盈利状况,只有将电竞赛事运营好,整个产业才会有优质的内容输出,才会产生源源不断的资金流入来支撑整个行业的持续发展。

赛事运营人员主要包括赛事主办方、赛事执行方、赛事俱乐部、选手、类似于解说主持的经纪公司、各家媒体,以及赞助商等其他参与人员。电子竞技运动的比赛性质决定了其必然以电竞赛事为核心,而电竞赛事则以电竞赛事运营为核心。电子竞技赛事的运营模式主要围绕电子竞技赛事类型分为两大类——第一方主导的赛事运营和第三方主导的赛事运营。

1. 第一方主导的赛事运营

由于第一方主导的赛事是围绕游戏本身,由游戏厂商直接负责,因此游戏厂商举办赛事的目的主要是拉长游戏生命线,吸引更多的用户投入游戏中。比如,对于《刀塔 2》游戏来说,由于其操作难度及与《英雄联盟》的竞争等原因,其很难吸收新鲜血液。因此,V 社增加大量奖金来举办赛事。《刀塔 2》的赛事观战人数逐年上涨,从 TI7 的 92 万左右,到 TI9 已经超过 197 万。

在我国,尽管目前很多著名电竞游戏的开发商是国外的游戏公司,但是这些游戏的运营,基本还是交给国内的公司来负责。现阶段,我国电竞产业的主要收入来源是游戏运营和赛事。在电竞产业中,赛事运营也是收益最多、见效最快、持续稳定的一种商业模式。但是应用这种商业模式有一定的限制,比如腾讯、完美世界、网易这些游戏巨头,无论是游戏运营还是赛事运营,前期的投入都十分庞大,对运营公司的实力要求颇高,只有大型的公司才能承受。对于中小型创业公司来说,这种商业模式不太适用,其只能去承接一些地域性的中小型赛事。

因此,总体来看,第一方赛事运营主要有以下优势。

(1) 吸引更多用户,提升游戏知名度。赛事通过直播平台触达千家万户,网络为赛事的传播增加了便利性,用户可以低成本接触一款游戏。

(2) 提升现存用户黏性。第一方会经常进行线下比赛,低成本、低门槛的赛事报名条件吸引更多玩家,满足玩家渴望一展身手的心理,从而提升用户黏性。同时,将赛事与游戏结合,比如《英雄联盟》国内夺得世界冠军后,《英雄联盟》官方会发诸多福利回馈玩家,如免费送每个玩家永久皮肤,在售商品全场半价等。

(3) 具有很强的公信力。赛事主办方通常直接为游戏厂商或者开发商,他们会投入比较丰厚的奖金,这对于选手来说很有吸引力。

(4) 联动打造电竞 IP。第一方本身的知名度以及影响力,可以吸引各行各业的赞助商、线下线上的媒体、赛事承接方等,形成良性循环,进一步完善电竞生态。

2. 第三方主导的赛事运营

由于版权的影响,第三方电竞赛事还严重依赖于商业赞助和门票收入。主流的电竞赛事如《英雄联盟》《刀塔 2》的比赛由游戏厂商主控,并形成自己的赛事体系和生态闭环。拳头中国(《英雄联盟》开发商)电竞团队负责人叶强生在 2017 年曾表示,公司已经将旗下最顶尖的联盟战队与第三方赛事进行隔离。因此第三方赛事的经济及技术水平都受到限制,关注度与影响力也会随之受影响。在缺乏造血能力的第三方赛事中,能在市场上存活下来的不多。能存活下来的,也是背靠大厂商或者受到政府机构的赞助。由于单一的赛事运营变现能力较差,因此需要拓宽、探索更多的变现渠道。

但是,第三方主导的赛事运营也有其优势,它能为非头部项目提供难得的曝光机会。以重庆市举办的第三届 WESG 为例,本届大赛共吸引了来自 58 个国家和地区的 500 余名电竞高手在重庆进行 6 个项目的较量,比赛总奖金高达 250 万美元。决赛共持续两天,2019 年 3 月 16 日决出《实况足球》和《虚荣》(Vainglory)项目冠军。《实况足球》项目中,意大利选手 Suprema_Ettorito 以 2∶0 的总成绩战胜巴西选手 alemao_pesbr 获得冠军。就像中国唯一的《实况足球》世界冠军解说员秦源达所提及的,中国队有一段时间在世界《实况足球》比赛中成绩不错,但由于国内比赛的没落,《实况足球》在国内逐渐无人问津。"现在WESG重新点燃了对《实况足球》有情怀的人的热情,《实况足球》开始慢慢复苏。"同时,第三方主导的赛事运营更偏向传统体育比赛,如奥运会的形式,以国家而不是以地区进行比赛。就像WESG所强调的"不受俱乐部、名气等因素的影响,可以跟其他人进行公平的竞争。如果你的实力够强,能脱颖而出,就可以代表你的国家"。

(四)电子竞技赛事的策划执行与风险管理

电子竞技赛事发展趋向规模化、产业化,因此不管是策划执行,还是风险把控,对于一个大型赛事来说都至关重要。

1. 电子竞技赛事策划

赛事是电竞的核心,策划好一场电竞赛事对推动电竞行业发展至关重要。电子竞技赛事策划是指通过了解行业相关动态,搜集与整理相关赛事资料,确立赛事举办目的,根据公平、公开原则,由背景入手到最后确定执行方案等一系列过程。一个完善的电子竞技赛事策划应该先了解赛事背景。赛事背景是整个赛事策划的基础及开端,不仅包括赛事主办方、承办方、协办方,也包括政府政策。一旦获得政策支持,赛事不仅具有了公信力,而且会在社会上形成更大范围的影响力。

在熟知赛事背景之后,要明确赛事举办是为了宣传游戏,还是为了招商引资,或者是为了形成电竞文化、打造电竞之都。比如由国家体育总局体育信息中心主办,上海华奥电竞信息科技有限公司承办的国家级综合类专业赛事NEST电子竞技大赛的目的是"让游戏回归电竞,让电竞回归主流,传递中国电竞正能量"。

在目的确立之后,就是整体的比赛规划。具体包括赛事主题的确定,赛事时间的安排以及赛事规则的制定。以英雄联盟全球总决赛为例,S8的主题是"登峰造极境",S9 是"新生不息",S10 是"所向无前",S11 是"不破不立"。赛事主题是宣传的核心,是贯穿整个比赛过程的要点。在时间上,2021 年《英雄联盟》S11 赛开始时间为 2021 年 10 月 5 日,具体的比赛时间为 2021 年 10 月 5 日—2021 年 11 月 6 日。具体规划为入围赛在 10 月 5 日至 10 月 9 日,小组赛在 10 月 11 日至 10 月 18 日,淘汰赛于 10 月 22 日至 10 月 25 日,半决赛在 10 月 30 日到 10 月 31 日,总决赛在 11 月 6 日举行。入围赛比赛规则为 10 支入围赛队伍通过抽签分为 2 个小组,每组 5 队,每支队伍都要和所在分组内的其他所有队伍进行一场单场决胜的比赛。各组排名第一的队伍直接自动晋级小组赛。各组排名第三和第四的队伍进行一场五局三胜比赛,胜者将挑战另一组的二号种子队伍,争夺最后 2 个席位。小组赛阶段共有 16 支参赛队伍,包括 4 支通过入围赛晋级的队伍和 12 支新的参赛者。这 16 支队伍将分为 4 组,每组 4 支队伍,每支队伍须与组内其他所有队伍进行 2 场比赛。每个分组的前两名队伍将会进入淘汰赛阶段。最后的淘汰赛规则为淘汰赛阶段的 8 支队伍采取五局三胜、单场淘汰的赛制,依次进行四分之一决赛、半决赛和决赛。最终进入冠亚军决赛的 2 支队伍将进行五局三胜的对决,胜者将斩获 2021 英雄联盟全球总决赛的桂冠。

2. 电子竞技赛事执行

赛事执行方在准备承接一场赛事时,首先会进行一个评判,即这个赛事是否值得去办。而评判的标准,第一看其是否有足够的利润空间,第二是评估赛事的影响力大小,这涉及赛事执行方的品牌影响力。这部分的评判标准比较多,比如游戏的热度、赛事的规模,以及公司在这款游戏类型方面具不具有市场、能否扩大自身的品牌等。

同时,赛事执行方会给比赛进行分类,包括线上比赛、线下比赛、官方比赛、商业比赛、联赛、杯赛、长期赛事、短期赛事等。不同的比赛所匹配的赛事策划、资源配置等也不尽相同。赛事执行方在获得举办资格后,开始进行赛事的筹划,包括比赛场馆、灯光舞美、人员统筹等这些前期准备工作。

赛事执行方需具备如下三类条件。

(1) 赛事执行需要具有良好的沟通能力,在国际赛事中有熟练的外语沟通技能,能与选手、合作方、政府等多方人员进行协调与合作。

(2)执行能力和应变能力对于赛事执行也不可或缺。不仅要细致、负责地完成策划中的项目和任务,还要能处理解决在预计之外的突发状况和问题。

(3)赛事执行所需要的具体技能也根据赛事的不同阶段而有所不同。例如在赛事前期,需要的是具有招商经验和美工技能等的人员进行准备和宣传;赛事中,需要有负责直播推流和操作维护设备等的专业人员;比赛后则需要具备统计分析能力的人员收集各方反馈、撰写总结报告。

3. 电子竞技赛事风险与管理

电子竞技赛事风险是指在电竞赛事的筹备和举办过程中,赛事主办方所面临的不确定性。这种不确定性是客观存在的,不以人的意志为转移。比如自然灾害,意外损毁或是选手、裁判比赛迟到,现场安保问题,网络信号中断,游戏bug,粉丝骚动等因素的出现,会使赛事主办方在筹备和举办,甚至撤场过程中面临许多不可控、不确定的情况,也会给赛事本身带来很多损失。其主要特点为不可操控性、不确定性以及突发性。

因此,赛事组织者应提前做好风险防控准备,制定有效可操作的风险预案。在电子竞技赛事中,因为网络出现波动导致暂停比赛已经成为常见现象。比如2019年LPL夏季赛VG对阵V5的比赛暂停时间长达3个多小时,后来还进行了重赛。这并不是偶发现象,在2017年4月20日英雄联盟春季赛季后赛第一场IM对战OMG的比赛中,由于设备问题让观众与选手在现场和屏幕前等待了超过两个半小时,等待的结果还是重赛。对此LPL官方在事后发布微博道歉并还原调查结果,通报后续相关措施。官方表示会不断提高LPL裁判与仲裁团队的专业性、独立性与公正性,让判罚沟通更加顺畅;也将加快步伐,尽快在LPL上线"时空断裂"系统,来避免遭遇重大bug类隐患,保证赛事正常进行,为此类问题提供争议最小的技术解决方案。

除了网络影响之外,自然的影响力也是很大的。2019年6月2日下午,2019年KPL春季赛总决赛在西安大明宫国家遗址公园开赛,现场有上万名观众观战。然而在总决赛进行到17:00的时候,现场突然狂风大作,总决赛不得不直接停止。在观众撤离后，擂台上方开始坍塌，现场局势难以控制。此次比赛的终止给现场和网络上的观众们带来极大的影响，对此官方表示所有购票观众可以在线上办理退票，后续还会有额外的补偿。其补偿力度很大，具体包括6个皮肤碎片，6个英雄碎片，120荣耀积分，直售英雄全部限免7天。对于购票的观众，将开启全额退款，同时补偿KPL限定全皮肤大礼包，共有6款KPL限定皮肤，如果已拥有其中的皮肤，将返还点券。KPL官方微博针对总决赛延期发表声明。声明中表示，由于突遇大风袭击，6月2日的总决赛比赛中断，经组委会讨论，决赛将改期至6月15日在西安曲江国际会展中心A馆举行。这也是电子竞技比赛一般都在室内举办的原因。

除了无法控制的自然风险之外，人为因素也会发生。电子竞技赛事的原则是"公平"，然而近些年来有选手因为经济利益违背了自己的初心与原则。针对这种事件，联盟设立专项基金，用于假赌赛的预防和监测、俱乐部成员教育和聘请第三方专业机构等；成立反假赌赛专项小组，专门负责反假赌赛工作，与俱乐部保持紧密的合作和沟通。同时也采用技术手段，比如增强对于网络信息及数据的监测，在发现潜在问题时迅速做出预警并启动调查程序；对选手游戏内行为进行分析和评估，帮助定位潜在的违规行为和即时展开调查和处理。除此之外，推出俱乐部管理人员认证制度和相关培训，以整体提高俱乐部管理人员的管理能力、专业能力和道德素养，从而提升俱乐部管理的规范性。对内联合权威机构向选手和其他俱乐部成员提供全面的教育和指导，每年进行集中的职业道德培训，持续进行全联盟的宣讲；对外进行宣传和教育，提高联盟内其他参与方和社群的反假赌赛意识，共同防范和监管假赌赛行为。

拓展阅读

电竞工委在京成立

2022年6月17日，中国音像与数字出版协会电子竞技工作委员会（电竞工委）成立大会在京召开，来自国内电子竞技领域的电竞厂商、电竞平台、俱乐部、电竞赛事运营机构等百余名企业代表参会。

在会议中,全国政协委员、中国音像与数字出版协会理事长孙寿山表示,电竞工委的成立,符合电子竞技产业健康发展的需要。

目前,许多地方政府将电竞作为发展数字经济的重要抓手,产业支持政策密集落地。商用化 5G 技术的高速率、大容量、低延迟等特性,给电竞赛事的制作水准、传播效率和观赛体验带来极大的提升,中国电竞选手在国际赛场屡创佳绩,进一步增强了电竞产业的社会影响力。

孙寿山在会议中指出,电子竞技由游戏衍生而来,是游戏产业的重要组成部分。早在 2003 年就正式纳入了我国竞技体育项目,其作为融合数字经济与实体经济,连接文化创意和技术创新的特色产业,已经具备了丰富的产业链条、相对完善的生态体系、不俗的市场规模和相当广泛的受众。

随着电竞产业的链条不断外延,内涵不断丰富,与之相关的业务越来越繁重,急需一个专门的机构分担支持,而这也正是电竞工委成立的契机。

他也对电竞工委的工作提出了三点要求:一要贯彻管理要求,倡导行业自律,压实主体责任,切实推动行业有序健康发展;二要围绕市场需求,提供支撑保障,推动电子竞技发展的坚实基础和完备的产业体系优势;三要积极统筹协调,把分散的资源、单一的企业整合起来,搭建共同发展的平台,履职尽责,着力提升会员服务的质量和水平。

中国音像与数字出版协会副秘书长、电竞工委主任委员唐贾军则介绍了电竞工委的下一步工作规划,他表示,电竞工委要充分发挥自身作用,服务好主管部门、行业企业,推进标准化建设,开展行业研究,关注人才储备,促进行业交流,加强国际交流。大会表决通过了《中国音像与数字出版协会电子竞技工作委员会规章》,将为电竞工委未来各项工作的顺利开展提供支撑与保障。

中国音像与数字出版协会常务副理事长兼秘书长敖然发言指出,整体来看,2021 年各游戏企业严格遵守主管部门的要求与规定,落实防沉迷要求,进一步提升企业社会责任,舆论对政策效果、企业遵规守律和积极履责感知明显,主管部门针对防沉迷所做的工作获得社会认同,游戏产业整体舆情稳中向好。与此同时,内容精品化、游戏出海、元宇宙、电竞发展等话题,与政策管理、人才问题、生态优化等交叠关联讨论,舆论认可游戏产业在经济、文化、科技等方面发挥的正面价值,期待不断提升游戏产业社会贡献度。

第八章 电子竞技俱乐部

伴随电子竞技赛事逐渐发展与走向成熟，电子竞技俱乐部应运而生。电子竞技俱乐部是电子竞技类游戏职业化、专业化的一个标志。本章将围绕电子竞技俱乐部的组织架构、运营模式，以及国内与国外俱乐部的发展历程，全方位地对电子竞技俱乐部展开介绍。

（一）电子竞技俱乐部概述

当前,电子竞技俱乐部呈现年轻化、竞技化、娱乐化特点。年轻化体现在不管是电竞职业选手还是在俱乐部的工作人员或者管理人员都非常年轻。对于职业电竞选手而言,超过 25 岁就可谓是电竞圈的"老人"了。但也正是年轻化的特点使得电子竞技行业充满活力与热情,从而更进一步地有力推动了产业发展。竞技化的特点主要表现在电子竞技俱乐部成立的核心目标就是参加不同的电子竞技赛事。选手只有参加赛事、拿到成绩、获得曝光,才会进一步提升自己的收入,实现自己的梦想。随着电子竞技俱乐部选手人气增长,联盟以及媒体会围绕选手打造娱乐化的节目,进一步提升选手价值。电子竞技俱乐部的发展不是一蹴而就的,而是伴随电子竞技的逐渐成熟而不断成熟。国内外的电子竞技俱乐部的发展历程也不尽相同。

1. 中国电子竞技俱乐部的发展历程

1）起源阶段（1998—2002）

中国电竞俱乐部的概念起源于《星际争霸》这一游戏。《星际争霸》是 1997 年暴雪娱乐制作的即时战略游戏。它提供了一个游戏战场,用以玩家扮演的不同种族之间进行对抗。1998 年 7 月,王银雄拿到了《星际争霸》的光盘,那一刻他只是接触了一款新的游戏,然而仅仅三天左右的时间,他在目睹一个叫 HoK（Hero of Korea）的韩国战队队员的名字每天不断进入观众眼帘后,决定成立一支中国人的星际战队,于是中国的第一支星际战队成立了。中国最早的电子竞技俱乐部是 AG（All Gamers）战队,在 1999 年 10 月 1 日由胡海滨与 Jeeps、寒羽良、易冉、马天元组建而成,这是中国第一支全职业电子竞技战队。2001 年,中国电竞还刚刚处于萌芽状态,马天元为中国赢取了 WCG 星际争霸双人项目金牌,这也是对中国电子竞技选手来说具有里程碑意义的第一个世界冠军,他也成为目前国家承认的一级电子竞技运动员。如今 AG 电子竞技俱乐部已经在《穿越火线》《王者荣耀》《和平精英》《逆战》等多种电竞比赛中夺冠。

2) 形成阶段(2003—2010)

中国电子竞技俱乐部的形成阶段在《反恐精英》(CS)比赛期间。CS 是 V 社在 1999 年夏天开发的射击系列游戏,在 CS 比赛期间国内电子竞技俱乐部层出不穷,其中最具代表性的是 wNv。wNv 战队于 2003 年 7 月成立,成立初期的目标是打造“中国电竞第一航母”。然而成立初期的 wNv 境况不佳,没有达到预期的高度。之后经过不断的人员调整终于造就了中国当时最强大的 CS战队。

2002 年,暴雪娱乐公司推出《魔兽争霸Ⅲ》,《魔兽争霸Ⅲ》与暴雪公司在1997 年发行的游戏《星际争霸》一样,是一款即时战略游戏。在这一时期也涌现出很多俱乐部,尤其是 WE(World Elite)电子竞技俱乐部,它是当时最成功的《魔兽争霸Ⅲ》俱乐部。WE 成立于 2005 年 4 月 21 日。一开始是以《魔兽争霸Ⅲ》作为唯一电竞项目的俱乐部,培养了 SKY、INFI 等世界冠军。SKY,全名李晓峰,2004 年成为《魔兽争霸Ⅲ》选手,2005 年、2006 年连续两届 WCG《魔兽争霸》项目冠军,被称为魔兽“人皇”,是卫冕 WCG《魔兽争霸》项目的世界第一人,这一成绩在中国电竞历史上具有重大意义,并将中国电竞拉到了一个新的高度,从此,中国电竞开始引起人们的广泛关注。

3) 发展阶段(2011 年至今)

2013 年,由《远古遗迹守卫》的地图核心制作者冰蛙联手美国 Valve 公司研发的《刀塔 2》上线。《刀塔 2》获得了 2013 年最佳策略游戏与最佳多人游戏两项大奖。它融合了 RPG 和 RTS 的双重要素。在《刀塔 2》初期游戏时代,较成功的是 EHOME 俱乐部。EHOME 电子竞技俱乐部成立于 2005 年 4 月,被中华全国体育总会授权认可为北京唯一 A 类职业俱乐部。2007 年 10 月,EHOME俱乐部将国内顶尖《远古遗迹守卫》队伍 HtmL 战队收至麾下,成立

EHOME. DOTA 分队。这支队伍获得了 2007 年国内 90% 的赛事冠军。作为中国悠久的电子竞技俱乐部，EHOME 一直秉承"THE ONE AND THE ONLY"的宗旨，致力于成为全球一流电竞俱乐部。但 2012 年底，因投资人撤资及违反联盟规定，EHOME 俱乐部解散。①

在《英雄联盟》风靡的时期，俱乐部更是如雨后春笋一般冒了出来。2011 年 8 月，王思聪在微博上正式宣布进军电竞领域，之后收购了处于解散边缘的 CCM 战队，组建 iG(Invictus Gaming)电竞俱乐部。之后 iG 电竞俱乐部就成立了《英雄联盟》分部，在 WCG2011 中国区总决赛中，iG 战队战胜 WE 战队夺得冠军。2018 年 11 月 3 日在全球总决赛 S8 时期，iG 战队以 3∶0 战胜 FNC (Fnatic)战队夺得了 LPL 首个世界赛冠军。这具有划时代的意义，为了这一天，LPL 足足等了 7 年之久。7 年来，LPL 各支战队冲击总冠军无果，一直都面临着舆论带来的巨大压力。

2. 欧美电子竞技俱乐部的发展历程

欧美的电子竞技意识来源于 FPS 类游戏。FPS 类游戏具体指以玩家的主视角来进行射击的游戏。玩家们不再像别的游戏一样通过操纵屏幕中的虚拟人物来进行游戏，而是身临其境地体验游戏。

成立于 1997 年的 4Kings 电子竞技俱乐部，最初围绕《雷神之锤》打造。它是世界上历史最悠久的电子竞技战队之一。同样在 1997 年成立的 SK Gaming 与 4Kings 是欧洲电竞行业的两大元老俱乐部，是粉丝们耳熟能详的豪门俱乐部，虽然两者成功的领域不同，但都在 21 世纪欧洲电竞的起航中扮演了开荒者的角色。SK Gaming，是起源于德国的职业电竞组织，这支战队在 FPS 类游戏尤其是 CS 上拥有很强的竞争性和无与伦比的强大阵容，是公认的最成功的电子竞技战队之一。他们在世界电子竞技领域内取得的最大成功始于瑞典的传奇 CS 战队 Ninjas in Pyjamas(NIP)加入他们。在传奇 CS 巨星希顿(HeatoN)和

---

① PCHOME. EHOME 经理 71 宣布退出　一代豪门终归尘土[EB/OL].(2012 - 11 - 24)[2022 - 01 - 26].https://article.pchome.net/content-1567558.html.

波蒂(Potti)的帮助下,SK 的 CS 战队赢得了当时除 ESWC03 之外几乎所有主要世界大赛的冠军,并且蝉联 CPL 冠军。此外,SK Gaming 电子竞技俱乐部走在了电子竞技行业前沿。2003 年 1 月 1 日,SK Gaming 成为第一个与选手签约的 FPS 类游戏俱乐部,通过劳动合同形式逐渐形成行业规范。除了是第一个与选手签约的俱乐部之外,SK Gaming 还在其他方面开了先河。在 2004 年 5 月 18 日,NoA 战队买断了 SK Gaming 电子竞技俱乐部几个选手的合同,而 SK Gaming 也成为第一支收取转会费的战队。

EG(Evil Geniuses)是美国著名的老牌专业电竞组织,于 1999 年创立。2012 年 EG 战队受 V 社邀请,参加了 TI2 国际邀请赛,可惜在淘汰赛中过早遇见 iG 战队,被淘汰出局。经过不断努力,在 2015 年的第五届刀塔 2 国际邀请赛上 EG 战队成为当时唯一一支在 TI 上夺得过冠军的美国队伍。如今,EG 战队的 CEO 表示俱乐部的目标是成为《刀塔 2》《英雄联盟》《CS》这三大电子竞技项目中的冠军争夺者。

3. 韩国电子竞技俱乐部的发展历程

韩国的电子竞技产业规模巨大,电子竞技如今已成为韩国文化的重要标志。1997 年,亚洲金融危机爆发,韩国成为亚洲金融危机的三大重灾区之一。1998 年,恰逢《星际争霸》发行,其火速在韩国青少年群体中流行了起来。韩国电视台立马借机推出了有关《星际争霸》的相关节目,让更多人熟知了这款游戏。以电视为媒介,相关节目的热播把越来越多的韩国人转变成了星际玩家。与此同时,韩国政府也在寻找解决经济危机的方法,将目光转投向了文化产业。1998 年韩国正式提出"文化立国"战略,金大中总统上任之后就宣布,21 世纪韩国的立国之本是高新技术和文化产业。1999 年,文化观光部、产业资源部、信息通信部通力合作,建立了各自下属的"游戏综合支援中心""游戏技术开发支援中心""游戏技术开发中心"①,电子竞技开始走向正轨。在政府的支持下,各大电子竞技俱

---

① 上海文化产权交易所.韩国"文化立国"文化产业成第二大出口创汇产业[EB/OL].(2011 - 12 - 17)[2022 - 01 - 28].https://www.shcaee.com/appReleaseInfo.action? id = 201000397.

乐部层出不穷,俱乐部也有自己的赞助商、有自己独立且成熟的运作体系和教练团。韩国电子竞技俱乐部形成了自己的管理特点,即企业赞助的同时进行管理。

例如T1电子竞技俱乐部,其前身是Boxer于2002年创立的Orion战队。2003年12月曾更名为Union,2004年由韩国SK电信赞助并更名为SKTelecom T1。2019年2月25日,SKT官方微博宣布更名为T1。而其中《英雄联盟》分部则在2020LCK春季赛开始正式更名。俱乐部的管理实质是大公司成熟的管理体系与高素质人才运作。T1俱乐部选拔的职业选手在校时成绩都非常优秀,如李相赫在初、高中时就是成绩曾进入全校前1%的优等生。同时为了不让这些优等生为选择进入职业圈而感到后悔,T1特意派出企业文化部门的人才培养专员,为职业选手们策划职业生涯规划相关教育项目,通过培训帮助职业选手建立起通往IT领域的道路。T1每两个月都会安排俱乐部选手们进行身体检查,为选手们避免或减轻在手腕、腰部、腿部等部位常出现的"职业病"所带来的痛楚。SK董事长在BBC采访时曾说过,对旗下俱乐部的成功管理经验是基于大数据做出的决定、风险管理、果敢投资的有机结合。2016年SK俱乐部依靠积累了十余年的电竞俱乐部管理经验,开发出一套"队伍表现管理系统"(team performance management syst-em,TPMS),这是一套能够监测选手的常规训练战绩,记录比赛成绩、自由训练活动轨迹的大数据系统。俱乐部能够以此系统获得的数据为基础,从俱乐部中选择更适合上场实战的阵容,组成最有优势和最稳定的比赛战队。[①]

(二) 电子竞技联盟与协会

一个体育项目要长期健康规范化发展,不能缺少专业的联盟。联盟作为非营利性的商业机构,会负责组织经营赛事,也会与各个俱乐部进行沟通,设立财务公平及转会规则,在平衡俱乐部赛训支出的同时进一步规范选手收入。

---

① 木卫十二.电子竞技浅析中国电子竞技俱乐部管理特点[EB/OL].(2020 - 01 - 06)[2022 - 01 - 28].https://www.bilibili.com/read/cv429768.

1. 中国电子竞技俱乐部联盟

早在 1998 年 7 月，中国星际争霸联盟（China Starcraft Association，CSA）是当时国内唯一具有实力的《星际争霸 2》网络联盟体系。CSA 除了定期举办非职业战队及个人联赛、职业和非职业战队之间的友谊赛之外，还会为俱乐部和选手打通职业化及个体化发展的道路。

2011 年 11 月，中国电子竞技俱乐部联盟（Association of China E-sports，ACE）成立，由 WE、iG、LGD 等国内多家电子竞技职业俱乐部自发组建而成。其以促进电子竞技事业发展为宗旨，维护电子竞技俱乐部及职业选手相关权益为基本。但是成立至今，其也时常有问题发生。比如，ACE 联盟与竞游（Esports Champion League，ECL）的事件引起玩家的热议。ECL 是中国电子竞技运动发展中心打造的一个全新赛事，相比较传统的电子竞技比赛来讲，无论是从赛制还是从比赛规模上都不可同日而语。ECL 的奖金总额只有 13 万，按联盟规则，属于 S 级战队的 iG、LGD、DK 均不能参加。对此 ECL 的赛事经理表示遗憾，认为 ACE 联盟提高了电子竞技的门槛。但是 ACE 联盟对 LOL 比赛的规定是各大战队连线下网吧赛都可以参加，如此差别引起玩家极大不满。

2016 年，中国体育电子竞技联盟（Chinese Athletics E-sports League，CAEL）成立，由数家中国传统体育俱乐部与电子竞技俱乐部共同加盟组成。中国体育电子竞技联盟致力于传统体育与电竞相结合，维护联盟俱乐部和选手权益，打造全新的合作推广模式。在 2017 年 6 月 22 日举办的腾讯电竞"与时·聚竞"年度品牌发布会上，中国体育电子竞技联盟联合 FIFA Online 3，正式发布了"中国足球电竞联赛 CEFL"。

除了职业电竞联盟之外，随着电子竞技的不断发展，扎根于校园的电子竞技联盟也破土而出。中国高校电子竞技联盟是由全国高校电子竞技社团、协会和相关企事业单位以自愿参加为原则共同发起成立，致力于联系和服务在校大学生的非营利、契约式、公益性战略联盟。截至 2020 年 10 月 13 日，中国高校电子竞技联盟累计成员 1 592 850 人、累计服务项目活动 300 个、累计入驻社团 477 个。中国高校电子竞技联盟旨在通过组织各高校电子竞技社团和协会等结成联盟，建立良好沟通机制，与专业院校、知名企业合作搭建高校电竞人才培训体系，为高校电竞爱好者提供电竞领域创新、创业、就业等方面的支持与指导，同时为电竞社团的发展提供平台、技术、资金、人才等方面的支持，打造有影响力的高校电竞联赛品牌。随着我国电子竞技进一步发展成熟与壮大，会出现更完善且规范的电子竞技联盟。联盟将进一步促进行业公平，维护选手权益，监管相关权利，使中国电子竞技产业有序良好发展。

2. 韩国电子竞技俱乐部联盟

韩国电竞的主要机构为 KeSPA，他们负责韩国电子竞技的运营，并管理 KeSPA 签约职业选手的比赛。KeSPA 通过对标传统体育的模式指导电竞产业，电竞俱乐部引入了诸如教练、领队、心理咨询师、经理等一系列完整的角色。凭借分工明确的体系，在全球电竞赛事上，韩国俱乐部展现出了经久不衰的统治力。KeSPA 隶属于韩国旅游文化观光局，属于非营利性机构。换句话说，KeSPA 像一个官方中介，把俱乐部、选手、赛事方等各方的人聚集在一起互相沟通与协调。KeSPA 在韩国代表着官方，它也一直在努力，把电竞行业相关工作变成稳定的职业，因此致力于从各个层面保证电竞行业的收入。为了进一步让选择投身于电竞行业的人们能够得到社会的认可，KeSPA 还联合各大电竞公司和大学，建立了一个电竞行业的职业认证机制，选手一旦获得认证，就能得到基本收入保障。从 2014 年起，KeSPA 给予了电竞选手们一项特殊的福利，对于退役后仍然渴望重返校园的选手，每年将提供若干个保送名额，专门让他们进入大学学习。KcSPA 的成立意味着韩国政府承认了电竞是正式的体育项目，电竞选手有了正式被接受的身份，也逐渐获得了社会、商业、家庭的认可。除了建立行业标准之外，KeSPA 还在政府的支持下，开发出了多种商业变现途径，如转播权售卖、赛事利润分成等。在电竞萌芽初步发展的阶段，韩国的电竞选手就有了巨大的流量价值和较高的名声，个人收入也因此得到了保障。在与政府保持密切沟通之外，KeSPA 还与游戏发行商保持深度与紧密的合作，通过共创赛事不断激发厂商改进游戏的竞技性。

3. 美国电子竞技联盟

职业游戏大联盟是北美电竞行业的先锋,也是北美地区成立最早的电子竞技联盟之一。它是最早开始将游戏主机项目列入比赛的联盟,依靠美国国民射击游戏《光环2》,从 2002 年成立初期迅速建立起知名度,并在 2013 年建立起北美最大的电子竞技专用视频播放平台 MLG. tv。目前旗下游戏赛事除了《光环》之外,还有《反恐精英:全球攻势》《星际争霸2》《英雄联盟》等。2016 年,据媒体报道,世界最大的第三方游戏发行商动视暴雪已经花费 4 600 万美元买下了美国最大的电子竞技联盟 MLG。

4. 国际电子竞技联盟

2008 年 11 月 13 日,国际电子竞技联盟(International e-Sports Federation,IeSF)在韩国首尔成立。韩国、德国、比利时、澳大利亚、瑞士、中国、越南等 9 个国家成为第一批会员。2020 年 3 月 31 日,亚洲电子体育联合会与 IeSF 达成协议,共同携手发展电子竞技运动。IeSF 承认亚洲电子体育联合会作为亚洲地区唯一的电子体育联合会,亚洲电子体育联合会也认可 IeSF 是唯一的国际电子体育联合会。对于亚洲乃至全球的电子竞技发展而言,双方的合作产生了重要影响。此次亚洲电子体育联合会和 IeSF 的成功签约还得到了国际单项体育联合会总会、亚洲奥林匹克理事会和全球各个国家及地区电竞协会的大力支持。IeSF 主席柯林·韦伯斯特(Colin Webster)表示:"我们都看到了与亚洲电子体育联合会建立合作是有价值的。亚洲电子体育联合会在促进亚洲电子体育发展方面做出了杰出的贡献,从中我们也看到了我们双方之间存在着巨大的协同效应,我们将共同助力电子体育作为一项运动在世界范围内的发展和普及,并提供最大程度的专业扶持与保障。"

(三) 电子竞技俱乐部的组织架构及运营模式

一个完善规范的电子竞技俱乐部的内部组织架构与分工是清楚明确的。电子竞技俱乐部的运营包括俱乐部内部队伍建设、电竞人才培养、品牌 IP 打造及商业化运作。其组织架构也围绕运营展开。主要从业人员包括电竞职业选手、领队、教练团队、心理咨询师、后勤保障医护人员、运营工作人员及管理团队。

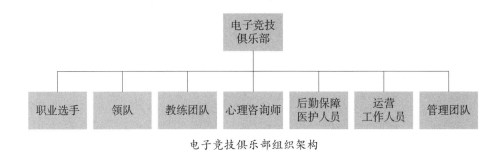

电子竞技俱乐部组织架构

1. 电子竞技俱乐部组织架构

成为职业电竞选手的渠道是通过青训营或者报名选秀被俱乐部挑中成为俱乐部二队选手,再通过次级联赛比赛磨炼自己。凭借合适的机遇和自己不断的努力可以晋升成一队选手。电竞选手的收入普遍由底薪＋奖金＋绩效奖金＋广告直播＋转会签约费等共同组成。从一般的青训练习生到二队选手再到一线职业选手的收入呈阶梯式上升。一线职业电子竞技选手及顶尖职业选手的收入年薪更能达到百万甚至千万元。但是看到高薪的同时,不能忽视的是职业电子竞技选手的压力和长时间打游戏对身体的损伤。长时期的训练、点击鼠标、敲击键盘对选手的颈椎和手腕都会造成损伤。伴随着游戏版本的更迭,选手需要不断地训练,尽管天赋在这个行业中是重要的,但是刻苦的训练也必不可少。顶尖选手只占百分之零点几,他们还要面对舆论的压力。这些都和传统的从事竞技运动的运动员是一样的。

领队与教练团队也是俱乐部重要的组成部分。领队一般负责战队的日常工作,包括对外的沟通和协调,以及为团队处理内部冲突,上报选手首发名单等。领队在每个战队或每个俱乐部扮演的角色都会有所不同。有的俱乐部领队,会有较大的权力,代表领导层、管理层的上层意志。教练是战队的灵魂,负责战队的日常训练,会进行打法的教导,会根据版本的变动更换思路。在一些游戏上也会负责场上的 BP，BP 是电子竞技游戏中的一种比赛术语，是 BAN 和 PICK 的简称。BAN 即为禁用，PICK 为挑选，选择合适的阵容。在比赛场上，教练也会根据职业电竞选手的临场发挥和战略战术安排进行队员的轮换。俱乐部战队要想取得理想成绩，就必须拥有好的教练团队。但是教练人才在整个电竞环境中非常稀缺，需要加大培养力度，才能形成良性循环。

职业选手由于长期的训练，经常会受到伤病的困扰。手游竞技，用到手指、拇指比较多，选手容易得拇指腱鞘炎；端游竞技因为需要频繁手握鼠标，所以选手手腕更容易损耗。不少选手在 24、25 岁就选择了退役，这也是电竞圈里普遍的退役年龄。因此，专业的电竞按摩师、电竞理疗师、心理咨询师对延长选手的职业生涯是至关重要的。电竞按摩师的工作是在选手进行高强度的训练后及比赛前为选手进行身体按摩与放松。电竞理疗师的工作是为选手及时做好伤病预防，带着选手们到训练基地的健身房里做肌肉、关节方面的拉伸运动；同时，通过专业的器材比如阻力合适的弹力带，以及反应训练灯等，对部分选手进行额外的针对性的体能训练。在选手高强度的训练和巨大的赛事压力下，心理咨询师会帮助选手进行及时的心理疏导来调整选手在失利后的心态及保证选手比赛时的正常发挥。

运营工作人员及管理团队是维持俱乐部运转的重要环节。运营工作人员包括媒介运营，即长期维护俱乐部的社交媒体平台，发布选手日常及比赛信息等，旨在实现与粉丝之间的长期沟通，并提升选手的曝光率。此外，商务经理为俱乐部持续地拉赞助也是使俱乐部良性发展的关键。管理团队也会健全与完善俱乐部的组织架构，建立管理模式与运作机制，将俱乐部制度化、规范化，为俱乐部持续引进优秀的人才等。电竞俱乐部背后的老板会对俱乐部进行投资。

2. 电子竞技俱乐部运营模式

电竞俱乐部的主要收入来自赞助商的投资、周边产品的售卖、官方直播平台收入、出席商业活动的推广费及赛事奖金。电子竞技俱乐部的盈利模式有两种，分别是 B2B 和 B2C。

B2B（business-to-business）是指企业与企业之间通过专用网络进行数据信

息的交换、传递，开展交易活动的商业模式。电子竞技俱乐部之间或者与赞助商公司的合作都属于 B2B。2020 年 6 月 19 日巴黎圣日尔曼（PSG）官宣与香港 Talon 电竞俱乐部达成合作，他们将以"PSG Talon"的身份参加英雄联盟太平洋赛区的比赛。巴黎圣日耳曼品牌及销售部门经理法比安（Fabian）表示，此次合作能在主要的市场上增强 PSG 品牌的曝光，并且让全世界的观众看到 PSG 品牌。巴黎圣日尔曼作为一支足球俱乐部希望组建一支成熟的、全方位的电竞俱乐部，这是共赢的合作。除了俱乐部间的合作之外，赞助商投资俱乐部也成为俱乐部的常见盈利模式。2021 年 4 月 1 日，LPL 电竞俱乐部 RA 与蓓福正式达成合作，日本蓓福株式会社成为 RA 电竞俱乐部《英雄联盟》战队的赞助商。蓓福成立于 1908 年，是日本知名度最高、历史最悠久的专业健康品牌，也是全球健康行业的倡导者和引领者之一。赞助商一般会出现在俱乐部队员的队服或媒介所发的战报上，以品牌 logo 曝光为主。

B2C（business-to-customer）是电子商务的一种模式，也是直接面向消费者销售产品和服务的零售模式。在电子竞技俱乐部中，B2C 的"C"端主要指该俱乐部面向的粉丝群体。每个俱乐部都有自己的核心粉丝群，粉丝或是被俱乐部的品牌文化吸引而来，或是因喜欢选手继而支持俱乐部。比如，EDG、TES、RA 等多家俱乐部拥有自己的淘宝店铺，向粉丝出售周边、服饰等。因此，俱乐部 IP 的拓展与社群的经营有密切的关系。电竞产业被更多人接受，与电竞俱乐部的品牌化运营分不开。为了进一步吸引更多粉丝，越来越多的俱乐部开始效仿经纪公司的运营模式，将电竞选手包装为明星偶像。俱乐部以选手个人 IP 为基础，拓展周边产品。同样，如果一个电子竞技俱乐部有明星选手，就能够有力地吸引赞助商的投资，即通过明星选手吸引媒体和赛事组织方关注，获得曝光率之后来吸引用户群体，实现明星效应，建立渠道价值，并向赞助商销售这种价值。粉丝作为中国电子竞技的各种用户中忠诚度最高的群体，对明星选手拥有极高的追随度。因此对于俱乐部来说，通过明星选手可以直接促进产品的销售或建立品牌文化。

但俱乐部的商业化仍然是一大难题。可以看到目前众多电子竞技俱乐部的老板背后拥有雄厚的资金支持。比如，2012 年华鼎集团少东家丁俊创办了 VG

电子竞技俱乐部;同年 6 月,OMG 电子竞技俱乐部在四川成立,雏鹰农牧集团侯建芳之子侯阁亭出任最大股东;2013 年,素有地产界航母之称的合生创展集团创始人朱孟依之子朱一航,在广州创办 EDG 电子竞技俱乐部;同年 9 月,中国稀土控股集团执行董事蒋泉龙之子蒋鑫成立 Snake 电子竞技俱乐部等。但仅仅依靠电子竞技俱乐部自身难以维持运作与盈利。选手尤其是明星选手与教练的年薪可达到千万,还要维持整个俱乐部的运营开支,搭建青训营等,均是不菲的开销。EDG 的经理阿布曾在一次直播中表示,全联盟十几支战队中只有 EDG 是赚钱的,因为老板开拓了很多业务,给了选手们很多的保障。而 EDG 所谓的赚钱也仅仅是收支平衡而已。2016 年苏宁控股旗下文创集团正式进军电子竞技领域,组建苏宁易购电子竞技俱乐部(SNG)。在 2020 年,SNG 一举拿下夏季赛季军,并且进入当年的 S10 赛;在之后一路过关斩将,拿下第二名的好成绩。即使取得不错的成绩,因为背后投资公司的财政问题,仍然无法继续维持俱乐部正常运行,转而被微博收购。更何况是成绩不好的俱乐部,其选手的商业价值又不高,没有成绩与流量的加持,收入更是会比头部战队少很多,从而逐渐造成入不敷出的现象。

(四)当前全球知名电子竞技俱乐部介绍

Team Liquid 电子竞技俱乐部

Team Liquid(TL)成立于 2000 年,是一支国际电子竞技俱乐部,在荷兰成立,现总部在洛杉矶。旗下拥有《英雄联盟》《无畏契约》《刀塔2》《反恐精英:全球攻势》《绝地求生》等众多电子竞技分部。2015年1月,Team Liquid与Team Curse合并,正式进军《英雄联盟》项目。Team Liquid《英雄联盟》分部共获得过4次北美最高级别联赛LCS的冠军。2017年8月6日,Team Liquid成立了《绝地求生》分部。2018年获得2018柏林PGI全球邀请赛双亚军、SLi-S2群星邀请赛冠军。2019年,有着"电竞奥斯卡"之称的电竞颁奖典礼Esports Awards 2在美国德州阿灵顿正式举办,Team Liquid俱乐部获得了年度最佳俱乐部奖。2020年8月7日,Team Liquid成立了《无畏契约》分部。在2021年,《无畏契约》分部获得2021VCT第二阶段挑战赛EMEA赛区季后赛冠军。

Fnatic由萨姆·马修斯(Sam Mathews)于2004年在伦敦创建,当时的他仅仅是南安普顿大学的大一学生。他将Fnatic的路线定位于他对公司的最初愿景,即成为"电子竞技的代表"。他希望通过Fnatic的不断扩张,引领电子竞技走进千家万户。经过发展,Fnatic旗下拥有《英雄联盟》《无畏契约》《刀塔2》《反恐精英:全球攻势》《彩虹六号:围攻》《FIFA足球世界》等电子竞技分部。2011年Fnatic正式成立Fnatic《英雄联盟》分部,并在同年获得2011英雄联盟全球总决赛冠军,在2013年获得2013LCS欧洲春季赛冠军、2013LCS欧洲夏季赛冠军,在2014年获得2014LCS欧洲春季赛冠军,在2015年获得2015LCS欧洲春季赛冠军、2015LCS欧洲夏季赛冠军,在2018年获得2018LCS欧洲春季赛冠军、2018LCS欧洲夏季赛冠军。Fnatic《无畏契约》分部也在2021年获得2021VCT第二阶段挑战赛2欧洲赛区冠军。

EDG(EDward Gaming)电子竞技俱乐部,于2013年9月13日在广州成立。旗下拥有《英雄联盟》《王者荣耀》《绝地求生》《穿越火线》等分部。EDG电子竞技俱乐部的品牌精神是"正义、英勇、孤独、拼搏、逆袭"的骑士精神。《英雄联盟》分部在2014年取得LPL春季赛、夏季赛冠军,在2015年取得LPL春季赛冠军,MSI季中邀请赛冠军,在2016年取得LPL夏季赛冠军、德玛西亚杯五连冠,在2017年LPL夏季赛上再次夺得冠军,在2021年取得LPL夏季赛冠军。2021年11月7日凌晨,在冰岛首都雷克雅未克举办的英雄联盟全球总决赛(S11)上,EDG鏖战五局,以3比2战胜了韩国头号种子战队DK,捧起了2021

Fnatic 电子竞技俱乐部

英雄联盟全球总冠军奖杯。《王者荣耀》分部在 2017 年 QGC 夏季赛上夺得冠军，在 2018 年取得 KPL 春季赛亚军。目前 EDG 俱乐部不仅有成熟的战队管理体系，也拥有成熟的运营管理体系和商业合作体系。

EDG 电子竞技俱乐部

iG 电子竞技俱乐部成立于 2011 年，由王思聪收购快要解散的 CCM 战队组建而成。旗下拥有《英雄联盟》分部、《刀塔 2》分部、《星际争霸 Ⅱ》分部等。2011 年，iG 电竞俱乐部成立《英雄联盟》分部，在 WCG2011 中国区总决赛上，iG 战队战胜 WE 战队夺得冠军。在 DOTA 领域，竞游 ECL2011 年终总决赛上，iG 战队战胜 DK 战队夺得冠军。接下来在 SMM2011 世界总决赛中，iG 战队战胜

Nv. cn 战队夺得冠军。2012 年更是在 TI2 中夺得了冠军。在成立初期就取得了一系列优异成绩后,《英雄联盟》分部在 2018 年全球总决赛中获得 LPL 赛区第一个世界冠军。S8 总决赛的捧杯让 iG 成为 2018 年及以前唯一的两大 MOBA 游戏双冠王俱乐部。其《穿越火线》分部取得 WCG 中国区总冠军、WCG 世界总冠军、第一届 CFS 国际联赛冠军等。《星际争霸Ⅱ》分部取得了 2017 年黄金职业联赛第一赛季和第三赛季冠军、2018 年黄金职业联赛第二赛季冠军。

iG 电子竞技俱乐部

T1 由前身韩国电子竞技俱乐部 SKTelecom T1（SKT）和 Comcast 合作建立并更名而来。俱乐部拥有《英雄联盟》《堡垒之夜》《绝地求生》《APEX 英雄》《守望先锋》等电子竞技项目分部。SKTelecom T1 前身是 Boxer 于 2002 年创立的 Orion 战队。2004 年由韩国 SK 电信赞助并更名为 SKTelecom T1。SKT《英雄联盟》分部在 2013 年获得全球总决赛冠军;2014 全明星赛以全胜的战绩夺得冠军;2015 年夺得英雄联盟 S5 世界总决赛冠军;2016 年 5 月 15 日,SKT 夺得 2016 英雄联盟季中冠军赛冠军,实现大满贯;2016 年 SKT 再次夺得 2016 英雄联盟全球总决赛的冠军。2019 年 2 月 25 日,SKT 官方微博发布消息正式更名为 T1。而其中《英雄联盟》分部则在 2020LCK 春季赛正式更名,并获得 2020LCK 春季赛决赛冠军。

T1 电子竞技俱乐部

拓展阅读

EDG 电子竞技俱乐部及其健康管理中心

　　EDG 电子竞技俱乐部作为中国电子竞技职业战队之一,成立于 2013 年 9 月 13 日。下设《英雄联盟》分部、《炉石传说》分部、《风暴英雄》分部、《绝地求生》分部、《王者荣耀》分部、《反恐精英:全球攻势》分部及《皇室战争》分部。其《英雄联盟》分部参加了中国的英雄联盟职业联赛,并曾在英雄联盟 2015 季中邀请赛及英雄联盟 2021 赛季全球总决赛中获得冠军。EDG《英雄联盟》分部为 EDG 俱乐部最早建立的核心分部,为迄今 LPL 各队中获得冠军最多者。

　　EDG 曾设立二队 EDE,由于 2014 年拳头公司规定同俱乐部同级联赛只允许一支战队参赛,而 EDE 在 2016 年 LSPL 春季赛中成功升入 LPL,因此 EDG 俱乐部将其出售。EDE 之后曾更名为"IMAY",并在 2018 年初被哔哩哔哩收购并再度更名为 Bilibili Gaming(BLG)。2021 年 EDG 以五千万人民币组建新战队,购入原 LNG 上单先手李炫群(Flandre)、原 GRF 下路选手朴到贤(Viper)。明凯(Clearlove)宣布再次成为选手,但仅在夏季赛上场一个小场。2021 年 EDG 春季赛打入季后赛四强,夏季赛以 3∶1 击败 S9 冠军 FPX 而夺冠。2021 年 11 月 7 日,EDG 以小组第二出线,淘汰赛先后战胜 RNG、Gen. G。决赛以 3∶2 击败 DK 而获得世界冠军,中单选手李沣燦(Scout)获得"FMVP"称号。

出色的成绩离不开俱乐部对运动员的培养。EDG俱乐部在成立之初就已经把电竞选手身体健康列为俱乐部重点关注的任务之一,同时EDG也是最早一批针对电竞选手身体健康进行专项管理的电竞俱乐部。早在2016年之前就引进了包括全套健身器材、专业瑜伽课在内的多种配套设施、课程。2018年起,EDG开始正式在俱乐部内常设俱乐部队医岗位,配合外聘的心理健康团队开始对俱乐部内人员进行常态化的健康管理,随时监测电竞选手们的身心健康状态。2020年,随着电竞行业突飞猛进的变化,EDG决定升级原有的生活、健康管理机制,正式成立EDG俱乐部健康管理中心,将统一对俱乐部内人员的饮食起居、体能训练、伤病康复、疾病预防等各方面进行综合性的健康管理。

EDG俱乐部健康管理中心的建立,旨在以"安全、健康、环境、医疗"为四大核心理念,解决赛训之外的医疗、健康、安全、生活等问题,为EDG的电竞选手们创造更加优越的生活及赛训基础。EDG也希望通过俱乐部健康管理中心的建立,在行业内率先走出一条电竞选手生活健康管理的规范之路,在未来总结出切实可行的经验与行业内的伙伴们共享,共同保障电竞选手的职业健康。

第九章

电子竞技解说

近年来,随着电子竞技产业的不断成熟和规范,电子竞技解说作为其中的一个重要组成部分也随之发展壮大。不论是电子竞技解说员数量的增加、行业影响力的提升,还是其受众数量的增多、其特性和创造的价值等,都值得人们对其进行思考与探究。本章将介绍电子竞技解说的相关理论与实践,并总结电子竞技解说的功能和从业人员应具备的素质。

（一）电子竞技解说的概念与特征

1. 电子竞技解说的概念

电子竞技解说，是指电子竞技赛事、游戏、运动中，对电子竞技运动员的表现、关键场面、现场气氛，以及比赛规则等有关的背景材料进行详细生动的描述或评论，使受众如身临其境并获得有关比赛的详细情况的播音活动。

2. 电子竞技解说的特征

（1）虚实结合性。在传统体育中，解说员只对现实空间中人的行为进行全方位解说，电子竞技解说与传统体育竞技解说不同，其解说员同时面对现实空间和网络空间的人和角色。因此解说员要在虚拟的游戏场景和迅速、刺激的画面特效、音效情境下，不仅解读选手本身的行为，也解读选手所操控的角色行为，更要将两者的联系解读出来，在现实与网络之间来回描述，将"虚"与"实"融会贯通。

（2）互动性。当下，网民可以随时在网络上发表自己的意见。电子竞技赛事本身就根植于互联网，这更为观众的参与提供了土壤。电子竞技赛事的观众不仅是观看者，更是参与者与表达者，他们可以利用通信设备直接参与赛事评论，与解说员进行实时交流，在满足其自身表达欲、提升其参与感和积极性的同时，增强了电子竞技解说的互动性。

（3）娱乐性。电子竞技自身娱乐性的特点，加之网络传媒的娱乐功能，使得电子竞技解说也具有强烈的娱乐属性。电子竞技的休闲娱乐感、参与感和竞技感，加上电子竞技比赛过程的跌宕起伏和虚拟赛场的瞬息万变，都可以调动观众的情感。另外，网络传媒的娱乐功能也与电子竞技的娱乐性息息相关，正如电子竞技解说的观赏价值与网络流行文化息息相关，观众在观赏比赛的同时还享受着电子竞技解说带来的娱乐氛围。

（4）表演性。为了营造感染力极强的赛事氛围，电子竞技解说员在解说过程中不一定都是真情实感的流露,而是会根据赛事节奏的高低起伏,通过控制自身的情绪状态,用语言、动作演绎充满表演色彩的解读。而表演中一项重要的要求是解说语速的多变,解说员在比赛的不同环节需要表达的信息量不同,因此解说语速在整体速度较快的同时也呈现多变性。同时,在电子竞技比赛紧张或刺激引发冲动之时,解说员需要始终站在理性的第三方视角解读赛事,这也对解说员的表演素质有要求。[①]

(二)电子竞技解说的分类与功能

1. 按照解说内容划分

(1)视频解说。解说员负责讲解以玩家为中心的游戏视频,着重展示玩家个人风格与技术。视频内容的脚本、素材及后期分工明确,对视频解说员要求较低。

(2)赛事解说。解说员通过讲解提升玩家对于赛事和游戏的认知,以讲解赛事相关内容为主要职责,以传递游戏相关信息为次要职责。因此,对于解说员赛事解说的要求极高,需要其具备多方面的能力,以辅助提升赛事整体的观赏性。

赛事解说按照不同职能又可以进一步划分为控场型解说、描述型解说、分析型解说、嘉宾型解说四类。控场型解说负责宏观掌控赛事的解说节奏、带动全场观众气氛、引领比赛解说方向、与导播沟通赛事流程、抛出和承接话题。描述型解说职能较为单一,一般是描述赛场已发生的战斗场面、游戏元素信息、选手表现情况等。主要内容包括比赛前期对双方队伍风格、选手信息、角色选择进行深度分析,在比赛中讲解当前状况,预测下面的比赛局势,在比赛后进行赛事复盘、选手数据分析。嘉宾型解说多为自带流量的圈内人士或主播,通常为俱乐部教练或者明星,前者承担技术分析的任务,而后者只是作为解说席的另一话题点。

---

① 王思行,七煌原初,上海竞迹.电子竞技赛事解说与表达艺术[M].北京:清华大学出版社,2020.

2. 按照播出形式划分

（1）线上录播。参赛选手在线在各地俱乐部或各自家中通过互联网进行比赛，并由工作人员进行预先录制。录播的形式意味着后期工作人员一般会有更多的时间选择精彩的比赛进行剪辑加工和宣传，再上传网络。线上录播形式对解说员的临场应变能力要求比直播低，在犯重大失误时可以进行补救，基本不会发生突发状况。

（2）线上直播。讲解员将在线上比赛全网直播的同时进行解说，一般是赛事后半阶段进行的重要比赛，比如线上半决赛和线上决赛，对解说的游戏理解、临场反应和处理突发状况的能力有较高的要求。

（3）线下直播。在线下场馆进行直播的大型比赛或活动，往往有大量观众在现场参与，人流量较大。场地可能是举办过多次比赛的专业电子竞技馆、大型体育馆、动漫游戏类展会展馆、露天舞台、网吧等，有较多的工作人员与较大的幕后工作量。此类比赛对解说提出更高的要求，考验其对现场气氛的调动、对现场各项流程的熟悉，以及对突发事件的处理等专业能力。

3. 按照游戏种类划分

（1）FPS 类、MOBA 类。赛事体系较为成熟，解说以讲解选手操作、阵容和局势为主，解说的内容开展与版本更新同步进行，借内容外延拓展新用户，对解说的游戏水平与理解力有较高要求。

（2）RPG 回合。解说以互动性为主，游戏带有的互动属性和社交阵营是解说所要带给观众的主要内容。深化团队合作与分工搭配是解说的核心内容。

（3）卡牌对战。该游戏本身的最大属性是策略、战术、运营。选手的心理博弈与卡牌所具有的个性效果使游戏具备极强的竞技性，因此要求讲解员更加注重细节上的处理和精妙的计算。

（4）棋牌休闲。偏中高龄的娱乐项目，相比之下解说的娱乐性要高于竞技性，讲解员要根据用户的不同属性做出相应的调整。

4. 按照表现风格划分

（1）幽默风趣型。在解说过程中用幽默的话语、精练的语言使比赛往轻松娱乐的方向发展，赋予比赛新的故事性，带给观众更高的幽默享受。在直播现场营造比赛氛围，调动观众积极性，使解说深入浅出、生动形象、幽默风趣、引人入胜，这种风格通常出现在观赏性较强、有很大解说发挥空间的电子竞技游戏中。

（2）冷静分析型。在解说比赛时如同体育播音员一般的沉稳、亲和、庄重。这种解说风格适合大型官方赛事，用面面俱到的画面描述、评论分析、局势判断，对战队信息和现场战况做出讲解，让观众感受到解说的专业性。

（3）激情洋溢型。在解说比赛时赋予比赛仪式感、紧张感、节奏感，把控解说节奏，随时应变，让观众神经紧绷、聚精会神地观看比赛，设身处地地感受激烈的比赛情境，这种解说风格适合打击感充足、对抗性强烈的电子竞技项目。[①]

（三）电子竞技解说的理论与实践基础

1. 理论基础

电子竞技的理论研究一方面是基于语用学和言语行为理论证明其可行性，另一方面是基于使用与满足理论证明其必要性。

首先，语用学关心的是说话人所传递的和听话人所理解的意义。其次，交际的过程不能脱离特定的语境，语用学强调的是话语在语境下产生的意义，而不是单纯地脱离语境的字面义。而电子竞技解说，其最本质的特征是解说员结合游戏画面形成的语境，使用话语传达游戏内容和思想，然后则是运用产出的话语对观众产生影响，整体来说是解说员通过话语运用为观众带来更好的观赛体验。在赛事的转播中，解说话语和画面声音的结合能够为观众带来身临其境的观感，解说员不仅可以对赛程局势进行描述、评价，还起到带动观众情绪的作用。从以

[①] 王思行，七煌原初，上海竞迹.电子竞技赛事解说与表达艺术[M].北京:清华大学出版社,2020.

上分析来看,电子竞技解说可以被视为一种言语行为,研究者从语用学的视角对电子竞技解说的话语进行分析,结合网络转播画面形成的语境来分析话语对观众产生或者达到了什么效果。

言语行为理论的创始人是英国著名哲学家奥斯汀(Austin),他提出了言语行为的三种行为模式,即"话语行为""以言行事行为""以言取效行为"。首先,"话语行为"也被称作"言内行为",指人说话这一行为本身,包括发出音节、说出词语句子。这一行为本身并不能构成完整的言语行为,需要结合"以言行事行为"或者"以言取效行为"。其次,"以言行事行为"也称作"言外行为",通过说话来做事,从而达到传递信息、表达意愿等目的。其中"言外行为"的实现离不开"言内行为"。最后,"以言取效行为",即"言后行为",指说话这一行为使得听话人受到说话人影响所产生的结果。在赛事解说过程中,对解说员的话语可以通过以上三种行为模式进行分析。解说员先要产生"发声"和"发语"这一系列行为,然后通过说出的话语对赛事进行描述或者评价,最后达到让观众理解或者产生共鸣的目的。[1]

从使用与满足理论的角度来看,要确保电子竞技受众在观看赛事时获得满足,首先就必须保证受众在观看比赛画面的同时,还能对比赛的形势有相应的了解,并充分感受到竞赛紧张激烈的氛围。这就需要电竞解说员对比赛进行相应地讲解,并针对竞赛的形势进行思考及预判,适时进行气氛的烘托,以吸引更多观众。此外,观众在观看电竞比赛时也需要对赛制、选手背景、所用的英雄角色、各英雄的技能,甚至整个赛程的走向等有相应的了解,所以在使用与满足理论视角下,电竞讲解必不可少,责任重大。[2]

2. 实践基础

(1)赛事基础。电子竞技赛事基础知识是电子竞技解说员必备的实践基础之一。每个赛事的发展历程与演变都蕴含着浓郁的电子竞技文化和丰富的内

---

[1] 彭露璐.言语行为视角下的电子竞技解说话语分析[J].兰州文理学院学报(社会科学版),2018,34(1):114-118.

[2] 张梦娇.当前我国电竞解说与思考[J].大众文艺,2018(18):229-230.

涵。而不同的电子竞技比赛项目中，又存在着各种不同的赛事规则与赛事机制。赛事举办方会根据参赛人数的多少、比赛的观赏性、比赛的公平性、比赛项目中的随机性等各个方面的因素调整赛制。作为电子竞技解说员，只有充分了解赛事和赛制，才能对比赛的细节进行详细解读，对选手的做法做出专业解释，对观众的疑问做出合理的回答。

（2）游戏基础。解说是一项创造性的活动，作为创作主体的解说员必须具备一定的与播音员相似的能力，然后根据创作内容的主要特点自主发挥。解说员在强化政治观念、提高业务水平、扩大知识结构的同时，更需要积累一定的游戏知识，明确游戏项目之间的差异，储备游戏背景知识，熟练掌握游戏术语，这些都是电子竞技解说员必须要具备的实践基础。

（3）语言表达基础。电子竞技解说是以语言为主要载体将内容进行传播的艺术，其来源于生活语言，但高于生活语言，不仅要求语言规范清晰，还要求感染力强、变化丰富。艺术化的语言要求字音规范清晰，用声自然持久，并且能够根据内容、情感和语境的变化而变化。

电子竞技解说语言表达的对象感是表达基础的重要一环，是指使解说员和观众产生交流感的一种心理技巧。解说员在解说时，通常都在一个相对封闭的空间进行语言及副语言信息的传播活动，解说员的眼前是屏幕、镜头和话筒。在看不见受众也不了解受众群体的情况下，解说员需要通过设想对象的存在及反应来感知受众的心理、愿望、情绪等。一方面，解说员要对听众、观众进行具体设想，依据稿件提供的信息对观众的心理进行分析，使播音有的放矢；另一方面，解说员要时时刻刻地在想象中感受听众、观众的存在和反应，由此激起自己更强烈的播讲愿望，用更饱满的感情强化播音的语言表达，在情感上与受众交流呼应。

除了对象感之外，电子竞技解说语言表达的停连和重音也是重要元素。首先，解说以语言作为信息的载体，具有稍纵即逝的特点，因此应该保证听感上的清晰，而听感上的清晰来源于字音的清晰。其次需要注意的是表意上的清晰，通过停连、重音等表达技巧促进听者对语义的理解。停连，顾名思义是指停顿和连接，两者就像一扇门，有开门就必定有关门。从稿件的第一句话到稿件的最后一句话，停顿和连接如影随形。停顿的位置、时间长短和连接的方法需要根据稿件的内容和表情达意的目的来确定,正确和恰当的停连能够加强受众对内容的理解和感受。重音是指朗读或说话时需要强调突出的词、短语或者某个音节,特指语句重音,不包括词语的轻重音格式。想要突出强调重音,归根结底需要对比。因此,强调重音的方式并不是只有加重音强,也可以通过轻重缓急、高低虚实的方式组合呈现,原则就是形成对比,合情合境。

另外,语气是电子竞技解说语言表达的重要技巧之一,是在具体的思想感情支配下的具体语句的声音形式。出于全篇稿件和整个思想感情的运动状态的要求,各个语句的内涵不同,语言环境不同,每个语句必然呈现出不同的感情色彩和分量,并表现为千差万别的声音形式。语气的色彩和分量是语句的灵魂,但必须固定在一定声音、气息的形式和形态中。语句中所包含的是非、爱憎等不同程度的区别也称分寸或火候,其分量的差异要具体把握,并要在表达中用重度、中度、轻度加以分别。

电子竞技解说语言表达的节奏对解说整体效果的影响也同样很大。节奏是自然、社会和人的活动中一种与韵律结伴而行的有规律的突变。用反复、对应等形式把各种变化因素加以组织,构成前后连贯的有序整体。节奏不仅限于声音层面,景物的运动和情感的运动也会形成节奏。节奏变化为事物发展本源,为艺术美之灵魂,也是有声语言表达之灵魂。节奏可以帮助解说员表达思想感情起伏所造成的抑扬顿挫、轻重缓急的回环往复。具体说来,在电子竞技解说中,节奏的运用方法有:欲抑先扬,欲扬先抑;欲停先连,欲连先停;欲轻先重,欲重先轻;欲快先慢,欲慢先快。类型有:轻快型(多扬少抑,语速较快,轻巧明丽,语气转换较轻快)、凝重型(多抑少扬,多重少轻,语势平稳,顿挫较多)、低沉型(声音偏沉,语势多为下山型,语速缓慢)、高亢型(声音明亮高昂,语势多为上山型,语速偏快)、舒缓型(声音轻松明亮,语势轻柔舒展,语速徐缓)、紧张型(多扬少抑,多重少轻,语速快,气息促,语言密度大)。

电竞解说一般是无稿的口语表达,虽然也要遵循语言表达的基本规律,但由于没有稿件为依托,即兴因素多,因此又有其自身的创作特点,以下为解说语言口语表达的基本创作要求:①语意清晰。语意清晰可以从两个方面来看,一方面是字音的清晰度和悦耳度,悦耳动听的话语声更容易吸引人们的注意力,更有利于信息内容的有效传递,能给听者带来审美上的享受;另一方面是语意清晰还指有声语言表达层面的清晰。语言由语音、词汇和语法规范构成,想要达到语意清晰,还应该注意用词和语法的规范性,并且合理地使用停连、重音等外部技巧。②语言流畅。解说工作还要求解说员的口语表达具有较高的流畅度,一是因为一场解说通常持续时间长,解说员从头到尾持续解说,应尽量一气呵成;二是由于直播和解说的实时性,赛况和画面瞬息万变、稍纵即逝。基于这两点特性,如果解说员的语言不够专业,磕磕绊绊,则大大影响解说效果,赛事的完整度也将大打折扣。③语言艺术。好的解说首先往往信息量丰富、内容充实;其次是言之有理,其中的"理"指逻辑和条理,口语表达的逻辑应该尽量符合规范的语言逻辑,并且应符合事物发展变化的规律顺序,有条有理;再次是言之有情,电子竞技是一项充满激情的文化,如果解说过于理性,则很难让场内场外连成一线共享竞技带来的热情;最后是言之有趣,一段解说如果平铺直叙、索然无味,则会让观众昏昏欲睡,而一段解说如果生动有趣,则会让观众兴致盎然、意犹未尽。

(四) 电子竞技解说员的角色功能与素质概述

1. 电子竞技解说员的角色功能

电子竞技解说员是连接观众与电竞游戏视频的桥梁,是媒体从业者,是电子竞技赛事精神的弘扬者,也是电子竞技观众。一职多角的电子竞技解说员同样有着众多的功能——传播功能、社会功能、教育功能和娱乐功能。

1) 传播功能

信息传播功能。传播信息是电子竞技解说的基本功能,也是解说的基本目的之一。电子竞技解说员的主要角色之一是媒体从业者,而媒体人本身就是信息搜集者和传播者,他们搜集赛事现场信息,并将信息整合后发布给观众,达到信息传播的目的。所以,电子竞技解说在一定意义上就是与比赛同时进行的新闻现场报道。一场电子竞技赛事会涉及大量技巧、战术、规则及背景等方面的知识和信息,观众对比赛相关信息了解得越多,观看比赛的体验就越好,比赛传播的效果也就越好。这需要较高的应变能力和语言表达能力，更要求解说员全方位地了解所解说的游戏。小到技能名称，大到实际操作，都要有所涉猎。电子竞技解说员不仅要将信息真实、准确地报告给观众，让观众对赛事有客观准确的了解和判断，而且要就赛场上的变动提出富有见地的观点和意见，以满足观众深入了解比赛过程变化的欲望。此外，信息传播要注意与不同赛事的普及程度相结合，对普及程度高的游戏种类要注意介绍更深的专业知识，对观众不太熟悉的游戏多介绍普及性的专业信息。

情绪传播功能。电子竞技解说员首先是赛事的观众，其次才是向其他观众传递信息的解说员，他们除了要将自己看到的比赛情况和了解的电子竞技知识传播给受众外，还发挥着情绪传播的功能。情绪传播也是电子竞技解说员表达的一种重要方式，因为电子竞技比赛的即时性和刺激性，观众在观看比赛时往往伴随着紧张的心理状态，情绪会随着比赛的节奏而波动。解说员作为传播者，在传播信息时可以适当融入部分表演色彩，从而增强传播的效果。同时，解说员置身于紧张的游戏氛围之中，被现场气氛所感染，情绪化的传播在所难免。所以，电竞解说并不存在真正意义上的"绝对客观立场"，电子竞技解说员要注意适时适量表达情感，将快乐的情绪传播出去，及时疏导观众的悲伤情绪，让解说更显自然、更有张力。

形象传播功能。电子竞技解说员的形象传播功能主要涵盖三个对象：选手形象、解说员形象和国家形象。这里的选手形象是指在电子竞技解说中，通过解说员生动的语言描述、形象的技法点评，可以让观众感受到的选手的竞技形象。解说员在描述选手形象时不应该掺杂个人情感，过分美化或诋毁选手都是有悖解说原则与职业道德的。电子竞技解说员的形象包含外在形象（语言、外貌、表情、手势、体态、服饰、妆容等）和内在形象（性格、气质、风度、修养等）。解说员的形象不是一蹴而就的，而是在长期的解说中逐渐形成的。国家形象是指公众对于一个国家的整体印象的认知、反映和评价。在国际性的电子竞技赛事直播中，观众对我国形象的认识主要来自参赛选手与解说员的言行举止，因此解说员的形象和表达对国家形象具有不容小觑的影响力。例如，当我国选手发挥优异、摘金夺银时，解说员既要表达自己的民族自豪感，也应该由衷地尊重每一位运动员，尊重他们的国度，尊重他们的人格，让世界各国的运动员都能感受到中国"礼仪之邦"的风范。

2）社会功能

一个优秀的电子竞技解说员必须有鲜明的政治、社会与大局意识。发挥解说的舆论导向、信息共享、认知共识、愉悦共鸣等社会功能，这是电子竞技解说员的重要职责和任务。具体包括以下三方面的功能。

政治功能。在解说过程中提高自身政治素养，维护国家利益，把握正确的舆论导向始终是电子竞技解说员需要通过的第一关。一场比赛的胜负易使人们联想到国家、地域、民族的荣誉与尊严，而我国选手在游戏中的表现和电子竞技解说员的现场解说能让观众领略到顽强拼搏的电子竞技精神，更能激起观众的爱国热情。参赛队伍获得国际性赛事奖牌，不仅会获得国际认可，更能提高中华民族威望、振奋中华民族精神。所以电子竞技解说员始终要站在国家的立场上，维护国家利益，利用赛事平台，一方面加强与国际电子竞技队伍、工作人员的交流，另一方面弘扬电子竞技精神和爱国主义精神。

经济功能。它是指电子竞技在社会经济发展中衍生的各种经济能力，也是电子竞技解说员的一种间接功能。随着电子竞技赛事商业化程度的不断提高，电子竞技解说作为赛事直播的核心必然会参与到赛事营销和媒介营销中。目前，常见的营销方式有：在电子竞技赛事直播中穿插介绍游戏厂商的新产品或新网游地址的广告，将品牌元素融入解说员的服装、装备中，穿插互动性的竞猜类节目。

文化功能。电子竞技解说也是一种文化活动，是彰显电子竞技文化、电子竞技精神的重要途径。线下比赛场地内外的风土人情，不同国家和民族的选手在赛场上的各种行为和价值观念，乃至电子竞技比赛中的公平竞争、团结友谊等精神，都处处展现着电子竞技文化。因此，一方面，电子竞技解说员应该注重人文关怀，展现对人这一主体的尊重、理解和关注；另一方面，电子竞技解说员本身的语言、服饰、价值观念、表达情感的方式也在一定程度上体现着一个民族和一个国家的文化，具备文化价值和精神价值。

3）教育功能

电子竞技解说员在解说游戏的同时也在传递电竞领域的专业知识，因此有教育功能。

讲解知识功能。电子竞技赛事的观众具有广泛性,既有对电子竞技比赛非常熟悉的电子竞技迷,也有对电子竞技比赛不甚了解的普通观众。所以在电子竞技解说中,电子竞技解说员必须具有一定的写作能力、采访能力、现场应变能力,以及游戏相关专业理论和知识。解说员需要传播的知识一般包括比赛性质、选手背景、战队历史、游戏术语、技术特点,以及与比赛相关的国内外人文、地理、历史知识及赛事预告等。解说时,解说员不仅要描述操作、说明战术运用、分析赛场上的纠纷疑点,还需要对选手操作的后果进行评价,揭示他们的行为与比赛进程的相互联系,或适当地提出相关的改进意见。需要注意的是,电子竞技解说员讲解知识的前提是掌握相关知识,并且要保证这些知识的正确性。同时,知识的讲解要与游戏项目的普及程度相结合,对于普及程度高的项目需要介绍更深刻的专业知识,对不为多数观众熟悉的项目要介绍普及性的一般知识。

启迪思想功能。电子竞技解说员通过讲解和评论,普及电子竞技知识、描述游戏现象、揭示游戏中的规律,使具备一定水平的观众能够进一步了解电子竞技的乐趣所在,也在娱乐中启迪思想、开拓视野,让他们学习电子竞技甚至其他方面的知识。

4)娱乐功能

电子竞技本身就是娱乐属性较强的产业,而由于电子竞技赛事的紧张进程和解说员不乏幽默的解读评论,自然会带给观众更多的娱乐享受。电子竞技解说员通过结合游戏画面、运用语言技巧,饱含情感地解读电子竞技赛事,赋予赛事艺术和美的价值,满足观众在视听之中了解电子竞技游戏、看懂电子竞技比赛、放松心情、获得愉悦享受的需求,这整个过程其实就发挥了电子竞技解说的娱乐功能。

2. 电子竞技解说员的素质要求

随着社会的进步、科学的发展及物质文明的不断进步,人们对娱乐方式的要求日益提高,电子竞技在此背景下多元化地发展,其相关职业——电子竞技解说也充满了竞争和压力。电子竞技解说角色在电子竞技产业中发挥着越来越重要的作用,受众对电子竞技解说的"个性化"要求也越来越高,他们需要解说员用优质的语言艺术增强游戏的观看体验、丰富他们的精神生活。为了适应新时期电子竞技工作的变化,电子竞技解说员必须提高自身的职业素养。

(1)合格的政治素质。政治素质是个人的政治方向、政治立场、政治观念、政治态度、政治理想、政治信仰、政治技能的综合表现。电子竞技解说员应学习政治理论,提高思想认识,既要有坚定的政治立场、鲜明的政治观点、丰富的政治理论,以及强烈的社会责任感,又要积极宣扬先进的思想和优秀的文化,避免狭隘的民族主义;应坚持用政治眼光看问题,从政治高度理解电子竞技,提高自身解说的政治品位和思想内涵,要树立正确的世界观、人生观、价值观,发扬积极健康的电子竞技精神,恪守良好的社会道德风尚,传播爱国主义精神,自觉弘扬主旋律,积极传递正能量。

(2)较强的法律观念。我国是社会主义法治国家,置身于社会的任何一个人都无权逾越法律行事。电子竞技解说员作为大众传播者,更需要增强法制观念,做到懂法、守法,自觉养成法律意识,掌握法律技能,依法行使自己享有的权利,履行自己应尽的义务;遇到纠纷和争议时积极寻求法律途径解决,运用法律的武器维护自己的合法权利,同时自觉主动地抵制破坏法律和秩序的行为。

(3)良好的道德素质。道德素质是人们道德认识和道德行为水平的综合反映,既包含人的道德修养和道德情操,又体现人的道德水平和道德风貌,是做人的根本。当人们在工作岗位上,职业道德尤为重要。职业道德是社会道德在职业生活中的具体体现,是同职业活动紧密联系的道德准则、道德情操与道德品质的总和,它既是从业人员在进行职业活动时应遵循的行为准则与规范,又是从业人员对社会所应承担的道德责任和义务。电子竞技解说员必须具有良好的职业道德素质,以及优秀的思想品质和高尚的道德情操,才有可能成为一名称职的被观众喜爱的解说员。

(4)健康的身心素质。在精彩的电子竞技赛事背后,解说员承受着巨大的工作压力——赛前要做好充分的案头准备,补充相关知识;赛中要根据跌宕起伏的游戏进程进行解说,在悲喜交加中敏捷地应对各种突发事件,尽量避免出错,一旦犯错就要面对成百上千的观众的批评和指责。要完成一次高质量的解说，解说员也需要对观众具备一定的心理分析能力，在日常工作中应努力培养敏锐的观察力，学会"察言观色"。如此高强度、强压力的工作对解说员的身心素质都提出了极高的要求，解说员必须具备良好的身体素质和强大的心理承受能力。

（5）全面的文化素质。电子竞技解说作为综合性艺术，在满足观众精神体验的同时又要传播电子竞技文化，这就对电子竞技解说的素质提出了较高的要求。对于电子竞技解说员而言，文化素质不只是专业技术方面的知识，更多的是人文社科类的知识，包括哲学、历史、文学、社会学等各个方面。电子竞技解说员文化素养的高低直接决定了其对电子竞技赛事理解的深浅，也能反映出其对艺术追求的雅和俗。所以，解说员需要在提供相关信息的同时把握所有人的情绪，为他们提供所需要的文化信息，此类内容不仅能引起观众的兴趣，还可以在一定程度上引发共鸣。优秀的电子竞技解说员需要具备全面的文化素养，深刻理解电子竞技赛事所体现的电子竞技文化的深层内涵及时代意义，并在此理解上将电子竞技解说做到极致。

（6）优秀的专业素质。专业素质是指个人从事某项工作和开展某项活动所具备的特有能力。电子竞技解说员是否能胜任解说工作，这与其解说能力素质的高低有直接关系。一个优秀的电子竞技解说员除了要有一定的天赋之外，还需要不断实践学习，提高个人的能力素质。电子竞技比赛的过程和结果都具有不可预知性，电子竞技解说员需要具备如表达、理解、互动、相关反应和口述等各种语言表达技巧。因此，解说员不仅应该具备优秀的语言表达能力、敏锐的观察力、独到的分析能力，还要有灵活的应变能力和较强的创新能力。

拓展阅读

《英雄联盟》赛事解说语言的特点

（1）语音特点。在《英雄联盟》比赛中，为调动情绪、烘托气氛，解说员在选用解说语言时常在句尾使用开口呼（音韵学术语）的字词。在现代汉语拼音中，有 15 个韵母属于开口呼，分别是-i（前、后）、a、o、e、ê、er、ai、ei、ao、ou、an、en、ang、eng。开口呼与齐齿呼、合口呼、撮口呼合称为"四呼"，开口呼的音是四呼中语音响亮度最高的，在电竞解说话语中更能体现语音的响亮和情绪的起伏，有助于解说员带动现场气氛，调动现场观众积极的情绪。当解说中所用短句的最后一个字的韵母为"ing、eng、ai、ou、an、ang、i、a、e、en、ao"时，均属于开口呼，开口呼字词的开口度较大，音色相对响亮饱满，传达的情绪也是向上的、高昂的。这些短句的语势均为上升类，配合开口呼的结尾有效地调动了解说员的情绪，同时也能将观众的积极情绪调动起来，达到良好的传播效果。

（2）语法特点。《英雄联盟》比赛是现场直播解说的形式，比赛进程瞬息万变，节奏十分紧凑。解说员要时刻保持专注度，对比赛进行同步解说，所以用句多为简单句，便于直接表现比赛内容，将有效的比赛信息第一时间传递给观众。同时较多使用实义动词，以便于在第一时间说明选手的操作、意图。例如2018英雄联盟S8全球总决赛半决赛iG对阵G2第三场比赛的大龙团战解说："iG抢住视野后开始直接动火龙，有一个剑魔的TP，想抢没抢到，就杀这个青钢影，先杀青钢影……Ning王的血量有点低了，这个位置Ning很危险，一脚踢走Perkz……小心这边的刀妹……Baolan反手一个大招把所有人都击飞，the shy被定住了，那追击有点难……魔影迷踪赶紧回来，the shy这边要赶紧撤了啊……"这段团战解说用了24句话，共183个字，句法十分简单，整体以实义动词为表述核心，如"抢、杀、踢、击飞、定、追击"等，连续使用实义动词，简单有效，便于及时表述比赛状态和选手操作。普遍使用简单句中的主谓句结构，如"青钢影有一个秒表""Ning王的血量有点低了"等用以介绍选手状态，以便观众第一时间关注到比赛场上关键选手状况和装备情况。这样的语法运用使解说员在变幻莫测的比赛中能有效快捷地捕捉到专业信息并及时传递给观众，给观众带来更好的体验。

第十章

电子竞技直播

电子竞技网络直播是电子竞技产业的重要组成部分,对电子竞技运动发展发挥着双重作用,既能借助网络媒体普及电子竞技运动,又是电竞产业盈利的重要来源。

媒体传播是电子竞技扩大影响力的重要手段,媒体对电子竞技的报道,是提升电竞知名度、社会认同度,促进全民广泛参与电竞行业的重要推手。尤其在国内,以往的大众媒体时代,电子竞技尚未受到主流认可,媒体对其报道较少,并且在认识上存在误区,将其与游戏混为一谈,致使电竞被污名化,因此媒体对电竞传播起到的作用较小,甚至增添负面影响。

在网络媒体时代,由于自媒体和社交媒体的诞生,虚拟空间中个体的声量加强、表达自由,多元内容涌现,电子竞技等"主流之外"的题材也获得了广泛传播,基于共同爱好的个体主动传播电竞文化,帮助其扩大影响力。同时,电子竞技产业的发展也使得电子竞技运动进一步规范化,人们对其的认识更加全面,使其获得更广泛的社会认同,相应地,有关电子竞技的报道与传播也逐渐增加。其中最重要的就是对赛事的报道与传播增加,赛事既能体现出电竞与游戏的重要差异,又能够反映电子竞技运动的体育性与竞技性。

媒体技术变化改变了电竞赛事传播的方式,网络直播在如今的赛事传播中发挥着重要作用。采用与传统体育直播类似的模式,更能凸显电竞赛事的体育特性、正规性;同时适应电子竞技运动特点,增添新技术手段传播电子竞技赛事,不断提升观赛效果,吸引大众关注电子竞技运动。

（一）网络直播概述

1. 网络直播的定义与分类

直播指的是随着现场事件的发生、发展,进行同步内容制作和播出的传播方式,以媒介形式来区分,直播的形式从早期广播、电视,发展到网络直播。直播形式使得信息的时效性增强,从即时到实时,使受众跨越空间距离获得在场感。

网络直播的诞生基于互联网技术的发展,借助各种信息接收平台和终端,可以实时传递文字、语音、图像等现场信息,是一种互动性强、真实度高的信息传播方式。网络直播一方面承袭了传统电视直播极强的视听表现力,另一方面又有超越电视直播的传播力,凸显了网络平台的交互性,以及用户按需获取信息的新特征。这一优势使得大量网络直播平台快速发展,近年来,网络直播不再局限于PC平台,还形成了以手机为载体的移动互联网直播平台。

2005年开始,以六间房、YY为代表的PC端秀场直播构成了网络直播的初代形态;2014年,斗鱼、虎牙等垂直游戏内容的视频网站标志着电竞直播带动网络直播市场进入新一轮发展期;2016年,移动端直播App成燎原之势,带动"全民直播"热潮;2018年电商直播"狂飙突进";2020年初传统主流纷纷"下场"加入。[1] 艾媒咨询数据显示,截至2021年6月,中国在线直播用户规模为6.38亿人,占整体网民的63.1%,未来将继续保持持续增长态势。[2]

---

[1] 周勇,郝君怡.嵌入与游离:网络直播用户与主播的准社会交往[J].新闻与写作,2021(12):41-49.

[2] 艾媒咨询.2022年中国直播行业发展现状及市场调研分析报告[EB/OL].(2022-04-15)[2023-03-30].https://report.iimedia.cn/repo13-0/43128.html? acPlatCode=bj&acFrom=bg43128.

中国互联网络信息中心（CNNIC）发布的第 48 次《中国互联网络发展状况统计报告》中将网络直播分为电商直播、游戏直播、真人秀直播、演唱会直播、体育直播。艾媒咨询在中国在线直播行业细分中还增加了教育直播、旅游直播、财经直播。网络直播的种类正随着移动视频时代的到来，不断融入社会各领域，"直播＋"成为一种创新性的力量，改变社会生产与生活的各个方面。

2. 网络直播的特征

1) 传播范围与场景扩张

网络直播是一种开放性的传播方式，实现了跨国、全球的实时传播，同时得益于全球的信息化发展，国家信息技术的推广与普及，网民持续增长，传播广度正不断扩大。CNNIC 第 51 次《中国互联网络发展状况统计报告》显示，截至 2022 年 12 月，我国网民规模达 10.67 亿人次，互联网普及率达 75.6%。我国网络直播用户规模达 7.51 亿人次，占网民整体的 70.3%。

移动互联网发展使得网络直播的时空适应性增强，5G 网络覆盖，智能设备普及，方便受众的多终端、多场景收看。与此同时，网络用户个体也能够成为直播主体，快手、抖音等移动互联网直播平台的搭建帮助用户随时随地地开展网络直播。由此，直播走出固定的演播室、直播间，减少设备需求，全球、全民、全时都能进行网络直播，移动直播成为新景观。

2) 技术还原真实场景

网络直播高频率、低延迟、全方位互动的特点能够打破空间区隔，还原面对面传播，增强真实感、临场感。VR、AR、8K 视频画质等技术为用户带来了"感染性、沉浸式"的体验，让用户置身于"场景"中观看直播，现场的信息得到充分展现，实现了"虚拟的在场"。

网络直播增添了实时互动技术，主播通过弹幕、评论区，能够看到用户的动态反馈，并即时做出调整。主播与用户、用户与用户之间形成的对话也成为直播间的重要内容，用户从被动接受到主动参与内容生产，这极大提升了用户黏性，进一步模拟了现实中的面对面交往。快手直播"庆祝中华人民共和国成立 70 周年阅兵式"活动时，采取"1＋6"多链路直播，并设置主栏目和侧边栏，类似于"多机位直播",提供不同视角、不同空间、不同机位的直播内容。用户通过便捷入口在几个关联直播间互相切换,自己成为"导播"选择观礼视角,在客户端"移步换景",参观阅兵现场。

3）交互性带来情感体验

网络直播改变了传受关系,形成了一种高度互动的人际传播场域,用户与主播之间进行交互性的信息传递,可以自由表达和交流,并通过打赏礼物方式传递情绪,主播与用户之间形成一种"准社会关系"。准社会交往由霍顿(Horton)和沃尔(Wohl)在1956年提出,指受众与媒介人物之间建立起的长期情感纽带。这种社会交往满足了受众的情感需求,影响了受众的媒介使用。

用户发表的弹幕评论不仅是与主播的交流,也是用户之间的交流活动。首先,用户发表的弹幕能够对视频内容形成补充,对直播空白部分进行填充,也可能是说出主播的未尽之言、内容细节。其次,弹幕的互动满足的是一种社交需求,用户之间通过良好的交流,建构起虚拟的网络社区,在此找到兴趣、观点一致的群体,获得认同感、归属感。最后,网络直播的共鸣效应,能够消弭群体孤独,使得用户获得虚拟情感。

4）直播经济效益增长

当前,网络直播通过配合大数据精准匹配、移动支付的技术手段,不断发掘经济效益。网络直播通过打赏、付费观看、广告以及直播电商等模式,持续提升变现能力。

打赏是常见的一种模式,用户通过移动支付购买平台设置的各种虚拟礼物送给主播,主播可以凭这些礼物向平台抽成提现。另一种模式是付费观看,相当于用户需要购买"门票",才能够观看特定的直播内容。当前教育直播中,付费模式已经较为普遍,用户支付课程费用后才能观看相应内容。

主播也会在直播间植入产品广告,借助与粉丝之间的黏性,吸引粉丝购买所推销的产品,以获得广告费。后期专业的"带货博主"出现,直播电商得到发展,2019年被称为直播电商元年,这一商业模式迅速发展,交易规模爆发式增长。一方面,"直播带货"展现了巨大优势,能解决供销难题,刺激消费复苏。另一方面,"直播带货"消费的并不是物本身,而是网红主播所营造的"美好的意义"①。

5)走向主流与规范化

随着线上消费与服务兴起,加上直播平台拥有技术和用户的双重优势,"直播＋"模式逐渐融入社会经济、文化甚至政治领域,为社会蓄势赋能。同时,政府对网络直播的治理与引导日益加强,网络直播不断走向规范化,带动网络直播行业良性发展。

网络直播当前备受国家关注,主流媒体配套网络直播,人民日报社推出"人民直播",2020年疫情期间开展的方舱医院建造"慢直播"获得广泛关注。政府也开始试水直播电商,央视主持人朱广权与带货博主李佳琦合作开展扶贫直播,各地也陆续出现"市长直播助农"等模式。直播也被运用于政府网络问政中,国务院联防联控机制新闻发布会就借助短视频直播进行了疫情防控实时、广泛播报。

针对网络直播中的一些不法行为,政府也正在积极出台管理政策规范,2016年11月,国家互联网信息办公室出台《互联网直播服务管理规定》。2021年2月,国家互联网信息办公室等七个部门联合发布《关于加强网络直播规范管理工作的指导意见》,进一步加强网络直播行业的正面引导和规范管理,重点规范网络打赏行为,推进主播账号分类分级管理,提升直播平台文化品位,促进网络直播行业高质量发展。

(二) 网络直播在电子竞技中的应用

1. 网络直播与电子竞技赛事

电子竞技网络直播指的是网络直播平台以在线实时传输的形式,为观众提供电竞赛事视频。电竞赛事项目的载体是电子游戏,本质上属于竞技体育,因此电竞直播可以列入游戏直播的范畴,但又不完全等同于游戏直播,事实上,电竞直播应当属于体育赛事直播范畴。

---

① 王振江.网络直播现状及5G时代发展趋势[J].青年记者,2021(6):93-94.

而当前电竞赛事直播通常在游戏直播平台开展,体育直播平台往往不包含电竞版块,这与之前电竞一直没有被认知为体育项目有关,也与电竞赛事面向的受众多属于游戏爱好者有关。但这样的分类容易导致大众认为电竞等同于游戏的刻板印象进一步加深,因此还需要在引导上注意强调其体育性。

网络直播之所以成为电竞赛事传播的主要方式,与以下几个方面有关。

第一,网络直播更具临场感、悬念感。

结果的未知性正是实时观看比赛的魅力所在,直播形式同步还原了现场观赛场景,且更具有悬念感,这使得网络直播成为电子竞技赛事传播的核心。体育赛事网络直播可以使观众生动体验到比赛现场激烈竞技的感官刺激,同时可以克服广播电台、电视、报纸等传统媒体的单方向单线条的节目编排模式,给受众带来强大的感染力。① 网络直播通过充分应用流媒体相关技术,加强了对各类元素,诸如文字、声音和图像的高度融合,有效增强了电竞直播的现实感,虚拟在场成为更多人的观赛模式,使得观众获得"不在场"的现场情感体验。

第二,电竞赛事特点有利于网络传播。

电竞赛事项目是电子竞技游戏,因此需要结合游戏本身特性进行传播,游戏具有故事文本与角色设定,玩家可以高度介入,具有情感上的投射,因此,"第一人"的视角能够增强观众的投入度。电竞直播的 OB 视角(observer,观察者视角)与观众自身参与游戏时的视角相似,因此观众具有更强的代入感、沉浸感,其能够进一步调动观众情感,提升传播效果。

另外,网络直播通过后期解说、动画添加、镜头切换等方式增强了电子竞技赛事的观看效果,便于观众理解赛事情况,更便于赛事向更多受众传播。

第三,网络直播助力电竞赛事推广。

随着技术的发展革新,网络直播能以更高的传播速率、更低的延时促成信息的瞬达性,空间距离被打破,直播受众能够同步感知现场信息。此外,网络直播赛事通常可以回放观看,有助于赛事产生持续的传播效果。在全球信息化水平

---

① 潘顺磊,刘江波,杨俊刚.体育赛事网络直播的发展趋势探究:以腾讯体育为例[J].传媒,2020(22):59-61.

不断提高的背景下,更广泛的网络覆盖使得更多元、广泛的受众能够接入其中,网络传播真正做到了全球传播。因此借助网络直播能够扩大赛事影响范围,提升赛事传播效果,对赛事参与的各主体都具有较好的宣传作用,同时还能进一步助力电竞产业发展。

不同平台形成联动,除网络直播平台通过视频直播赛事之外,社交媒体平台中通常也有媒体或观众自发通过文字、图片等方式直播赛事进展,吸引更多人观赛。观众也能够借助社交网络形成实时讨论,加强赛事传播效果。不同形式的传播也满足了受众的不同需求,例如腾讯体育在世界杯报道中推出"视频转播+微博直播"服务,可以满足不能观看视频直播的用户的需求。

第四,交互性提升观赛体验。

不仅网络直播可以让观众体会到更具悬念、观赏度的赛事,而且其互动性可以激发观众的参与热情,使观众找到具有共同兴趣的群体。观众在观看赛事直播时可以通过弹幕、评论区发表意见,与其他正在同步观看游戏的观众进行即时互动,从而使观看电竞直播成为一种社交性活动。观众在观看赛事时可以为自己喜爱的队伍加油助力,也可以分享笑点与观点,讨论比赛走向,共享经验。直播间与解说的设置也增强了这种交互性,现场直播间会阅读一些网友的评论,回答提问,能让参与者感受到尊重和沟通的快乐。这种互动形式建立起一个虚拟社区,满足观众社交需求,丰富观赛感受。

第五,经济效益与社会效益并重。

在经济效益方面,网络直播可以帮助电子竞技赛事变现。

电竞赛事通过网络直播能够聚集更广泛的线上观众,有助于提升赛事知名度,也能够吸引更多的广告赞助,为电子竞技赛事开展提供经济支持,助力赛事活动举办。2021年英雄联盟全球总决赛合作伙伴就包括了梅赛德斯-奔驰、京东、英特尔等多家知名企业,众多品牌的青睐表明了电竞赛事商业价值得到认可。除广告外,出售直播权、转播权给平台,也能够让电竞赛事获得经济利益。

电子竞技赛事的系列商业化运作有助于推动电子竞技运动及电子竞技产业的发展,能够创造更多的工作岗位,例如赛事解说、赛事运营等,吸引更多专业人才加入电子竞技行业,由此进一步提升电子竞技赛事效果。

电竞直播平台方借助赛事也能够获得用户流量,吸引广告赞助,还能够探索付费观看优质赛事的盈利方式。网络直播高效便捷、简单易操作,其收益模式更加符合注意力经济时代的主流趋势,不仅帮助赛事运营方与平台从用户端盈利,也能够促进电竞直播平台未来加强对电竞赛事传播的投入与建设。

赛事网络直播不仅是经济效益上的考量,也是增强体育赛事推广与覆盖效应的有利方式。电子竞技作为新兴体育赛事,亟待传播引导,增强受众认知,网络直播赛事能够让观众体验竞技魅力。电竞直播发展也是对传统体育传播的助力,电竞直播中的技术手段、营销模式的探索与运用也为其他体育活动与赛事网络传播提供借鉴,有助于体育活动与赛事提升传播效果、扩大受众覆盖面。

2. 如何开展电子竞技赛事直播

一场电竞赛事直播的开展,不仅需要有选手的活动、游戏的画面,还需要诸多前后期的准备工作,以及附加的流程和内容,因此需要提前安排人员与设备的配合。

在赛事开展前,需要就赛制、游戏内容进行了解与准备,为对应的赛制与内容安排不同的后期,还需要与参赛的选手进行事前沟通,以保障直播的效果及更好地呈现画面。

同时需要调度工作人员、设备,依据场馆情况布置舞台,其中,解说与导播岗位极大影响着赛事直播。在赛事进行中,现场解说能够为比赛增加看点及趣味性。提升解说专业度,邀请专业选手来解说,不仅能够吸引粉丝,而且能保证解说内容的合理性,专业选手从专业视角为观众解读比赛,提升观众观赛感受。同时专业选手具有光环效应,能够为赛事专业性背书。另外,解说员需要与网友进行直播互动,提升观众的参与感,加强线上线下联动。

导播也是赛事直播中的重要角色,比赛直播中的画面由导播切换呈现,导播对场景、人物等的切换,对机位对调度的切换判断,都会影响受众观赛效果。导播的画面加之后期动画的配合、解说效果的营造,都能够增强受众理解力,烘托赛事传播氛围。

与传统电视转播不同,电竞赛事转播采用两种机位,一种是游戏内的摄像机位(OB 位),另一种是传统的摄像机机位。电竞赛事的核心信号是游戏内的摄像机位信号,也就是 OB 信号,为了全方位展现游戏直播赛况,一般会配置多个 OB 信号源,每个 OB 都由不同的人操作观察赛况,这和体育比赛中的拍摄类似,多个机位拍摄不一样的场景或球员,就是为了全方位地展现比赛画面,而这些游戏画面则需要游戏导演去统筹指挥。[1]

电竞网络直播不局限于视频直播平台,还可以通过与其他媒体联动宣传配合。例如,微博的实时赛况报道,可以以文字、图片、短视频形式进行播报,同时链接直播频道,进行观众引流,扩大赛事观众覆盖面。

3. 国内外电竞直播平台

国内电竞直播平台以虎牙直播、斗鱼 TV、企鹅电竞等为代表。

虎牙直播是以游戏直播为主的弹幕式互动直播平台,前身为 YY 游戏直播,在直播电竞赛事方面采取精品化内容战略,与世界冠军级战队和主播合作,引入国内外赛事直播版权,以打造独家 IP 赛事。2018 年 5 月,虎牙在美国纽交所上市,股票代码为"HUYA",成为中国第一家上市的游戏直播公司。2020 年,虎牙宣布与斗鱼合并,斗鱼成为虎牙私有全资子公司。

斗鱼 TV 以游戏直播为主,涵盖娱乐、综艺、体育等多种直播内容。通过购买主流游戏的赛事版权,转播大型官方赛事,自制高质量电竞赛事,以及上线直播平台和游戏之间的账号数据互通系统等功能,斗鱼不断提升平台用户的活跃度和留存度。2019 年斗鱼赴美上市,2020 年虎牙直播收购斗鱼所有流通股份,斗鱼成为虎牙直播子公司,并从纳斯达克退市。

企鹅电竞是腾讯旗下的移动电竞平台,不仅提供电竞赛事直播,同时也为其合作伙伴提供"一站式赛事解决方案",全方位运营赛事,打造一个开放的赛事内容平台,为电竞赛事提供全方位、立体化、标准化的报道和数据服务。同时,企鹅

---

① 陆学捷.电竞赛事直播技术的实践与思考[J].现代电视技术,2020(6):51-54.

电竞自身也组织了大量非职业赛事,吸引广泛的电竞爱好者参与。

国外电竞直播平台以 Twitch、YouTube Gaming、Mixer、Facebook Gaming 为代表。

Twitch 是一个面向电子游戏的实时流媒体视频平台,2011 年 6 月由贾斯汀·阚(Justin Kan)和艾米特·希尔(Emmett Shear)在旧金山联合创立,包含的游戏种类广泛,用户可以观看赛事视频,实时观看其他玩家的游戏情况,Twitch 还会举办一些与游戏相关的脱口秀、广播节目等,加强自身品牌影响。

YouTube Gaming 是谷歌公司在 2015 年推出的游戏视频流媒体服务,以应用及网站的形式推出,专注于游戏玩家和游戏。YouTube Gaming 中,游戏拥有自己的主页,能将相关话题的视频和直播集中于此,玩家可以精准搜索游戏内容。同时,玩家能够在其中转播实况、录成 YouTube 影片,通过单一网页链接进行社交分享。

2016 年,微软收购了直播服务平台 Beam,2017 年将其改名为 Mixer,聘请热门主播入驻,打造游戏社区,试图与 Twitch、Facebook Gaming、YouTube Gaming 直播平台竞争。但在 2020 年,微软宣布关闭 Mixer,与 Facebook 开展合作,将 Mixer 的用户导向 Facebook Gaming。

Facebook Gaming 是由 Facebook 公司推出的游戏直播应用,主要针对玩家观看及发现游戏。Facebook 通过提供许多诸如《糖果粉碎传奇》(Candy Crush)之类的免费游戏赢得用户的信任,再将用户转移到自己的游戏流媒体应用上,从而获得了极大的用户增长。同时,依托 Facebook 平台用户规模,邀请网红及主播入驻,通过打赏系统,使主播获得变现,Facebook 也可以获得佣金。

(三) 电子竞技直播未来发展方向

1. 当前电子竞技赛事直播中的问题

1) 商业化程度有待提升

由于互联网带来的分享与免费习惯,电竞直播用户对直播内容的付费意愿不高,影响了电竞网络直播的商业盈利。直播平台对电竞赛事直播,需支付相应的版权费,同时还需要支出聘请解说员、推广活动、维护平台、研发技术等费用,所以拓展用户端盈利也是其发展的需求。但对用户来说,网络观赛往往只是娱乐休闲活动,并非刚性需求,因此不愿支出额外费用。

2019年3月,斗鱼试水电竞付费观赛,在梦幻联赛S11直播中,观众需要花费6元办卡才能观看完整的比赛,但观众对这一付费模式表示了较大的不满,因此次日斗鱼就被迫取消强制付费观赛的模式。

另外,电竞网络直播缺少品牌赛事,主要原因在于电子竞技项目的迭代更新速度较快,电竞赛事也必须随之更替,生命周期相较于传统体育赛事更短,相关的人才、平台、资源等都需要配合调整,从而经常面临着难以承接等实际问题,关注赛事的观众也可能发生较大变动,因此不利于培育有持久影响力的品牌化赛事。当前主流电子竞技项目,诸如《英雄联盟》等现象级电子竞技产品均为海外开发商研发,国内厂商则主要承担代理运营的工作。在以赛事为核心的电竞产业链中,由于电竞产品研发商享有产品的知识产权、复制传播权,以及赛事授权等所有权,其在赛事产业链中占据着绝对主导权和话语权,这使得我国电竞产业在市场竞争中长期受制于美、韩等电竞产品研发强国,核心竞争力严重不足。[1]

2)盗播与版权纠纷

网络直播方在直播赛事前,需要向赛事组织方购买赛事的直播权、转播权,购买直播权的公司负责制作比赛的直播信号并进行直播,购买转播权的公司可以转播赛事。电子竞技游戏本身的著作权则属于游戏公司,这是对相关主体权益的保护。但由于我国的司法实践中,对电子竞技赛事直播画面没有明确提出著作权保护,与电子竞技赛事直播权、转播权相关的法律法规尚未完善,致使在当前的电子竞技赛事网络直播中,盗播问题有待规制,一些平台会在未获得授权的情况下擅自直播赛事内容,以牟取较大利润。除了平台为了盈利对赛事进行盗播之外,一些用户也会出于个人目的,借助录屏等方式上传直播内容,导致对

---

[1] 谭青山,孙娟,孔庆波.我国电子竞技赛事发展研究[J].体育文化导刊,2018(12):56－60＋65.

直播方利益的损害。

2015 年中国首例电竞直播纠纷案——"耀宇诉斗鱼侵权案"中，耀宇公司合作《刀塔2》游戏运营商，获得了赛事在中国的独家转播权，而斗鱼公司在未经授权的情况下，以客户端旁观模式截取游戏画面对赛事进行了实时直播。虽然最终法院判决斗鱼公司构成不正当竞争，且需进行经济赔偿，但法院认为电竞直播画面是选手按照游戏规则，通过各种操作形成的动态画面，都是在游戏设计运行范围内实现，比赛过程具有随机性和不可复制性，比赛结果具有不确定性，与一般的体育赛事具有相似性，故并未认定电竞赛事直播画面享有著作权。

迄今为止学术界对电竞赛事直播画面是否构成"作品"而享有著作权也尚存争议，一些学者认为需要考虑到在电子竞技赛事直播中，除了有游戏画面外，还包含赛事主办方制作画面、解说者内容产出以及导播对于各镜头切换以呈现整体比赛过程等创作活动，这些活动凝聚了各个参与者的创造性劳动。

3）直播技术有待提升

一方面，电竞赛事视频直播的清晰度、流畅度、延迟率会影响比赛的呈现效果与用户的观感，这就对直播制作技术提出了更高要求。视频制作技术包含视频数据采集、数据编码、数据压缩等过程。电子竞技赛事直播对视频分辨率、视频码率与清晰度的要求较高，制作难度相对较大。若要呈现高清画面，视频流的数据规模必须较大，网络速率不够高时就会导致卡顿，影响观赛。2019 年 LPL 夏季赛 VG 战队对阵 V5 战队的比赛，因直播卡屏，赛事被迫中断 3 小时，最终官方宣布重赛，这引起观众较大的不满。

另一方面，直播画面的技术呈现方式也影响直播效果。在电竞赛事网络直播中，往往需要通过后期动画展示赛事进展、双方信息等，通过导播设置画面展示现场与游戏的各个视角，从而让观众更加全面地了解赛事，并能够个性化地选择观赛视角，提升观赛体验。但实际直播中，受制于人员、机位等因素，电子竞技赛事的线上直播只能为受众提供有限角度与特定对象的动态内容。

4）受网络游戏直播影响

电竞与游戏的界线长期以来较为模糊，导致电竞直播往往被等同于游戏直播，并且当前平台在划分内容类别时，也往往将电竞内容与其他游戏内容混合,消弭了赛事的竞技体验,损害了电竞专业度。当前网络游戏直播存在许多不文明行为,例如主播的媚俗化,以及一些不健康游戏观念和内容的传播,导致电竞直播受到波及,给大众留下负面印象。电竞长期被污名化,虽然其受众群体数量逐年激增,但始终难以突破文化圈层,作为体育活动的全民推广效果不佳。

当前中国电子竞技职业选手收入水平虽然不低,但与之形成对比的是大量游戏主播的收入不断提升,尤其是电竞明星转向游戏主播后,往往能凭借粉丝效应获得大量变现,这也导致各大直播平台为吸引观众而寻求电竞选手加入游戏直播。不少职业选手放弃职业生涯转行成为游戏主播,这侧面导致电竞运动员的人才流失,不利于电竞产业的可持续发展。

2. 电竞直播未来发展方向

1)商业化

电竞直播平台已经成为电竞产业发展中的重要主体,需要进一步优化平台的盈利模式,实现立体化经营。一方面,需要加强与上游游戏运营商的合作,建立起体系化且稳定的直播模式,丰富直播赛事项目,增加用户选择的多样性。另一方面,与赛事举办方合作,或者依托平台自身、游戏公司打造电竞赛事品牌,拓展电竞直播附加值空间[①],增强长期运营能力,稳定吸引关注,形成品牌效应,吸引广告商与用户。

同时,可以继续探索付费观看模式,通过精准化营销,提供内容定制化服务,以此推动用户付费意愿。腾讯体育推出的点播模式,就能够为其付费会员提供感兴趣的优质赛事内容,用户在付费后即可获得更优质的观赛体验;也可以推出技术观看付费,例如采取普通直播免费,VR视频收费的模式,供用户选择,以更高质量的产品内容吸引付费。

2)规范化

在电竞网络直播开展过程中,法律化与规范化是必然的方向。在法律法规

---

① 李刚.电竞直播平台传播存在的问题与对策[J].传媒,2018(18):64-65.

尚未修改完善之前，已有的司法解释和个案中的法律解释，都可以作为企业维护自身权益的武器。随着企业实践的需要，法律规范也必将逐步完善，进一步确认电子竞技赛事版权问题。

2015 年，腾讯、乐视和新浪就曾经联合成立"互联网体育知识产权保护联盟"，电子竞技赛事也可以效仿此类模式，在行业内形成联合，保护电子竞技赛事的版权，打击盗播，保护赛事运营。

技术引入也将成为保护版权的有效手段，以区块链技术为代表，当前我国多项版权保护实现了突破。区块链技术能够通过算法快速登记版权，并能全面溯源传播内容，为遭遇侵权后的司法取证提供帮助。

3）技术化

未来的传播技术发展必将进一步助力电竞网络直播优化。从呈现技术上，AR、VR 等技术加强了线上观赛的虚实合一，具有交互性、沉浸性等特点，能够提升用户体验，带来智能化、具身化的观赛模式。2019 年武汉军运会直播就采用了"5G＋4K/VR"的技术手段，带来全景式观赛体验，观众借助 VR 头盔即可实现"虚拟在场"。

将虚拟现实技术与大数据、社交媒体实时互动进一步融合，更易改善赛事呈现效果，激发用户心流体验。美国的 LiveLike 就是一个体育社交 VR 平台，在进行 VR 直播时融入了实时赛事数据、精彩镜头回放，并加入 Facebook 关系链，使得观众在观赛的同时能与好友进行讨论互动，还增加了赛事在社交链条上的传播。

移动直播也是未来电竞网络直播的趋势，移动直播契合用户碎片化、多场景观赛的需求。平台操作系统也将进一步优化，提供更便捷的操作体验，以提升用户使用感受。例如可以将直播互动方式进一步改良，增添互动者属性区分功能，诸如城市、战队等关键词将成为互动区划分的依据，由此使观众获得身份认同与归属感，并进一步放大网络直播的互动陪伴属性。

4）全民化

未来电子竞技赛事应当进一步向体育赛事靠拢，逐步开启全民观赛，因此可以通过拓展直播主体，辐射更多元的受众群体。当前，我国电竞赛事传播主要依托于互联网传播，在传统媒体领域却鲜有建树，未来需要加强与传统媒体的交流和合作,促进赛事传播渠道的多元化发展,例如在体育电视频道探索赛事播出,邀请专家与电竞业内人士解答受众对电竞的疑问,不断扩展电竞运动的传播范围。

主流媒体更具有权威性、专业性,社会影响力更大,能辐射更广的受众,并且在引导社会舆论走向、调动社会情绪情感方面,发挥着重要作用。因此借助主流媒体参与赛事直播,能够加速推动电子竞技去污名化,加速社会环境对电子竞技运动的认可,使电子竞技产业发展获得更多的社会力量。与传统主流媒体合作,获得这些媒体的助力,既能够借助其人才、设备,学习到相关传播经验,也能扩大赛事影响力,为电竞"正名",使得电竞赛事进一步向体育赛事靠拢。

拓展阅读

国内第一档电子竞技电视节目

2003 年,中央电视台体育频道开通了国内第一个电竞节目《电子竞技世界》,这是一档以体育类电子竞技游戏为主要节目内容的电视周播栏目,深受广大电子竞技玩家的喜爱。节目于 2003 年 4 月 4 日开播,于 2004 年 6 月 4 日停播,由以下几个板块组成。

《电玩制高点》:新闻资讯类板块。其介绍最新的电玩游戏、最有影响力的游戏制作公司、与电玩有关的各类软硬件产品、业内发展的最新动态。栏目除了自己采制国内外相关新闻之外,还通过体育频道购买了英国著名的游戏视频制作公司 GAMERTV 的资讯产品,并与全球最大的游戏资讯网站 GAMESPOT 合作,以获取最迅捷、最权威的游戏资讯。此外,栏目还会定期发布欧美、亚洲及中国的游戏销售排行榜,一些流行游戏的玩家排行榜等。

《少数派报告》:述评类板块。其内容为业内焦点的专业述评。电子竞技产业具有很强的产业辐射作用,当时这一产业在中国还处在发展雏形阶段,因此必然会产生许多热点、焦点。这一板块以编辑部的视角对这些热点、焦点进行关注,以树立栏目在行业内的权威评论地位,弘扬正确的舆论导向,促进产业的健康发展。

《抢滩登陆》：专业资讯类板块。其内容为体育竞技类游戏，以及与游戏相关的产品的前瞻、评介。在 PC 平台，以 PS2、XBOX 为代表的电视游戏平台，手机游戏平台，交互电视平台上，每年都会有全新的体育游戏推出，而这一板块向玩家详细介绍这些游戏的特点、玩法及制作内幕。对每一款游戏和硬件都有权威人士进行详细评分。

《游戏先锋》：人物类板块。其介绍业内精英的介入方式、思想见地。在电子竞技产业中的人物群像中，有国内外的游戏明星，他们所代表的游戏玩家需要得到社会的认可；有投身其中的游戏制作公司、游戏运营公司的代表人物，他们的思想和付出的努力，将左右这一产业的发展趋势。游戏明星加上行业内的重量级人物使这一板块成为一个偶像基地。

《竞技场》：赛事类板块。其内容为与体育类电子竞技项目相关的国际、国内赛事报道及转播。这一板块是栏目的重头戏，由于电子竞技的特点，事实上，竞赛已经成了玩家、企业共同关注的焦点，该栏目计划凭借中央电视台体育频道在年轻人中的影响力，组织开发全国性、权威性的电子竞技比赛。

《以 E 当实》：创意类板块。其寻找虚拟电子世界与真实体育世界的结合点，展现全新的多媒体创作空间。

第十一章

电子竞技的内容生产与传播

2011年前后，《英雄联盟》与《刀塔2》在全世界风靡，同时，最早接触电子竞技的90后逐渐成为社会的消费主力。也正是这一年，以王思聪为代表的新生代资本纷纷进入电子竞技产业。在资本和消费主力的作用下，电子竞技产业发展成熟，开始向传统体育产业靠近，制定行业规则，约束不良竞争，规范整个行业的运行。同时，随着游戏厂商发展完善，其主导下的赛事体系也越来越完备，客户端游戏成为主流比赛项目，电子竞技的商业模式也逐渐成形，产业链不断衍生。2016年，直播平台迅速发展，电子竞技产业下游的内容传播也得以落脚，并进一步衍生出电子竞技场馆、电子竞技教育、电子竞技旅游等周边产业，最终形成电子竞技内容生产与传播生态系统。①

　　值得注意的是，电子竞技内容传播已经不仅仅是传统意义上的"一场比赛"或"某类比赛"的传播，其具有包含多个子元素的系统性。赛事内容传播只是电子竞技传播的一个方面，其他与电子竞技赛事紧密相关的一些电子竞技赛事宣传、文化活动、周边营销等"附加"的内容，同样也属于电子竞技传播内容的重要组成部分。②

① 超竞教育,腾讯电竞.电子竞技产业概论[M].北京:高等教育出版社,2019:5.
② 姚舜禹.我国电子竞技赛事的传播研究:以《英雄联盟》赛事为例[D].南京:南京师范大学,2017.

（一）电子竞技的赛事制作

1. 电竞赛事的发展现状

中国的电竞赛事发展现状主要表现为电竞国家队常态化和电竞赛事生态多元化。从电竞赛事的品类来看,在 MOBA 类、战术竞技类和射击类赛事引领行业发展的同时,更多类型的电竞赛事也在快速发展。其中,体育类电竞赛事从2020 年以来广受关注。以 FIFA 电竞赛事为例,除了国内的 FSL 职业联赛及CEFL 中超职业联赛外,国际性赛事的发展使得中国足协开启国家队招募,中国国家电竞足球队及上海电竞集训队的招募与成立,都标志着未来电竞国家队及地方队将越来越常态化;再以 F1 电竞为例,上海久事智慧体育连续三年举办 F1电竞中国冠军赛,持续推动着体育竞速类赛事在国内的发展。此外,主机、VR等相关电竞赛事的成长,将助力电竞赛事生态愈加多元化。①

2. 电竞赛事制作的参与要素

电竞赛事作为体育赛事的子集,具有多样性和复杂性。电竞系统内部各要素之间紧密结合、互相依存,形成系统的特有功能。一项完整的电子竞技赛事必须具备以下几个要素:内容供应方、赛事主办方、赞助商、监管部门、赛事参与者、媒体和用户。

---

① 艾瑞咨询.2021 年中国电竞行业研究报告［EB/OL］.（2021 － 04 － 30）［2022 － 01 － 20］.https://report. iresearch. cn/report/202104/3770. shtml? s＝enable.

中国电竞赛事现状示意图(来源:艾瑞咨询)

　　而究其核心要素,电子竞技作为新兴产业,其发展离不开网络技术的进步,电子竞技赛事的传播同样离不开网络媒体的报道。早期的电子竞技赛事受制于国家政策和网络带宽等系列因素的影响,虽然关注度高,但用户参与渠道十分有限。如今,借助网络直播平台的兴起,电竞赛事受到的关注也异常火爆。电子竞技赛事与传统体育赛事一样,用户首要的关注重点必然是赛事的职业程度,赛事的级别越高,职业程度越高,用户的关注度也会随之增加。其次,由于比赛容易激发一个民族的国家荣誉感,中外对抗的国际赛事是用户参与话题的热点,更能激发观众的观赛热情。同样,媒体的报道也会突出强调不同国度的竞争性来增加话题讨论的热度。因此,举办电子竞技赛事要紧抓这两个热点,向职业化、全球化方向努力。同时,电竞赛事也不能局限于竞赛职业和规模程度,赛事配套的专业解说、赛事感染力与视频直播的质量同样是影响用户观赛的重要因素。由此可见,观众对于电子竞技赛事的要求已经不再局限于一两个方面,而是向多维转变。

　　商业性也是衡量一项电子竞技赛事成功与否的重要指标,电竞赛事商业价值的挖掘不仅要从核心的内容制作抓起,也要把赛事周边的衍生内容制作列入计划,例如职业选手、知名解说及战队的周边产品,还有赛事版权、转播、广告等无形商品。商业模式首先从观赛渠道展开,从线下赛事门票到赛事周边的商品贩卖、交通、住宿和公共服务等;而对于线上观赛渠道,由于互联网平台的特性,付费项目的优势主要集中在去除广告、画面清晰度、专业赛事讲解,以及与现场选手或赛事官方的互动等方面,另外 VR 及 AR 技术也是增值服务的一部分,给观众带来了现场观赛所不具备的体验,比如多视角观看赛事和直观的数据显示。在 5G 主导的未来,互联网属性的产品将会在电竞产业中独占鳌头,线上观赛渠道所能获得的商业价值有可能会超越线下收益。[①]

(二) 电子竞技的数据服务

电子竞技的数据服务包含两个方面的内容:一是赛事的数据分析。传统体育利用数据对选手表现、赛事进行分析,电子竞技也是如此。电竞行业快速发展,实现全产业链的数字化与智能化将是大势所趋,从赛事运营到内容传播,都需要通过数据驱动提升行业效率。目前,电竞比赛中可以沉淀的数据包括运动员的表现数据、比赛的比分数据、战队的表现数据、赞助商的数据等,这些数据的沉淀是升级电竞产业链的基础。二是游戏的数据运营。数据运营即基于流量获取数据,更好地经营用户。以《王者荣耀》为典型的移动端电竞游戏和产品趋于互联网化,更要求重视电竞用户的体验和反馈,数据运营也因此达到新阶段。电竞游戏的数据运营首先需要有科学的方法论做指导,其次需要结合业务的数据指导和技术开发环节来完成。数据收集和分析是实现精细化运营的最关键、最基础的环节。

1. 电竞赛事的数据分析

玩加电竞是一家从赛事数据服务切入电竞产业,同时进行营销策划的综合服务平台,也是游戏数据运营的代表性企业。玩加电竞为游戏俱乐部、游戏厂商等提供电竞数据的收集和分析,例如,通过获取及整理选手和赛事的各项实时数据,协助赛事方在青训选拔、运动员分析、赛事传播、明星选手打造等方面做出科学决策。依靠过往几年数据的积累,玩加电竞可以为一个新设立的战队制订一

---

① 张栗柯.第三方电子竞技赛事运作流程研究[D].新乡:河南师范大学,2018.

套完整的解决方案,如如何训练、如何管理团队等,由此显著提升战队的运营效率。[①]

通过数据观测,除了观察到选手的努力之外,更可以看到俱乐部的特色,还能够看到整个行业的商业价值。因此,玩加电竞刚创立时,便选择从数据切入。它将正在发生的电竞赛事信息做系统性聚合,通过数据来解决游戏门户网站信息过于繁杂的问题。在玩加电竞平台上,玩家们可以很容易地找到相关赛事的各种信息,包括赛事数据战报、视频等。除去这些简单的资讯聚合之外,玩加电竞的核心功能在于基于这些赛事数据产生 PGC(professional generated content,专业生产内容),比如对比赛的详细解读、基于现有数据对比赛趋势的预测等。[②]

在整个电竞行业的发展中,是数据让我们看到了里程碑式的时刻。企鹅智酷在 2018 年的《中国电竞运动行业发展报告》中提到,随着整个行业的商业生态发展越来越成熟,电竞行业市场规模将越来越大。对于现在的联盟和赛事来说,"数据"二字已经成为必需,这也是玩加电竞的数据驱动模式一直在发展的基础。时至今日,玩加电竞已经囊括电竞数据服务、电竞营销服务、电竞社区+工具及MCN 四大业务板块,从一家电竞数据服务商发展为电竞综合服务平台。

玩家可将玩加电竞 App 作为数据查询工具,关注喜欢的战队、队员的成绩、比赛表现等多维度数据;针对俱乐部、游戏厂商,玩加电竞提供电竞数据的收集和分析;针对广告赞助商,玩加电竞通过数据分析电竞赛事、电竞选手、电竞俱乐部和电竞观众,帮其选择适合的品牌形象和精准的投放渠道。玩加电竞甚至基于已有的数据基础,与腾讯电竞达成了合作,并推出了首个电子竞技俱乐部榜单,借此推动电子竞技俱乐部的规范化运营及放大俱乐部的商业价值。

---

① 王洵.36 氪聊电竞:玩加电竞——从电竞数据服务到电竞综合服务平台[EB/OL].(2019 - 05 - 09)[2022 - 01 - 20].https://mp.weixin.qq.com/s/yeBJIJiOTa7Mi766mslAVw.
② 腾讯电竞.数据记录者 王新明:数据是电竞的"史书"|电竞正青春[EB/OL].(2019 - 06 - 04)[2022 - 01 - 20].https://mp.weixin.qq.com/s/yEV462HxATS4ArPoVSq9Hg.

选手数据(来源:腾讯电竞)

2. 电竞游戏的数据分析

结合传统的数据分析方法,完整的电竞游戏数据分析流程分为几个步骤:①电竞游戏数据分析方法论的确定,包括对问题、目标、方法和工具的概述;②电竞游戏数据加工;③电竞游戏数据的统计分析;④提炼演绎;⑤电竞游戏运营的建议方案。

电竞游戏数据分析的第一步是业务理解,此步骤非常重要,需要将电竞游戏的数据分解如下。

首先,基础统计。描述宏观情况,包括电竞用户所在地、活跃度、收入等,数据指标的构建建立在基础统计分析维度上。其次,行为方式分析。针对目标用户群,对用户行为进行分析,选择扩展及保留的用户群,提供服务满足用户的需

玩加电竞服务版图(来源:腾讯电竞)

求。最后,挖掘用户价值。将用户作为运营的中心,尽可能挖掘用户的潜在价值,增强用户黏性,提升用户规模和收益。

电竞游戏数据分析的方式除了从分析用户数据的角度进行外,还可以分析用户的游戏反馈数据,这种方式关注用户对游戏的体验。电竞游戏的数据来源包括数值反馈数据和需求反馈数据。关于数值:电竞游戏本身是个通过数值构建的虚拟社会,整体的运算逻辑是基于数值的,因此和电竞游戏内容相关的数据都属于数值反馈数据,例如用户的关卡、等级和注册转换等就属于此类数值反馈数据。而这类数据的优化和改善将从根本上提升电竞游戏用户的体验,进而降低用户的流失率,提升用户数量和留存率。关于需求:在构建的电竞游戏虚拟社会中,电竞游戏为用户创造出了很多需求,而最典型的就是电竞消费需求。在目前免费游戏盛行的情况下,运营商需要最大限度地激发用户的消费能力和游戏内容透支能力,因此,掌握用户的需求反馈数据将有效帮助开发者优化游戏,进一步提升游戏的变现能力。[①]

---

① 周灵,王莉莉.电竞游戏数据的来源与收集模式分析[J].电子世界,2018(6):144+146.

（三）电子竞技的衍生内容

近年来，随着人们生活方式不断多元化，游戏方式也呈现出多元化的发展趋势，信息技术的不断发展催生电子竞技游戏的繁荣兴盛，使其逐渐成为广大社会群体的热衷对象，由此也带动了我国电子竞技产业的发展与升级。目前看来，游戏作为娱乐方式的重要组成部分，在人们日常生活中扮演着十分重要的角色，电子竞技游戏自身存在的独特优势不仅为人们提供了丰富的精神食粮，同时也不断推动着整个电子竞技产业及其衍生产业的发展与进步。电子竞技游戏通过自身的不断优化升级，在内容形式和表达方式上都推陈出新，并依托于科学技术的升级，从而衍生出了更多的产业形态，也极大地反哺了电子竞技产业，拓宽了电子竞技产业的新发展途径。①

1. 电竞地产

随着人们生活水平的提高、消费思维的转变及娱乐需求的升级，电子竞技用户开始追求更加优质的观赛体验。为了满足用户的需求，电子竞技产业从业者和投资者也在不断尝试将线上的比赛和线下的消费结合，将巨大的观赛流量转化为商业价值。自2017年起，全国各地政府大量出台地产调控政策，房地产逐渐转入了优质资产时代，商业地产开发规划需要考虑用户及未来空间的持续运营、持续增值，亟须找到新潮前沿、能够在客户中形成极高黏性的特色产业，而电子竞技就是其中之一。在此环境下，电子竞技地产应运而生。

1）电子竞技产业园

根据其他产业的经验，产业园作为特定行业的企业区域聚集体，发挥着区域经济发展引擎的作用，具有针对对应行业的吸引力。以珠江创意中心为例，随着入驻公司数量的不断增加，该地致力于完善园区服务，包括为电子竞技企业提供

---

① 邢海涛.电子竞技产业及衍生产业现状研究：以"英雄联盟"为视角[J].太原城市职业技术学院学报，2017(1)：164-166.

更高的上行带宽,尝试在允许的范围内和国外战队进行点对点的连接以方便训练等,一系列措施都使得电子竞技属性不断强化。电子竞技产业园运用产业聚合的方式,汇聚电子竞技人才与合作伙伴,完善职业培训机制,提升产业链上下游的协同效率,通过汇聚年轻一代的从业者和用户,打造综合的电子竞技生态体系。[①]

电竞小镇就是一个较为综合的电竞生态体系,现已有部分政府提出打造电竞小镇,如下表所示。根据项目规划内容,未来我国电竞小镇将会为我国电竞产业创造一大批的就业岗位,同时也能为我国的电竞产业带来新的动力。

我国电竞小镇建设情况

名称	选址	合作方	预计投资额/亿元
腾讯电竞小镇	安徽芜湖	腾讯	未透露
太仓电竞小镇	江苏太仓	科教新城	25
关山电竞小镇	湖南宁乡	宁乡城投集团	150
杭州电竞数娱小镇	杭州下城区	网竞科技	200＋
孟州电竞小镇	河南孟州	华体电竞	20
三峡湾电竞小镇	重庆忠县	大唐电信	50

2）电子竞技场馆

2017年6月,中国体育场馆协会出台了首个《电子竞技场馆建设标准》,这意味着在电竞产业高速发展的今天,电竞场馆对于整个电竞产业发展的重要性已经得到政府部门的充分认可。与此同时,国家体育总局和地方政府还牵头举办了多场全国乃至世界级的电子竞技赛事。这些举措不仅促进了电子竞技产业的发展,也对电子竞技场馆的发展起到了巨大的正面效应。

随着电竞产业的发展,专业电竞场馆纷纷涌现,成为电竞运动宣传的重要阵地,企业投资建造的专业电竞馆屡见不鲜。以联盟电竞为例,联盟电竞由国内多个大型游戏、体育和娱乐公司组成,主要股东是联众世界、空中网和体育之窗。

---

① 超竞教育,腾讯电竞.电子竞技产业概论[M].北京:高等教育出版社,2019:5.

在联盟电竞的布局中,电竞场馆是其电竞生态快速发展的基石,也是其区别于其他电竞组织的一个重要的差异化竞争优势。联盟电竞的电竞场馆分布在亚洲、欧洲、北美等多个地区,场馆内配有先进的电子竞技设备,如 LED 屏幕、专业的电竞表演台、幕布、灯光和能容纳数百人的观众座椅。

此外,国内最受欢迎的《英雄联盟》,在 2017 年宣布启动主客场制,打破了过去集中在上海办赛的模式,推动电子竞技场馆在各地区的协同发展。拥有主场的电竞战队效仿传统体育模式,建造了自己的主场场馆,拥有自主运营权,可从门票、场馆赞助、周边衍生品销售、周边业态商区中获取收益,开拓商机,打造线下业态群体。与传统体育场馆相比,这些体育场馆的面积通常较小,座位通常较少,但设施齐全,地理位置优越。随着主场化制度的进一步推进,未来将会有更多企业布局类似于《英雄联盟》《王者荣耀》的项目,从而促进电子竞技场馆的发展(见下表)。①

《英雄联盟》部分主场电竞馆

场馆名称	所在地	所属企业	座位数
拯救者 JDG 电子竞技中心	北京 24H·齿轮场文化园	京东集团、原初集团	——
LGD 电竞影视文化中心	杭州市下城区石桥路	杭州星际影视文化有限公司	600
SNAKE 电竞中心	重庆国际博览中心	李宁集团	510
华熙 LIVE RNG 电竞中心	北京华熙 LIVE·五棵松	上饶乐游网络科技有限公司	500
GG(DOUBLE-G)场馆	成都东郊记忆演艺中心	成都屭景科技股份有限公司	600
WE 西安主场	曲江广电大剧院	希玛(上海)文化传播有限公司	700

---

① 郑芒芒,陈元欣,陈磊,等.我国电子竞技场馆发展存在的问题及对策研究[J].南京体育学院学报,
2021,20(2):24-31.

2. 电竞教育

在当今社会产教融合、校企合作的新趋势下,电子竞技教育也成为电子竞技产业衍生内容之一。电子竞技行业的受众群体庞大,能够为电子竞技教育提供庞大的用户基础,这也是电子竞技教育获得资金支持的保证。同时,电竞教育能够为电子竞技产业提供高水平的比赛人才和管理人才,为产业规划与发展培养优质劳动力。

在一些电子竞技产业发展得比较早的国家,电子竞技专业教育早已出现,多以培养电子竞技管理型人才为主。自 2016 年 9 月 2 日,教育部职业教育与成人教育司发布《关于做好 2017 年高等职业学校拟招生专业申报工作的通知》,将"电子竞技运动与管理"纳入高等职业学校增补专业,后有许多高校开设相关专业方向或课程,其中包括中国传媒大学和北京大学。我国最早开设电竞相关课程的本科院校是西安体育学院。该学院于 2010 年以"电子竞技"为名称开设专项课程,课程开放对象为运动训练专业的学生。西安体育学院把电子竞技作为一种体育运动来培养专业人才,其课程安排涉及媒体、市场、技术等诸多学科,共培养 3 届学生,后因课程调整暂停招生。我国第一个正式开设电竞专业的高校是内蒙古锡林郭勒职业学院。该学院于 2016 年 8 月宣布开设该专业(中职),其招生对象的年龄限定为 18 岁以下。2016 年 9 月初,我国首个与高校电子竞技教育相关的政策出台,教育部在官方网站上发布《普通高等学校高等职业教育(专科)专业目录》,在"体育类"中新增"电子竞技运动与管理"专业。在此政策下,国内高校开始纷纷设立电子竞技专业。2017 年,国内共有 18 所院校开设电子竞技相关专业。由于这是国内首次开设电子竞技专业,各院校计划招收的人数并不多,实际招生不足 1 000 人。2019 年 6 月 27 日,山东体育学院、邦尼集团有限公司、新加坡南洋理工大学签署了三方合作备忘录,共同打造山东体育学院蓝海领航国际电子竞技学院,计划在 2019 年面向山东地区招收 50 名理科学生,山东体育学院也成为我国首所设立电子竞技运动与管理专业的本科院校。[1]

---

① 姚善贷,李沐宸. 我国高校电子竞技教育的现状分析及对策研究[J]. 当代体育科技,2020,10(36):112-115.

短短几年间,电子竞技行业取得了高速发展,但人才缺口成为制约产业进一步发展的因素。人才的输入跟不上电子竞技的高速发展,导致了大量电子竞技岗位缺乏明确清晰的职责划分与岗位能力要求,而整个电子竞技教育也缺乏针对这些岗位的优质教育内容和标准化的课程体系。目前,电子竞技产业从业者中拥有专业经营管理经验、专业技术经验、良好职业素质的人员凤毛麟角,从业者整体素质亟待提高。一方面,电子竞技产业的发展需要职业化的经营管理人才,如俱乐部经理、赛事运营经理等,他们将承担产业规范化管理和实现商业化闭环的职责。另一方面,除了需要职业经营管理人才外,更需要大量具备工匠精神的职业技术人才,包括教练、裁判、解说以及赛事导播等相关人才。从科班出身的电子竞技人才,到职业教育培养的适应岗位能力要求的职业人才,电子竞技产业的良性发展需要更多不同背景的专业人才齐心协力、共谋共商。

3. 电竞旅游

电竞旅游是电子竞技线下部分的重要衍生环节,这一环节最初的衍生逻辑在于,当电竞观众前往举办地观看赛事时可能附带进行观光游览,从而为旅游产业注入人流。该环节与传统体育赛事、各类博览会、游乐园的举办和开放属于同一性质,其经营项目、从业主体和主要收益皆与传统旅游产业相一致。在发展模式方面,旅游产业本身是产业分类中的独立类别,与电竞产业并无依赖或从属关系,但可以置身于电竞产业链中实现盈利。①

电竞市场近年来发展迅猛,在经历了 EDG 夺冠、知名选手简自豪(Uzi)复出等事件后,其关注度又上一个台阶。这样的火爆让许多旅游企业看到了电竞旅游市场的商机,开发了"电竞＋乐园""电竞＋酒店"等新模式。

(1)电竞＋乐园。海昌海洋公园早在 2019 年就进行了"电竞＋"的探索。同年 11 月,为庆祝上海海昌海洋公园开园一周年,《英雄联盟》SKT1 战队主将李相赫带领团队成员代表空降上海海昌海洋公园,同粉丝近距离互动。2021年,由三亚市人民政府指导、三亚市旅游推广局主办的"起飞·新青年、三亚×

---

① 刘福元."新业态"视角下电竞产业链的线上环节及政策应对[J].西部法学评论,2021(3):29 - 38.

《和平精英》2周年庆起飞狂欢节"落地三亚海昌梦幻海洋不夜城,打造成为电竞爱好者的旅游消费新场景。海昌海洋公园副总裁郑芳表示,"海昌＋电竞"的结合,延续了海昌海洋公园一贯的年轻化、IP化、破圈化调性,能进一步彰显"积极拥抱Z世代""打通线上线下海洋娱乐通路"的品牌主张。天津欢乐谷也在2021年S赛期间举办了乐园观赛夜。同年三场比赛的免费观赛名额火速被"秒杀",半决赛与决赛当夜,天津欢乐谷演艺中心座无虚席,许多没有抢到观赛名额的粉丝也特地买票观看线上赛事直播。而在活动前期,天津欢乐谷官微、官博、官抖同步对观赛夜进行了预热,吸引了大批粉丝群体的关注①。

天津欢乐谷2021乐园观赛夜

(2)电竞＋酒店。据同程旅行发布的《电竞酒店消费趋势报告》,电竞酒店是95后热衷的娱乐形式之一,电竞赛事在国内的开幕引发众多电竞爱好者关注的同时,也为国内"电竞酒店"带来一波入住热潮。同时,智多云电竞酒店平台独家发布的2020年《电竞酒店年度行业数据》报告显示,2020年3至11月,全国电竞酒店数量直线破万,总额明显上升,平均月增速约为130%,行业规模持续

---

① 道略文旅.电竞旅游前路坎坷:欢乐谷、腾讯、同程艺龙等企业下场,新模式涌现,产业生态却不完整[EB/OL].(2021－12－16)[2022－01－20].https://mp.weixin.qq.com/s/7iRBC33zEva5oNuwEeyMXA.

扩大。从区域分布来看,电竞酒店主要集中在华中、华东两个区域,其中,河南省的电竞酒店数量最多,达 971 家,其次是湖北,744 家,陕西以 533 家暂居第三。华美酒店顾问机构首席知识官赵焕焱认为,如今电竞酒店得以快速成长,也是因为需求和条件已经具备,消费市场已经成熟,两者的跨界合作会是互利共赢。在此背景下,腾讯游戏也正式发起"超级数字场景共建计划",联动酒店、零售、文旅、艺术、潮玩衍生等行业,以数字内容助力实体经济,共同打造全新消费体验、探索新型产业形态。

腾讯游戏和香格里拉酒店合作上线的首批五家酒店共有五间游戏电竞主题房。房内设有 SKG 按摩仪、RAZER 雷蛇提供的全套电竞设备,搭配幻彩 RGB 灯光,全面提升炫酷的感官和游戏体验。腾讯游戏也将从底层酒店运营系统开始,帮助传统酒店进行数字化的升级改造。除了腾讯游戏之外,作为中国两大出行平台之一的同程艺龙也正式宣布了对爱电竞酒店的战略投资。①

爱电竞酒店

---

① 道略文旅.电竞旅游前路坎坷:欢乐谷、腾讯、同程、艺龙等企业下场,新模式涌现,产业生态却不完整[EB/OL].(2021 - 12 - 16)[2022 - 01 - 20]. https://mp.weixin.qq.com/s/7iRBC33zEva5oNuwEe-yMXA.

（四）电子竞技的 IP 转化

IP 本意指知识产权，即人类在社会实践中创造的智力劳动成果的专有权利。在 IP 概念的传播和发展过程中，IP 的概念外延，不断向新的领域、新的语义场扩张，将更多的意义纳入自己的指称范围内。很多原本不属于知识产权范畴的概念、名称、人物、事件等都被纳入 IP 的范畴，出现了诸如偶像 IP、网红 IP、旅游 IP 等概念，IP 变成了人们所熟悉的商业概念。对电子竞技内容进行 IP 运营，一方面是粉丝经济的必然结果，另一方面也是延长电子竞技项目寿命的有效方法，是扩大电子竞技影响力的必经之路。电竞经营者要持续对电子竞技进行二次创造和内容填充、开发其 IP 价值、不断地生产新内容来维持用户的活跃度，刺激用户思考来培养用户的忠诚度，并获取新的用户群体，保障电子竞技赛事的活性和生命力。

1. 城市化

借电竞 IP 打造电子竞技城市，让电子竞技因为比赛或战队主场的落地可以成为这个城市的一部分，这对电子竞技产业和当地城市的长期发展均有裨益。电子竞技作为极具潜力的新兴产业，将直接拉动当地城市的经济增长。每个落户主场的电子竞技俱乐部都会带动当地电子竞技场馆文化、赛事、旅游等各个方面的建设，在当地形成新的经济形态。以 RNG 俱乐部为例，RNG 战队选择将主场落户北京，定址华熙 LIVE·五棵松。场馆内，主舞台、直播间、推流间、选手训练室、化妆间、观众区乃至媒体工作室和办公空间一应俱全，并提供专线接入，保障场馆网络信号传输。

场馆同时配备了 RNG 历史展示厅、周边售卖店、主题餐饮和住宿等专属功能空间，在未来还计划配备高端电子竞技馆，以及集健身、桌游等功能于一体的生活品牌馆。此外，以场馆为中心，还将整合电子竞技上下游产业链，打造周边优质内容，形成包括创意孵化赛事承办、节目制作、电子竞技教育、明星培养、新闻传播等在内的完整电子竞技生态环。从线上游戏到线下体验，不同创意形态

RNG 主舞台

进行深度融合共生,构建更加丰富立体的综合数字文化体验。近些年,在赛场和职业俱乐部之外,包括电子竞技网咖、游戏、VR 线下体验店等在内的娱乐服务产业进入高速发展期,成为城市第三产业发展中一股不容小觑的新兴力量,而文娱表演、电商、玩具周边设计与生产等基于粉丝经济运作的产业,也从电子竞技的发展中获益良多。

　　除了比赛和战队主场的落地外,城市文旅也成为电竞 IP 与城市结合的创新性尝试。2021 年,《长沙文旅与腾讯数字文创生态战略合作协议》落地长沙,腾讯光子工作室旗下手游《和平精英》的"四排节"与线下长沙场景交互,将围绕"电竞 IP＋城市文旅"开展一系列合作。事实上,电竞文旅和城市在此前已进行过多次合作。我国首个联动国风游戏 IP 的实体旅游产品——《天涯明月刀》大湘西文旅专线落户湖南,随后重庆洪崖洞、江西滕王阁都加入了与游戏 IP 联动的阵营。"秋之韵·赏长沙"文旅消费季电竞文旅消费节启动仪式暨《和平精英》"四排节"城市计划及《和平精英》空投卡城市合作活动在长沙文和友海信广场举行。以四排节"四排组局"为核心概念,号召玩家组队前往线下进行互动——联动长沙本土 400 多家品牌门店及景区,打造涵盖线上长沙城市擂台赛、线下擂台表演赛、本土品牌商户沉浸式电竞体验、景区打卡联动等多元电竞体验项目，构建数字 IP 消费新场景，实现电竞游戏与线下文旅的创新发展与共赢。腾讯游戏光子工作室群市场总监廖侃在接受采访时表示："希望整合产品能力、游戏文化与电竞生态，与城市文旅业态共同呈现超级数字场景。"在多方的协同合作下，文旅电竞嘉年华实现了电竞文创与文旅产业的线上线下场景互补和空间转换，带给游客与玩家全新的场景体验，为活化消费场景提供广阔的发展视野与可能。①

2. 娱乐化

电子竞技和娱乐产业的各类分支互相借势，以此扩大用户群体，加强影响力。多种形式的跨界合作层出不穷，包括网络小说、时尚、漫画、音乐等多种形式。

网络小说是较早与电子竞技产生结合的娱乐内容形式。目前，国内已经出现了大量电子竞技题材的网络小说。作家"蝴蝶蓝"（本名王冬，起点中文网作家）的电子竞技题材小说《全职高手》，完结时共获得超过 2 300 万点击量和 9.4（最高为 10）的好评指数。2018 年 4 月，蝴蝶蓝受邀撰写《王者荣耀》首部正版授权电子竞技小说《王者时刻》，KPL 联盟邀请了一众 KPL 选手为其拍摄宣传片，并在官方微博大力宣传。作家"乱"（本名余虹，创世中文网签约作者）创作了电子竞技题材小说《英雄联盟之谁与争锋》，配合着《英雄联盟》游戏的推广，这部新题材小说直接成为网络文学第一本收获十万订阅的小说，作者也从初次在网文网站上正式发布作品的新锐写手，跻身创世中文网前十名作者。2018 年 12 月 1 日，由阅文集团白金作家"骷髅精灵"（本名王小磊）撰写的《英雄联盟》首部官方授权电子竞技小说《英雄联盟：我的时代》开启连载，同步登陆掌上英雄联盟 App、阅文旗下起点中文网、QQ 阅读等平台。

电子竞技与时尚的合作目前主要体现在对选手的包装和衍生商品的开发上。在传统体育赛事中，当一位选手取得了优秀的成绩后，体育选手也就变成了体育明星，具有了一定的商业价值，电子竞技选手同样如此。

---

① 王洋.游戏 IP 联动网红城市　打造"电竞文旅"消费新场景[N].消费日报,2021 - 11 - 24(A04).

电子竞技与漫画的内容结合深具潜力。2018 年,腾讯动漫与超竞壹动漫联手推出了《未来重启》《野区老祖》《贩卖大师》《星原之门》《天梯战地》五部动漫。这些作品将电子竞技故事融入少年热血、未来科幻、校园青春、探索悬疑等多个故事方向中,得到动漫粉丝们的肯定,并引起了电子竞技用户的回忆和情感共鸣。《未来重启》上线 17 天便收获了 9.3 的高分评价和 1 亿的人气值;《贩卖大师》上线当天便突破千万人气,在仅仅更新 4 话的情况下就收获了 8 万收藏量;成绩最傲人的当属《野区老祖》,上线不到两个月,其人气值就已突破 1.2 亿,并收获了 13 万的收藏量。腾讯动漫将这三部作品带到了当年的中国(北京)国际服务贸易交易会上,受到了大批观众的关注,引起了广泛热议。

电子竞技与音乐的结合则可以追溯到大型电子竞技比赛中的音乐表演,近年来两者合作程度不断深化。以《英雄联盟》的开发商拳头游戏公司为例,这是一家非常重视音乐与游戏内容、玩家体验相结合的游戏公司,成立至今发布了200 多首原创音乐作品。从英雄联盟 S2(第二赛季)开始,拳头公司就开始为总决赛制作主题曲,并一直延续下来。日趋成熟的制作模式让拳头公司不仅在每年总决赛前都能推出主题曲,还在每逢世界性的重大赛事时推出相应的音乐,其音乐制作水准一直保持着较高的艺术审美水平和大众传播力度。2018 年英雄联盟全球总决赛主题曲及 MV《登峰造极境》发布后一天内,微博转发量接近 3万,评论量 5 000,点赞量 1 万,B 站上的播放量达到了 49.6 万。①

拓展阅读

电竞选手培养院校:蓝翔与锡林郭勒职业学院

与设置电竞专业去培养从业者的本科高校不一样,中专中职类院校多以培养电竞选手为己任。其中最出名的便是蓝翔与锡林郭勒职业学院。锡林郭勒职业学院是中国第一家宣布成立电竞专业的学校。2016 年 9 月,锡林郭勒职业学院迎来了第一批电竞学生,全班有 36 人。这些学生来自全国各地,其中一半是内蒙古生源。教师则多是资深玩家。学校一共开设了六门

① 超竞教育,腾讯电竞.电子竞技产业概论[M].北京:高等教育出版社,2019:5.

专业课,涵盖了《英雄联盟》《刀塔2》《穿越火线》等五款游戏和基础理论。据该校教师介绍,学院的课程安排和作息与普通学校都是一样的,上午、下午按课表上课,中午午休,晚上自习,每天给学生安排5个小时的实操课,"该玩的时候一分钟都不会少他们,但也会限制他们玩游戏的时间"。锡林郭勒职业学院的考试试卷曾在网上走红。据教师介绍,第一次考试共有六个考试科目,五款游戏和电子竞技发展史。例如《英雄联盟》科目,考题主要由选择题、填空题和简答题组成,既考察该款游戏的基础知识,也考察实操内容。

与锡林郭勒职业学院类似的院校还有很多,这些学校多半承诺会将学生培养成职业选手,但事实上,在各项电竞赛事的顶级联赛赛场上,都没出现过这些学生的身影。与之相比,蓝翔的电竞专业在招生过程中更人性化。在网站首页,蓝翔将电竞专业分为电竞班与业务班,目前,蓝翔共有《英雄联盟》《王者荣耀》《绝地求生》三个俱乐部与电竞班。在学生入学之前,需要进行游戏水平测试,通过测试的学生可以进入电竞班进修,未通过考核的学生将进入业务班,学习电竞从业者所需的技能。

第十二章

电子竞技用户画像

电子竞技用户是电子竞技产业链的核心。从电子竞技产业链可知,赛事授权方属于电子竞技产业的上游,负责游戏研发与运营,是电子竞技产生的基础;赛事执行方和俱乐部位于中游,分别负责赛事的承办营销及选手的参赛训练;赞助商、传播方和经销商位于下游,负责赛事的再生产环节,三者均是通过赛事IP和用户体量获得再生产利益。电子竞技用户通过购买赛事门票及与赛事相关的产品来进行直接或间接消费;通过观看赛事,为赛事带来流量,提升赛事人气,吸引赞助商、传播方和经销商前来,实现间接消费或隐性消费。观赛用户越多,赛事的影响力和商业价值就越大。换言之,电子竞技赛事通过吸引用户市场(consumer market,即"C端"市场)的流量,从商家市场(business market,即"B端"市场)获得主要收入。

2021年,中国电竞用户已超过4.89亿,用户增长进入平缓阶段,这标示着中国电竞市场的成熟。随着产业持续加码和大众认可度提升,电竞不断突破固有的边界,正在从社区文化向流行文化跃迁。中国已经成长为全球电竞产业的最大市场,因此研究电子竞技用户的特点与需求对发展电子竞技市场和开展赛事相关营销具有重要的理论与现实意义。对于电子竞技产业的利益相关者来说,了解电竞用户极为重要。为了深入探究电子竞技用户的心理特征及行为规律,需要先对该群体本身进行解读,探索电子竞技用户画像。

（一）电子竞技用户的概念

用户是指某一产品的使用者,是接受某一项产品服务的人群。电子竞技作为一种产品,必然存在着消费者用户,这使电子竞技价值得以体现。电子竞技用户的概念一直以来饱受争议。艾瑞咨询发布的《2020 年中国电竞行业研究报告》认为,电竞用户具有以下一种或多种行为特征:①半年内至少观看过或参与过一次核心电竞游戏赛事(包括职业和非职业赛事);②每周频繁玩核心电竞游戏或观看相关直播。[1] 在 Newzoo《2021 年全球电竞与游戏直播市场报告》的电竞市场生态系统图中,并未出现与"用户"相关的字眼,而是用"消费者"这一说法,囊括了在电竞市场中对电竞直播、内容、周边商品、门票等进行消费行为的利益相关者。Newzoo 在常用术语定义汇总中,将"观看专业电竞内容频率大于一月一次的人"定义为"核心电竞爱好者"(esports enthusiasts),将"观看专业电竞内容频率小于一月一次的人"叫作"偶尔观看的非核心观众"(occasional viewers),并将核心电竞爱好者与偶尔观看的非核心观众统称为"电竞观众"(esports audience)[2]。在由企鹅智酷、腾讯电竞、《电子竞技》杂志联合发布的《2018 年中国电竞运动行业发展报告》中,电竞用户被定义为"电竞赛事观赛者,

---

① 艾瑞咨询. 2020 年中国电竞行业研究报告[EB/OL]. (2020 - 05 - 06)[2022 - 02 - 25]. https://mp. weixin. qq. com/s/dc-1gSexdLpOiYlMENGDsw.

② Newzoo. 2021 全球电竞及游戏直播市场报告:全球游戏直播观众数将超 7 亿[EB/OL]. (2021 - 03 - 11)[2022 - 02 - 25]. https://mp. weixin. qq. com/s/g2IcmmivUHg9ZhSUhOo0uA.

指观看过电竞赛事且对电竞有一定了解的人"①。2021 年 6 月发布的《2021 年中国电竞运动行业发展报告》中的电竞用户沿袭了这一概念定义。②

电子竞技用户很容易被误认为电子游戏玩家或电子竞技选手。实际上,类比踢足球这一项运动,踢足球的人不一定观看球赛,足球运动员也不属于球赛用户,严格来讲,只有观看球赛的人才是真正的足球比赛用户。同理,游戏玩家是游戏的用户,电子竞技选手是电子竞技比赛的参与者,只有观看电子竞技赛事的群体才能被称为电子竞技用户。③ 因此,电子竞技用户专指电子竞技赛事的观看者,即电子竞技观众。

(二) 电子竞技用户群体解读

1. 电子竞技用户的构成

观看电子竞技赛事的用户来源于电子游戏玩家和非玩家。电子竞技用户最初的确来源于相应的电子游戏玩家,但随着电子竞技的发展,其娱乐价值和观赛价值逐渐突显,吸引了许多非游戏玩家用户。对这些非游戏玩家用户而言,电子竞技赛事等同于足球比赛、综艺节目或影视等娱乐项目,自己虽然不会去玩电子游戏,但是依旧享受观看电子竞技比赛带来的快感;赛事中的精彩操作瞬间、输赢的刺激与目睹所支持的选手和俱乐部获得胜利时的满足感和愉悦感,仍旧令其振奋。这也充分印证了电子竞技赛事虽基于电子游戏但也不完全等同于电子游戏,其具有独立的观赏价值和娱乐价值。

以《英雄联盟》为例,随着英雄联盟职业联赛与英雄联盟全球总决赛的运作与发展,这些赛事早已吸引了非游戏玩家用户。同时,许多 80 后、90 后的游戏玩家已经参加工作,没有充裕的时间再玩电子游戏,却依旧是英雄联盟职业联赛

---

① 企鹅智酷,腾讯电竞.2018 年中国电竞运动行业发展报告[EB/OL].(2018 - 06 - 14)[2022 - 02 - 25].https://www.sohu.com/a/235696323_535207.

② 企鹅智酷,腾讯电竞.2021 中国电竞运动行业发展报告发布[EB/OL].(2021 - 06 - 16)[2022 - 02 - 25].https://mp.weixin.qq.com/s/hQyi9LJZ4h62tMd7lVLhgw.

③ 超竞教育,腾讯电竞.电子竞技用户分析[M].北京:高等教育出版社,2019:3.

的忠实粉丝。只有了解电子竞技用户才能够从真正意义上满足用户,因此,研究电子竞技用户的行为及心理格外重要。

2. 电子竞技用户的规模

电子竞技用户规模在迅速扩大。全球公共卫生事件给电子竞技和游戏直播市场带来了巨大的影响。在游戏直播方面,居家隔离措施使得所有平台的观看率飙升。越来越多的消费者被限制在家里,并且这一情况在短期内持续,这促使他们花更多时间在 Twitch、YouTube 和虎牙等平台上观看直播。2021 年,全球电竞观众数量增至约 4.74 亿,同比增长 8.7%。一个月观看赛事一次以上的核心电竞爱好者占整体人数的近一半,达到 2.34 亿左右,年同比增长 8.7%。到 2024 年,全球电子竞技观众将以 7.7% 的复合年增长率增至 5.772 亿人左右,整体市场即将突破 5 亿大关。① 电子竞技的快速发展引起了传统体育俱乐部的注意,北美各大 NBA 俱乐部,如"雄鹿""国王",以及欧洲的各大足球俱乐部,如"加拉塔萨雷"和"沙尔克 04"等均投资了电子竞技俱乐部。职业电子竞技俱乐部将逐渐进入各大城市,人们对于电子竞技的关注也不再局限于线上,而是逐渐转为线下。观看电竞赛事像看电影、看足球比赛一样,成为一种新的生活方式。这一系列的转变,也助推了电子竞技用户数量的长足增长。中国电子竞技用户数量庞大。2021 年,中国成为核心电竞爱好者最多的区域,其人数达到 9 280 万左右,位于世界之首,其后分别为美国和巴西。从 2016 到 2021 年,中国电竞用户由 1.3 亿扩大至 4.89 亿,用户同比增速趋向平稳,可见电子竞技已获得大量用户的关注。②

与游戏直播生态系统相似,新兴市场将促进电子竞技观众数量的增长,基础设施建设也将持续提升地区消费者的参与能力,而电竞观众增长强劲的另一个因素是移动互联网设备的日益普及。疫情以来,互联网用户有了更充裕的在线

---

① Newzoo. 2021 全球电竞及游戏直播市场报告:全球游戏直播观众数将超 7 亿[EB/OL]. (2021 – 03 – 11)[2022 – 02 – 25]. https://mp.weixin.qq.com/s/g2IcmmivUHg9ZhSUhOo0uA.

② 企鹅智酷,腾讯电竞. 2021 中国电竞运动行业发展报告发布[EB/OL]. (2021 – 06 – 16)[2022 – 02 – 25]. https://mp.weixin.qq.com/s/hQyi9LJZ4h62tMd7lVLhgw.

娱乐时间,随着传统体育赛事的停摆,电竞赛事开启线上赛并顺利举办世界性赛事,带来电竞用户的进一步增加。电竞作为数字体育新模式,砥砺前行:英雄联盟 S10 世界赛在上海成功举办、入选 2022 年杭州亚运会正式项目、国际奥委会宣布制作奥林匹克虚拟系列赛等。继电竞"入亚"后,"入奥"成为电竞体育化的重要目标。据调研,51%的网民支持电竞加入奥运会,电竞用户的支持率达到61%。① 电竞产业已经从赛事项目开发、赛事运营扩展到内容传播商,体现出产业独立性,独立的电竞赛事运动会具有极大发展潜力。

电子竞技用户数量的激增为电子竞技产业带来了强大的粉丝经济。随着头部电子竞技赛事的影响力逐渐接近甚至超越传统体育赛事,电子竞技巨大的效益与潜力吸引了许多商业资本的目光,赞助商和广告商通过巨大的用户流量获得利益。电子竞技用户以拥有独立经济来源的年轻人为主体,因此,抓住年轻人的眼光尤为重要。更多年轻人既是"玩家"也是"观众",社区参与、社交、电竞和游戏视频内容变得和"玩"游戏本身一样重要。品牌商们所追求的商业价值正是电子竞技高热度的数据流量和电子竞技用户的消费能力,围绕赛事体系及其相关的衍生内容产品正逐步被行业赞助商及广告商认可,庞大的用户市场价值逐渐浮出水面。

3. 电子竞技用户的特点

用户的基本特征通常包括性别、年龄、地域分布等方面。可以通过分析此类信息来掌握电子竞技用户的基本结构特征。在性别方面,目前男性用户占总用户数量的 56.4%,女性用户占比 43.6%。在年龄层面,电竞用户普遍年轻,2022 年,34 岁及以下用户总占比为 66%,用户覆盖更加全年龄化。在地域分布方面,2022 年高线、低线城市用户比例相近,三四线及以下城市电竞用户占比 54.3%,四线及以下城市的电竞用户占比逐年增加,下沉市场潜力可观。② 在

---

① 企鹅智酷,腾讯电竞.2021 中国电竞运动行业发展报告发布[EB/OL].(2021 - 06 - 16)[2022 - 02 - 25].https://mp.weixin.qq.com/s/hQyi9LJZ4h62tMd7lVLhgw.

② 中国音像与数字出版协会电子竞技委员会.2022 年电子竞技产业报告[R].中国电竞产业年会,2023 - 02 - 17.

学历方面,54.9%的电竞用户有大学本科及以上学历。[1] 结合当前市场的电子竞技用户研究结果,可以将电子竞技用户分为四类:领导型、跟从型、自我型、消遣型。[2]

　　领导型用户,通常指喜欢充当意见领袖的人。这类用户独立判断能力强,发现精彩的赛事会推荐其他人一起观看。他们追求精神层面的成就感,通过将新信息传播给其他用户来获得自豪感和满足感,属于电子竞技用户中的领导派。跟从型用户,顾名思义是指具有从众心理或者喜爱追随潮流的用户。这类用户多见于利用电子竞技社交的人群中,他们对某项电子竞技赛事的兴趣可能源于该赛事的风靡或身边朋友的推荐。例如,王者荣耀职业联赛的热度就吸引了许多非游戏玩家用户。跟从型用户容易受外界因素的影响,比赛热门话题往往进一步激发此类用户的活跃度和黏性。他们属于电子竞技用户中的积极派。自我型用户,指只关注自己热衷的赛事的用户。此类用户对特定的电子竞技赛事、俱乐部或选手有某种精神向往和依赖,因此排斥其他赛事。他们喜欢沉浸在自己的圈子里,热爱研究游戏技巧,崇拜优秀的电竞选手,重视比赛输赢与排名,属于电子竞技用户中的独立派。消遣型用户,这类用户关注电子竞技的主要目的在于娱乐消遣、打发时间。他们并不关心游戏的操作难度或战队的输赢情况,而是对比赛的激烈程度和解说的幽默程度更感兴趣,属于电子竞技用户中的消极派。

　　不同类型的用户对赛事的需求不同。领导型用户对新赛事的接受程度高,并乐于分享与传播;跟从型用户很关注赛事的热门程度,越大的赛事越有吸引力;自我型用户容易被杰出的选手吸引,对喜欢的电子竞技赛事的忠诚度很高;消遣性用户的随机性最高,缺乏对某项特定赛事的忠诚度,赛事的趣味性和精彩度是吸引其眼球的主要指标。

　　然而,不同的用户类型之间可以互相转化。跟从型用户可能被某项赛事吸引,随着用户黏性增强,从而转变为自我型用户;消遣型用户随着时间的推移可

① 艾媒咨询.2022 中国电子竞技用户行为研究报告[EB/OL].(2022－02－18)[2022－02－25].https://www.iimedia.cn/c400/83489.html.
② 超竞教育,腾讯电竞.电子竞技用户分析[M].北京:高等教育出版社,2019:12.

能蜕变为领导型用户。同时，一个用户可以同时携带多种用户类型的特征。例如，一名用户可以既是消遣型也是跟随型，其跟从就是为了消遣；也可以既是自我型也是领导型，这类用户就可以作为某项赛事范围内的关键意见领袖。针对不同的用户类型，可以采取不同的赛事营销策略，同时也要注意不同类型之间转化和并存的可能性。

（三）电子竞技用户的心理

1. 电子竞技用户心理的含义

电子竞技用户心理是指电子竞技用户在选择和观看电子竞技赛事时的一系列心理活动。一般而言，电子竞技用户行为的背后存在两种心理，一是本能心理，二是社会心理。本能心理是由人的生理因素所决定的自然状态下的心理反应，取决于不同的个性因素，如用户的性格、意志和能力等。社会心理是由人所处的社会环境因素所决定的心理需要，它随着社会发展而不断变化，使行为活动由简单地满足生理需要变为具有特定含义的社会行为。在当今社会，社会心理成为影响和支配用户行为的关键因素，本能心理和社会心理是一种相互依存、相互联系的关系。本能心理是基础，取决于人的生理因素；而社会心理则是由社会、政治、经济等方面的发展水平所决定的，是本能心理的发展和提高。

2. 电子竞技用户的心理特征

用户都会根据自己的习惯选择可接受的事物，从而在选择观赛时产生习惯性心理，偏向于某一赛事。由于电子竞技本身基于电子游戏，因此，电子游戏玩家对电子竞技有着天然的亲近感，而非游戏玩家的用户则需要一段适应新事物的过程。同时，在玩游戏的电子竞技用户中，玩不同游戏的用户所习惯观看的赛事也不同。例如，DOTA2 国际邀请赛的用户认为《英雄联盟》过于简单，缺乏自由发挥的空间，而英雄联盟全球总决赛的用户则觉得《DOTA2》过于复杂，观赏门槛高，因此会出现两者互相排斥的现象。有习惯性心理的用户在决策时习惯参照以往的经验,一旦对某种品牌的赛事或特许产品熟悉并产生偏爱后,便会重复性观赛,形成回顾性观赛行为。同时这类用户受社会时尚、潮流影响较小,不轻易改变自己的观念和行为。

用户对比赛具有深刻的感受性。这种感受性体现在电子竞技能够帮助用户实现自身难以达到的游戏竞技高度,以最低的成本使其获得满足感、愉悦感、沉浸感和成就感。从情绪上看,电子竞技刺激了用户的情绪,精彩的比赛能让用户心跳加速、呼吸加快,在比赛的过程中,不断地去体验成功的快感和失败的刺激,肾上腺激素的分泌让用户感受到精神上的释放与满足。电子竞技中的真实娱乐元素也能给用户带来欢乐。2015年,英雄联盟四周年狂欢庆典明星表演赛邀请周杰伦和王思聪各自率队对决,用户既能近距离观看到自己喜欢的明星,又可以从双方激烈的赛事竞技中获得快感。

用户在选择所要观看的赛事时会表现出不同的意愿与倾向。不同的用户观看赛事的倾向不同,有的注重娱乐性,有的偏重游戏技术,有的只看流行趋势,因此,不同定位的赛事所吸引的用户不同。通常,全球总决赛的含金量和竞技水平高,受技术流用户的追捧;商业赛的表演性质更强,允许选手在比赛过程中互相调侃交流,比赛娱乐性较高,受到娱乐型用户的喜爱;热门赛事凭借其在市场和社交网络中的巨大影响,广泛地触达和吸引追求潮流的用户。

3. 电子竞技用户的心理活动阶段

人的心理过程是心理现象的不同形式对现实的动态反映。人们认识客观事物的一般过程,往往是先有一个表面的印象,然后再运用自己已有的知识和经验系统地加以理解。可以说,人们对事物的认识过程,也就是人们对客观事物的个别属性的各种不同感觉加以联系和综合的反映过程。这个过程主要通过人的感觉、知觉、记忆思维等心理活动来完成。用户心理活动的过程划分为认识、情感和意志三个方面,简称知、情、意,三者相互联系。

认识过程是用户大脑对客观事物的属性及规律的反映,具体表现为感觉、知觉、记忆、想象、思维等多种心理现象。对电子竞技用户而言,其观赛活动首先是从对电子竞技赛事或相关产品的认识过程开始的。情感过程是指用户在认识客观事物时所产生的情绪和情感体验。意志过程是指用户自觉确立行为的动机和目的,努力克服困难以实现目标的心理过程。在电子竞技用户消费行为中,意志过程表现为用户根据对电子竞技的认识,自觉确定观赛目标,并据此调节行为,克服困难,努力实现目标的过程。

电子竞技是新兴事物,许多人并不熟悉,即便对游戏玩家而言,电子竞技也很新鲜。通常,用户在选择观看电子竞技赛事前,其心理会经历六个阶段的变化①,前一个阶段引导用户向下一个阶段发展。知晓阶段是用户发现自己想要观看电子竞技赛事的阶段,在该阶段,电子竞技赛事推广是关键,企业在宣传过程中,要真诚地向用户传播真实、有效的信息,以引起用户的注意。了解阶段是用户了解电子竞技赛事价值的阶段,用户观看电子竞技赛事是为了满足娱乐、学习技术等需求,为此,必须切实了解赛事的特点。在这个阶段,赛事营销要向用户展示比赛的内容,突出赛事与众不同的价值。赛事的价值才是吸引电子竞技用户的核心因素。喜欢阶段是用户对电子竞技产生良好印象的阶段,要使电子竞技在用户心目中留下一个良好的印象,比赛的奖金与级别、参赛的俱乐部与选手、赛场的布置等必须引起用户足够的重视,也就是与别的赛事相比,它具有独特的引人注目的地方。偏好阶段是用户对电子竞技赛事的良好印象扩大到其他方面的阶段,如电子竞技品牌或赛事类型。这是一个"爱屋及乌"的心理变化过程,是在用户之前对电子竞技赛事知晓、了解、喜欢的基础上产生的,也是用户对赛事营销阶段的热情和真诚的表现所产生的一种肯定态度。确信阶段是指用户对电子竞技赛事的品牌或类型有了"偏好",在这个基础上进而产生观赛或消费意愿的阶段。用户会认为这是明智的选择,并且不断强化这个观念。行动阶段是指用户把自己的观赛意愿转变为实际的观赛行动,而且始终坚持自己所选择的电子竞技赛事。

上述六个阶段,是用户从最初接触电子竞技直至真正观赛的过程,是一个完整的思维活动过程。每个阶段的实际效果取决于用户的三种基本心理状态:认识,即用户对电子竞技的认识思维;感情,即用户对电子竞技项目或赛事营销的

---

① 超竞教育,腾讯电竞.电子竞技用户分析[M].北京:高等教育出版社,2019:26.

情绪偏向；意愿，即用户在了解电子竞技赛事的价值后所产生的观赛动机。此三者可以理解为电子竞技用户观赛的心理密码。

(四) 电子竞技用户的行为

1. 电子竞技用户行为的含义

用户行为是指用户出于对某项产品或服务的需要，使产品或服务从市场上转移到用户手中的活动，包括为满足需要所采取的寻找、选择、购买、使用、评价及处置物品或服务等各种活动与过程。用户行为是一个充满变数的系列化过程，包括形成动机、了解信息、选择产品、购买、使用和评价等多个环节。在互联网时代，大量信息可以免费搜索，许多电子竞技赛事就可以在网上各大平台直接点击观看，无须付费。用户行为是循环往复、极其复杂的过程，其特点在于用户始终追求利益最大化。同时，用户的不同个性、能力和所处环境使其对产品的偏好具有差异性，从而致使用户行为具有多样性。

2. 电子竞技用户的行为动机

电子竞技用户的具体观赛动机是复杂的。推动用户观赛行为的动机通常不只有孤立的一种，而是多种动机交织综合发生作用，其表现形式因人而异，因时而异。从求实动机角度看，此类用户追崇从主流的专业赛事中习得高超的操作技巧、缜密的战术，他们关往选手的技术水平发挥情况，研究比赛数据，甚至模仿使用选手所使用的英雄角色、出征装备，韩国《英雄联盟》选手李相赫曾经就凭借在比赛中使用"影流之主"的杰出操作，掀起了这个角色的流行风潮。用户使用该角色就是希望能像该选手一样，打出精彩的操作。从消遣动机角度看，此类用户观看赛事是为了休闲娱乐、放松身心。一局比赛所耗的时间不长，不会影响正常的工作生活节奏，而从比赛精彩刺激的对决、主播幽默风趣的解说及观众的实时互动过程等方面，可以获得精神上的放松和满足。

从众动机在电竞用户不断扩大的过程中较为常见，是指用户受身边群体的影响,从而跟随观赛的动机,值得注意的是,这种动机不一定是盲目的。许多电子竞技用户一开始是为了主动融入社交圈,与身边热爱电子竞技的人形成共同话题,增加交流互动,拉近交往关系,才自发地观看电子竞技赛事。与朋友一起观看电子竞技、讨论电子竞技已成为一种重要的社交途径。

　　电竞用户在观赛的过程中是有所期待、有所寻求的,其对新兴事物、审美创意、品牌声誉、便利快捷等方面均有精神消费的动机和渴望。求新动机是以追求赛事的新颖性为主的观赛动机。人们对全新的事物会有天然的好奇心,具有求新动机的用户群体对与众不同、别出心裁的电子竞技赛事更加敏感,他们往往喜爱追赶潮流,注重赛事的热度和热点,是新赛事的第一批用户。对电子竞技开发与营销者而言,新赛事如何创新以吸引该类用户是值得深思的问题。求美动机是指用户追求比赛的欣赏价值和美学价值而产生的观赛动机。该类用户具有敏锐的审美能力,注重赛场布局的美观、直播画面的质量和游戏英雄的美感等,如果赛事公布一款某个英雄的漂亮皮肤,会引来这类用户的争相购买和收藏。求名动机是指用户以追求赛事的品牌声誉或名望而产生的观赛动机,该类用户重视赛事的品牌、级别及其象征意义,试图以品牌的声誉来彰显自身的品位和地位。这也就造成电子竞技生态中的"马太效应",即越出名的电子竞技赛事,其市场越火爆。求便动机是指用户注重方便、快捷的观赛服务,该类用户重视时间和效率,对他们而言,线上观赛优于线下观赛,手机端观赛优于电脑端观赛。随着生活节奏的加快,电子竞技用户越来越追求便利的观赛服务。求廉动机是指用户注重以较少的支出获得良好的观赛服务。具有该动机的电子竞技用户,对价格比较敏感,不愿轻易为观赛服务付费,或为电子竞技相关物品、服务买单。求廉动机固然与用户的经济水平有关,但对大多数用户而言,以较少的支出获取较好的服务是一种普遍动机。

　　电竞用户的很大一部分由电子游戏用户构成,对电子游戏的嗜好促使众多电竞用户观看与消费电竞赛事。嗜好动机是以满足个人偏好为主的观赛动机。大部分电子竞技用户观看电子竞技赛事是为满足自身对电子游戏的热爱,那些想玩游戏但时间不充裕的用户也会观看电子竞技赛事,可见,电子竞技在一定程度上加强或补偿了两者对电子游戏的喜爱。这类观赛动机往往比较稳定和集中,具有持续性和重复性的特点。[1]

3. 电子竞技用户的行为画像

竞赛本身就是一种仪式,观赛过程即为观众共同去体验仪式的共情共感过程。电子竞技让电竞用户基于共同的兴趣爱好而跨越地理和血缘组成了一个"想象的共同体"[2]。观看电子竞技赛事属于享受性和发展性需要,具有休闲娱乐的功能。在满足了衣食住行等基本需要之后,用户出于好奇或娱乐的需要对电子竞技产生兴趣。在观看和参与互动的过程中,每个电竞用户都助力了电竞圈内容叙事结构和话语体系的建立。电竞用户参与了电竞产业发展的搭建过程,见证了其成长历史,为其存在赋予了更深刻的意义和内涵,因此既是内容消费者又是内容创作者。正是在这样的过程中,电竞用户加深了对电竞群体及电竞文化的认同,对其之后的行为产生潜移默化的引导与影响。

电子竞技用户的观赛决策过程是其观赛需求、观赛动机、选择观赛、实际观赛和观后感受的统一。用户会养成对电竞赛事的观赛偏好与习惯,并逐渐呈现出有规律可循的行为动作,典型的用户行为有复杂型观赛行为、协调型观赛行为、交换型观赛行为和习惯型观赛行为等。[3] 复杂型观赛行为是指电子竞技用户需要花时间学习、认识比赛,才能选择观赛的行为类型。面对不熟悉的电子竞技赛事,由于不同电子竞技赛事的品牌、类型差异大,电子竞技用户需要广泛学习、了解该赛事的背景、特点,从而产生自己的评判,最后按意愿产生观赛行为。协调型观赛行为是指用户自身观赛体验不佳,但观赛后通过其他信息的了解而改变看法的行为。面对赛事品牌和类型差异不明显的电子竞技赛事,电子竞技用户不经常观看,但选择观看又要付出时间成本,于是用户一般要通过比较、了解,只有当比赛呈现度好、观看方便、机会合适时,才会决定观看。在观看时,如果用户感到不满意,则会搜索、了解更多信息,寻求种种理由来减轻和化解这种不协调,以证明自己的观赛决定是正确的。交换型观赛行为是指电子竞技用户

① 超竞教育,腾讯电竞.电子竞技用户分析[M].北京:高等教育出版社,2019:51－52.
② 汪明磊.互动仪式链视角下电竞用户文化研究:以英雄联盟粉丝为例[J].当代青年研究,2021(4):18－24.
③ 超竞教育,腾讯电竞.电子竞技用户分析[M].北京:高等教育出版社,2019:44.

的观看行为不固定局限于某一个或某几个赛事品牌,该类用户不会耗费过多时间对赛事种类或品牌等进行选择,观赛行为较为随意灵活。习惯型观赛行为是指用户忠诚于观看特定赛事的行为。对于经常观看的电子竞技赛事,用户不需要花时间选择,也不需要经过搜索信息、了解产品特点等复杂过程,而是直奔主题选择自己经常观看的赛事,这也是最为简单直接的观赛行为类型。

在 2021 年中国电竞用户中,76.1% 的电竞用户平均每周观看游戏直播不少于 6 小时;而在电竞赛事的观看上,64.7% 的电竞用户平均每月观看超过 10 小时,电竞用户黏性平稳提升。① 针对 2022 年中国电竞用户游戏偏好情况,调研数据显示,50.9% 的用户喜欢看短视频中的游戏二次剪辑,其中 FPS 类游戏是最受用户欢迎的类型,其次为 MOBA 类游戏。57.9% 的电竞用户偏好玩电竞类游戏,在游戏时长方面,39.4% 的电竞用户每周游戏时长在 3 小时以内,更有 6.6% 的用户每周在电竞游戏上花费 10 小时以上。在电竞消费意愿方面,中国电竞用户中曾为电竞视频购买网站会员的用户占 52.5%,购买过喜欢战队的应援周边的用户占 49.1%,不足五分之一的用户曾为喜欢的主播付费。②

电子竞技用户普遍采用线上观赛的方式。电子竞技用户在观看电子竞技赛事及相关内容时注重时效性与便利性,因此,大部分电子竞技用户习惯通过网络直播平台观赛,无须特地赶赴赛事现场,就能及时方便地收看电子竞技赛事。但一般来说,现场观赛的沉浸度会更好,当特别想见到自己喜爱的选手、解说或明星嘉宾,甚至想与其开展互动、索要签名时,用户会乐意赶赴现场。电子竞技用户对不同类型的赛事喜爱程度不同,调查表明,电子游戏的电子竞技用户最希望观看的前两类赛事类型为 MOBA 类和 FPS 类,这是当下最火爆的两种电子游戏类型。MOBA 类游戏,有《英雄联盟》《王者荣耀》《刀塔 2》等;FPS 类游戏,有《和平精英》《反恐精英:全球攻势》等。一方面,热门游戏积累了大量玩家,相较于其他人群,电子游戏玩家原本就更容易转化为电子竞技用户;另一方面,

---

① 文汇报.中国电竞市场规模已近 1 500 亿元,拉动电竞生态高速增长[EB/OL].(2021 - 07 - 08)[2022 - 02 - 25].https://wenhui.whb.cn/third/baidu/202107/08/413130.html.
② 艾媒咨询.2022 年中国电子竞技用户行为研究报告[EB/OL].(2022 - 02 - 18)[2022 - 02 - 25]. https://mp.weixin.qq.com/s/UpKiL28Q3f2WyarT7Afptw.

MOBA 类讲究战略战术,FPS 类刺激性强,这两类比赛对抗性激烈、可观赏性强,因此在用户群体中喜爱度最高。

电子竞技用户在兴趣爱好方面与普通群体之间存在较小差异。电子竞技用户与其他群体一样喜爱影视剧、美食和音乐,只是电子竞技用户对游戏、体育运动或健身、动漫或二次元方面的兴趣要远高于其他群体。可见电子竞技用户与游戏用户虽然有共性,但也有差异,并非刻板印象中的"宅"或"玩物丧志"。

电子竞技用户对赛事所基于的电子游戏载体没有特殊要求。电子游戏载体无论是 PC 端还是移动端,在相应赛事的用户市场中持衡。PC 端电子游戏赛事在持续发力,用户数量屡创新高;移动端电子游戏赛事也凭借自身参与门槛低、游戏进程快等特点,迅速吸引了大量用户。电子竞技双端均衡发展证明其真正吸引用户的是比赛本身的精彩程度,而脱离了游戏载体的束缚。电子竞技用户对级别越高的电子竞技赛事关注度越高。调查表明,电子竞技用户关注职业赛、国际赛、城市赛和校园赛的比例分别为 49.7%、33.3%、11.6%和 6.7%。另外,38.5%的用户无赛事级别偏好。[1] 电子竞技用户一般表现为两种类型,一是忠于特定品牌的电子竞技赛事,凡属于该品牌的赛事都会关注,属于习惯型观赛行为用户;二是仅仅将观看电子竞技赛事当作娱乐活动,无所谓赛事级别,具有交换型观赛行为用户的特点。一般情况下,绝大部分电子竞技用户看重赛事级别,级别越高的赛事受欢迎程度越高。

拓展阅读

正视电子竞技产业的价值

数据显示,2022 年中国电子竞技产业收入达 1445.03 亿元,电竞用户规模约 4.88 亿人,在产值规模、用户人数、发展速度等方面稳居世界第一位,中国已成为全球最大的电竞市场。作为数字经济的重要组成部分,电竞产业有序发展所呈现的价值正得到越来越多的肯定。

---

[1] 艾媒咨询.2022 年中国电子竞技用户行为研究报告[EB/OL]. (2022 - 02 - 18)[2022 - 02 - 25]. https://mp.weixin.qq.com/s/UpKiL28Q3f2WyarT7Afptw.

首先,电子竞技与前沿科技联系紧密,可与科技创新相互促进、协同发展。虚拟现实技术和可穿戴设备的研发降低了体育项目的参与门槛,诸如赛车、国际象棋等运动,选手们可接入服务器"穿越"到世界各地赛场,与各国高手同台竞技。尤其是近年来,随着人工智能等新科技的不断涌现,AI可以变身高端玩家,作为"神对手"与电竞选手展开对练,也可化身"神队友"辅助配合,在帮助电竞选手调整战术、提升技巧的同时,提升人工智能的自我学习能力。电子竞技产业的巨大市场有利于推动新科技的迭代升级,新科技的进步也可推进电子竞技产业的高质量发展。

其次,电竞产业需要构建多层次的人才培养体系,有利于促进就业。电子竞技产业链涉及面广,上游集中在游戏研发领域,中游包括赛事组织运营等方面,下游面向受众,包括俱乐部、选手、解说等。现有学校所设专业无法满足市场需求,即便是开设电竞相关专业的高校,依然面临着缺少师资等问题;而熟悉产业链需求的企业没有专门培训学生的时间精力。未来有望通过"校企合作"等方式培养具有策划、内容制作、赛事管理运营能力的全产业链复合型人才,企业提供更符合电竞市场岗位需求的培养方案和实习机会,学校帮助从业者顺利完成从业资格考核和技能认定等相关工作,建立多层次的电竞人才培养体系。

最后,电竞产业在政策扶持下规范化发展,将形成巨大市场。2015年,国家体育总局颁布了《电子竞技赛事管理暂行规定》,为电子竞技产业发展提供政策支持与规范。2018年雅加达亚运会,电子竞技成为表演项目,中国电竞队在《王者荣耀国际版(AOV)》、《英雄联盟》和《皇室战争》项目中取得两金一银的成绩。近年来,人社部颁布了包括"电子竞技员"在内的13个全新的国家职业技能标准,并在广东深圳等地试点首批"电子竞技员"的从业资格培训和技能认定工作。但有关电子竞技运动员技术等级评定在注册年龄等具体细则上还有待进一步完善。在即将到来的2023年杭州亚运会上,电子竞技将首次成为正式竞赛项目,各国、各地区选手将在方寸屏幕间争金夺银。未来,仍需相关政策保驾护航,推动电竞产业向职业化、规范化方向发展。

电子竞技产业的蓬勃发展是大势所趋。相关部门和从业人员可以进一步正视电子竞技的产业价值,推动电竞产业健康有序发展,提升电竞产业在国际市场上的影响力。(《经济日报》,苏瑞淇,2023-04-16)

第十三章

电子竞技运动员的技术与训练

职业电子竞技的门槛看似很低，只要有一台配置不算太差的电脑就可以上手。但是，成为职业选手却需要付出常人难以想象的努力。当下，电子竞技行业竞争非常激烈。我国目前大概有几千万赛事参与者，但真正的职业选手只有几千人。所以，要成为一名职业电竞选手，不但要有非同一般的天赋，有勇于拼搏、渴望胜利的精神，还要有勇于面对困难和寂寞的韧性和耐力，满足相关的技能要求。因此，仅仅有梦想是不够的，还要不畏艰险、持之以恒，经过日常训练与重重考验，才能实现梦想。

（一）电子竞技运动员的职业发展

1. 电竞运动员的成长之路

电竞职业运动员的选拔方式主要有：

（1）俱乐部主动邀约。这是成为职业运动员的主要方式之一。受邀人员一般为在某款游戏内排名靠前的玩家，且具有一定的职业素养，俱乐部会主动向他们示好并发出邀约。双方均有意向后，再做进一步的信息沟通。俱乐部会确认受邀人的身份，一旦认为其条件合格，就会确定其工作地点以及薪酬待遇等，受邀人如果接受，则注册成为一名职业运动员。

（2）业内人士推荐加入。通常是教练或者玩家在路人局或观看网络赛事时，被某一玩家所吸引，进而推荐其加入俱乐部。

（3）半职业运动员通过大型赛事加入。社区赛或主办方举办的大型活动赛事较多，半职业运动员都可以参加。而该类活动常常为俱乐部所关注，俱乐部会邀约其中能力较强者入会。

（4）经过培训提升技术水平后加入。运动员们在开设电竞运动员培训班的学校中刻苦学习，不断强化自身对特定游戏的操作方式与游戏战略的掌握程度，当其技术水平达到俱乐部要求后，可以申请加入俱乐部。

以上虽然是新人成为职业运动员的四种主要方式，但俱乐部往往需要从试训效果、心理评估、能力评估等方面对申请人员进行深入考核，最终确定其能否成为一名职业运动员。而这些评估也只是职业生涯开始的第一步，除非运动员天赋异禀，否则，他们将从作为战队的陪练开始训练，需要在短暂的职业生涯中快速成长为一名一线职业运动员。

目前社会对电竞最普遍的认知为电竞就是打游戏,不务正业,会影响正常的学习与工作,不能向社会传播正能量。这种误解是由两个方面导致的:第一,由于电竞与打游戏存在某种同质化内容,使社会上不了解电竞的人对其产生了深深的芥蒂。20世纪初,计算机硬件与网络的普及与发展,使得网吧和家用电脑越来越多地出现在人们的生活中,尤其是给青少年提供了一种全新的娱乐方式,导致部分学生沉迷网络游戏,无心向学,甚至荒废学业,贻误前途。而由于电竞比赛的过程就是打游戏的过程,这一表象自然引发了不少人尤其是家长对电竞的偏见和抵触。第二,社会主流媒体的片面报道。由于电竞项目不同于其他体育竞技类项目,自发展之初便不被官方认可,一路走来饱受非议。而一些媒体对电竞的负面报道,在警示社会和大众的同时,对电竞及运动员也造成了不良影响,电竞运动员因此被视为"坏孩子"。近几年来,随着对电竞了解的加深,媒体加大了对电竞"拨乱反正式"的积极宣传,国家也从政策层面对电竞给予支持,该行业逐步走上正常化、和谐化发展轨道。虽然目前中国电竞产业发展势头向好,但仍然面临诸多困难,需要全社会不断地为其造势,以帮助其实现最大化的正向影响。

2. 电竞运动员的成才之路

1)日常作息

电竞运动员的日常便是把打游戏当作工作,即围绕某款游戏进行各方面的训练,主要包括体能训练、心理训练、技能训练。不同的电竞项目、不同的俱乐部,具体的训练方式也是有差别的。以国内某老牌俱乐部DOTA分部的训练时间为例,每天10:00—12:00,体能训练;12:00—14:00,吃饭与午休;14:00—17:00、19:00—23:00,技能训练,该时间段内禁止玩其他游戏,训练结束后进行1个小时的复盘与总结,复盘后才可以休息。训练期间不得迟到、早退与旷工,且每日还有训练任务或者上分(段位)任务等,这些均与绩效工资挂钩。同时,俱乐部还制定了严格的纪律,如统一着装、俱乐部赞助广告的强制转发(运动员通过个人社交媒体转发其所在俱乐部赞助商的广告)、线下集体活动、训练室的保密工作

（包括对训练体系、训练室机密等保密）等，同样与工资挂钩。虽然运动员的上班时间相对延后，但每日十几个小时的高强度且单调的训练终究是常人难以承受的。

2）职业发展状况

对一名职业运动员而言，职业生涯的黄金期一般为 16～23 岁，需要在这有限的时间内进行自我挑战，不断历练成为一线运动员或者具有一定影响力的人物。但是，通过社会调查发现，并不是所有的职业运动员都具有较高的薪酬与职业高度。仅以薪酬为例，目前电竞职业圈基本呈现两极分化现象。例如，iG 俱乐部的运动员高振宁（Ning），其身价超过 1 500 万元。但是，这样的电竞运动员毕竟是少数，大多数的电竞运动员目前还在争夺二三线俱乐部的替补席，其工资甚至无法满足自身的基本生活需求。2019 年 6 月发布的《新职业——电子竞技员就业景气现状分析报告》显示，只有顶尖俱乐部的一线电竞运动员，年薪才达到百万元甚至更高。但是，不同梯队的俱乐部之间、同一俱乐部不同职位之间，电竞运动员的收入也存在较大差别，仅有约两成的电竞运动员收入较高，达到当地平均薪资的两倍以上。

从职业生涯角度出发，一个电竞运动员的成名远远不是仅靠其个人就能实现的，也不是单纯由其游戏水平决定，通常情况下要归功于比赛与俱乐部运营的双管辖机制。具体来说，首先，竞技专业技术水平要过硬。初入此行，从青训队员做起，成为二线运动员、一线替补运动员，不断提升竞技水平，最终成为一线运动员，因此，竞技水平是最重要的素质。其次，需要借助某个大赛的契机。只有一线队员才可以在大型比赛中亮相，并展示自己的技术，也只有大型赛事才会吸引更多的媒体与观众，由此才可以通过某个高光时刻，让观众记住你，让俱乐部认可你，让媒体发掘你。最后，俱乐部的运作。电竞运动员的成功，永远离不开俱乐部背后的支持，只有俱乐部肯定你，认为你能够为俱乐部带来一定的效益，它才会在新闻发布会或者媒体宣传等活动中重点推广你，以产生名人效应，形成示范作用，借以推动俱乐部的发展。

3）疾病困扰

上班族普遍患有职业病，以打游戏为职业的电竞运动员同样存在疾病困扰，他们以坐姿为主的训练方式,导致其手腕、手肘、颈椎、腰椎这四个部位容易劳损,最常见的是引发颈椎病与腰椎病,同时,由于久坐不动,容易造成肥胖,并引发多种综合征,如糖尿病及高血压等。对职业电竞运动员而言,一次伤病对其本来就短暂的职业生涯的打击是毁灭性的,他们常常因为某种疾病而不得不停赛治疗,停赛期间又无法进行常规训练,而后面又有新人补位,导致其很快便失去主力地位,从此职业生涯走下坡路,更有甚者,会因为疾病提前结束职业生涯。因此,很多俱乐部在加强日常游戏训练的同时,也会将体能训练纳入日常的训练中,一来是保证运动员有体力完成比赛,二来是保证运动员能够拥有健康的体魄,尽量减少职业病的产生。

3. 电竞运动员的转型之路

1）转型时存在的问题

职业运动员的转型面临三个重要的问题:第一,由于其职业生涯的黄金期在16~23岁,正是青少年学习文化知识最重要的时期,而他们却必须放弃这一阶段的学习,转而从事电竞职业,因此,职业运动员的学历以初中、高中居多,受教育程度和综合素质普遍偏低。而当下社会看重文凭和学历,各个岗位和职业也有明确的要求,高中学历往往只能从事体力劳动,这就导致电竞运动员在转型时,产生岗位预期落差大、工种类别差别较大、收入差距悬殊等问题。第二,电竞运动员的职业特殊性,导致其除了会玩游戏外,其他方面的能力较弱,并且思维受到一定的限制,缺乏其他职场所需的基本素质和技能,与人沟通和交往也存在一定的障碍,难以胜任工作。第三,社会的认同感不足。因为社会对该职业仍然存在一定的偏见,用人单位常常对他们抱有怀疑态度,认为其自由散漫、目无纪律等。以上这些问题成为电竞运动员再就业过程中的一道隐形的屏障。

2）转型方向

不同等级的运动员在转型时,所面临的选择与困难也是不同的,最具代表性的就是顶尖运动员的转型与一般运动员的转型。

（1）对于顶尖运动员来说,转型往往分为三个大方向。第一,从事与俱乐部相关的职业。对顶尖运动员而言,退役后,因其拥有较强的技术和丰富的大赛经验,往往转型为俱乐部的教练、职业经理人或者领队,更优秀者则成为俱乐部的总经理,如 LGD 现任总经理潘飞便是职业运动员转型成功的案例。第二,从事与电竞相关产业的职业。一些顶尖的运动员本身就是吸引媒体流量的播报点,因此,其退役后会去电竞相关产业从业,如电竞赛事直播、解说、主持人等,其优势不仅能吸引媒体,自然也会受到企业青睐,有助于后者扩大知名度和影响力以及实现良性发展。第三,其他职业。由于顶尖运动员往往工资待遇较高、比赛奖金较多,因此资本积累较丰厚,其退役后,即使不再从事与电竞相关的工作,也可投资其他产业,创造更多的收益。

(2) 对于普通运动员来说,他们在退役前的薪酬待遇就比较低,每日为了生活奔波,勉强能养活自己。因此,其退役后再就业形势不容乐观。普通运动员在退役后,绝大多数成为劳动密集型产业的劳动者,继续为生活打拼。

综上,中国电竞运动员这一新兴职业正在逐步进入社会视野,并为人们所关注和接纳,同时也饱受争议,而其最为人诟病的是:职业期短,竞争性强,转型难,但由于其所具有的高回报与明星效应等优势,仍然有很多年轻人趋之若鹜。此类状况也促使越来越多的业界人士反思:如何在保证电竞产业繁荣的同时,为所有的年轻运动员们做好职业规划,并切实保障和维护他们的权益,为其长远发展保驾护航。

(二) 电子竞技对运动员的要求

1. 电子竞技需要的手速

APM,是英文 actions per minute 的单词首字母缩写,意为每分钟的操作次数。APM 的高低直观地反映了电子竞技运动员对于项目操作的熟练程度,也能较为精确地反映一个电子竞技运动员的真实实力。《英雄联盟》作为一个MOBA 类游戏,更加需要 APM 来衡量一个运动员的竞技实力,诸多职业运动员也经常在训练之余玩一些提高 APM 值的游戏。

在《英雄联盟》中,运动员的 APM 越高,在团战中的作用就越大,各种"走

A"与极限操作也能打出来。根据数据统计,《英雄联盟》王者大师段位玩家的 APM 值平均为 120,而青铜段位玩家的平均 APM 值为 60。最高段位与最低段位之间相差白银、黄金、白金、钻石四个段位,APM 值相差 60,也就是说每个段位的 APM 值相差为 15,即$(120-60)/4=15$。

相近段位之间的 APM 值相差 15,在游戏中这一差值便体现在各个细节之中,可以是对线技巧、补刀或者游走等,诸多细节的掌握都能成为电子竞技运动员上升段位的缘由。由于 APM 记录了所有的操作,因此一些本来无用的操作(比如反复选择编队 1、2、1、2、1、2……)也会使 APM 值大幅提高。为了得到真正有效的 APM 数据,术语 EAPM(effective actions per minute)应运而生,EAPM 指每分钟有效操作次数。EAPM 通常过滤掉了一些重复操作,例如选择单位但并不对其下达有效指令、反复下达同一指令等,以及开局初期的操作,此段时间对操作要求不高,但玩家为了热身通常会进行大量的重复操作。[1]

2. 团队精神

团队精神是大局意识、协作精神和服务精神的集中体现,核心是协同合作,团队精神对 MOBA 类竞技项目特别重要。MOBA 类竞技项目通常为 5V5 的团体项目。"这是一个推塔游戏"——这是 MOBA 类游戏玩家最常听到的一句话,因为 MOBA 类游戏的胜利条件就是推掉敌人的基地。为此,团队需要制定一个(或一组)有效的战术。MOBA 类游戏战术的制定需要分析很多的因素,例如地图野区资源、地形分布、视野把控、兵线处理及英雄道具的理解等。执行战术的运动员们不可能是万能的,而是术业有专攻。绝大多数的运动员会有相应的英雄池(英雄集合),以及最为拿手的几名英雄,因此团队成员之间必须协同配合,才能把各自的特长组合成团体的优势,从而"推掉敌人的基地"。在这个意义上,对于《英雄联盟》这样一个团队竞技项目,运动员个人的极限反应能力并不是取胜的关键,更重要的是团队运动员之间的配合,要求团队中的每一个运动员要有大局观和大局意识,团队精神是比个人反应能力、操作能力更重要的东西。

---

① 恒一.电子竞技概论[M].北京:机械工业出版社,2021:98.

3. 好的心态

心态即心理状态,在心理学中是指介于不断变化的心理过程(情绪高低起伏)和基本稳固的个性心理特征(内向、外向)之间的一种心理的具体表现,是心理过程与个性心理特征统一的表现。马斯洛认为,心态若改变,态度跟着改变;态度改变,习惯跟着改变;习惯改变,性格跟着改变;性格改变,人生就跟着改变。RNG电子竞技体验营的工作人员表示,虽然说天赋很重要,但是我们想要的是在逆境中也可以成长的运动员,比如说运动员知道在劣势局中怎么找突破口,怎么稳住心态,或者说运动员可以带动气氛,不让其他运动员因为前面的失利而影响下面的比赛,这一点很重要。

4. 良好的身体素质

各个项目都要求电子竞技运动员保持很高的训练强度,职业运动员通常保持每天10个小时左右的训练时间,训练过程中基本保持固定的坐姿,对身体和精力的要求极高,因此没有好的身体素质会难以胜任。

电子竞技运动是一项数字竞技运动,正如前面分析的那样,它是在"身体素养"概念下的新的身体能力(APM)和智力(如反应能力等)的组合。相比传统竞技运动,电子竞技运动以"身体性"为主,更偏重于人的智能。因此,与传统竞技运动不同的是,电子竞技运动项目对运动员身体体型和身体素质等方面的要求相对较低,对运动员是否具有良好的心理特征、心理素质、技术能力等方面的要求相对较高。因此,电子竞技对运动员的要求是具备适应大负荷训练和竞赛强度的基本能力,包括心理能力(如反应能力,手、眼协调能力,抗压和抗干扰能力)、智力能力(如直觉形象思维能力、信息加工能力)、技术能力(如技术规划和决策能力、技术运用能力、技术学习能力)等。

(三)电子竞技运动员的日常训练

狭义的运动训练是指在教练员的指导和运动员的参与下,为提高或保持运动员的竞技能力和运动成绩而专门组织的有计划的体育活动；广义的运动训练是指为提高运动员运动成绩所做准备的全过程。本书认为，一般性的运动训练的定义能够指导电子竞技运动训练的研究，进行电子竞技运动训练的目的是提高运动员的竞技能力。

1. 体能训练

体能是通过力量、速度、耐力、协调、柔韧、灵敏等运动素质表现出来的人体基本的运动能力，是运动员竞技能力的重要构成因素。和其他运动项目一样，在电子竞技运动中，体能训练是根据电子竞技运动项目的需要，改善运动员的机能状况，提高运动员的运动素质。虽然电子竞技对运动员的身体素质要求没有硬性的规定，但是激烈而紧张的竞技过程依然需要健康的体魄作为支撑竞技运动的基础。

李宗浩等学者总结了电子竞技运动体能训练的功能。[①]

（1）保证运动员有机体适应现代运动训练及比赛中的大负荷、高强度要求。

（2）促使运动员更好地掌握复杂的、先进的、合理的技术和战术。

（3）培养运动员良好的心理素质和顽强的意志品质。

（4）延长运动员的运动寿命。

体能训练的主要方法有如下三类。

（1）反应速度的训练。反应速度的训练包括简单反应速度的练习和复杂反应速度的练习。简单反应速度的练习包括完整练习、分解练习、变换练习、运动感觉练习等，而复杂反应速度的练习包括移动目标练习、选择动作练习等。

（2）灵敏素质的训练。其训练方法包括动作神经过程测试练习法、"反应速度大比拼"练习法等。

（3）注意力的训练。其训练方法包括深呼吸法、静坐法、目标转移法等。

2. 技能训练

电子竞技运动的技能是指在电子竞技活动中完成竞技动作的方法，是电子

[①] 恒一.电子竞技概论[M].北京:机械工业出版社,2021:101.

竞技运动员能力水平的重要组成部分。在电子竞技运动项目中,运动员需要随时收集双方的即时信息,通过大脑的快速处理后,再通过手、眼协调进行技术处理,电子竞技运动在关键的节点上对于技术的精度要求会更高。要想合理、正确地完成电子竞技的技术动作,不仅要遵循电子竞技运动的规则,还要在此基础上最大限度地发挥出自己的竞技水平,只有这样才能取得更好的训练成绩和比赛成绩。

电子竞技技能训练的内容一般包括动作要素训练和技术结构训练两个方面。

(1)动作要素训练。动作要素是指在动作过程中,身体或身体各部分所处的状态及身体各部位在空间中所处的位置关系。动作要素训练就是要训练运动员对动作要素有精确的把握。例如,电子竞技比赛的现场态势瞬息万变,这就要求电子竞技运动员在支配竞技动作的时候对动作速度、动作时间、动作频率和节奏有一个精确的把握。而且,在电子竞技比赛中,运动员大多坐在计算机前参加比赛,运动员们长时间保持一个单一身体姿势的时候,不可避免地会产生疲劳和不适。那么,如何在比赛中不断调整身体姿势以适应比赛的问题也包含在动作要素的训练范围内。

(2)技术结构训练。电子竞技技能训练中的技术结构训练指的是对运动员操纵竞技比赛运动器具的能力的训练,包括对鼠标的操作、对键盘的操作及对触屏的操作等。以《英雄联盟》为例,运动员不仅要熟悉键盘的操作,还要熟悉鼠标的操作,以此来控制英雄的走位和技能释放。如果对这两项技术不熟悉,就会陷入被动的局面,会对训练和比赛产生消极的影响。

技能训练的一般方法有直观法和语言法,完整法和分解法,想象法和表象法,减难法与加难法。

3. 心理训练

电子竞技活动除了对电子竞技运动员的硬性技术(如对键盘、鼠标等器械的操作技术)的要求非常高外,对他们的视觉宽度、瞬时记忆力、视觉想象力、多任务处理能力等"隐性"的心理技术的要求也非常高。而且,这两种技术会相互影响、相互制约,如果器械操作出现失误,则会使运动员心态不稳、情绪失控,进而容易出现失误,因此心理训练就显得非常重要。

现代运动训练的一个重要组成部分就是有意识、有目的地采用一定的方法对运动员的心理施加影响,促进其形成良好的心理状态,这就是心理训练。心理训练的目的是培养并发展运动员在紧张的训练和比赛中所必需的心理品质及个性心理特征,使运动员学会控制和调节自己的心理状态,从而有助于运动员取得更好的训练效果和比赛成绩。

电子竞技运动的心理训练分为一般心理训练和准备具体比赛的心理训练两种。一般心理训练的主要任务在于培养运动员参加训练的良好动机,培养运动员对待训练的良好态度,培养和发展运动员的心理品质及个性化的心理特征。准备具体比赛的心理训练的主要任务是使运动员对该次具体比赛形成最佳的心理准备状态,使运动员在比赛中有效地、可靠地控制和调节自己的行动和情绪。

心理训练的主要方法有快速集中注意力法与放松训练法。其中放松训练法包括自生训练法、静坐放松法、表象训练法、暗示训练法等。

4. 智能训练

这里所说的智能是指运动智能。运动智能是智能的一种,电子竞技运动的智能作为一种特殊的运动智能,是指运动员以一般运动智能为基础,运用电子竞技理论等多学科知识,参加运动训练和比赛的能力。智能训练是通过有计划、有步骤的学习过程来挖掘运动员潜在的运动智能,以提高其运动能力。

李宗浩等学者指出,由于电子竞技运动项目对运动员的身体要求不是主要的,运动员往往以选定的虚拟角色在虚拟的竞赛情景中进行对抗,这就对电子竞技运动员的智能提出了特殊的要求:①智能结构要求的多元性;②自我意识的充分拓展性;③运动信息模式识别的复杂性;④脑信息加工效率的迅捷性;⑤直感思维决策的精确性。[①]

智能训练的主要方法有:①多种信息渠道并用,提高运动员的感受能力、判断能力;②"粗"与"细"结合,培养运动员的快速反应能力;③借助先进的科学手

---

① 恒一.电子竞技概论[M].北京:机械工业出版社,2021:103.

段,提高运动员的感知精确性;④通过不同手段强化运动员的思维能力;⑤加强运动员专项推理能力的训练;⑥虚拟与实际相结合,提高运动员对抗的竞赛意识。

5. 战术训练

电子竞技战术训练是围绕项目竞赛的需要,按照项目战术的内容和战术运用的具体要求,以提高运动员战术能力为目的的训练行为。电子竞技运动的战术训练包括对战术观念的训练、战术指导思想的训练、战术知识和意识的训练、战术形式和战术行动的训练。

电子竞技运动战术是指在电子竞技运动中,为了使比赛达到预期目标,运动员在竞赛规则允许的范围内采用的所有计谋和手段。在电子竞技运动竞赛中,竞赛双方主要进行的是"智力对抗",而"智力对抗"的核心就是"战术对抗",因此提高运动员的战术水平至关重要。优秀的电子竞技运动员,他们在硬件的操作上或许不是一流,但是他们都具备高于一般运动员的对游戏的理解能力和不断开发新战术组合的钻研精神。

战术训练的主要方法有分解与完整训练法、程序训练法、模拟训练法、变换条件训练法和实战训练法。

此外,还要重视对电子竞技运动员的知识能力训练。针对电子竞技运动员对知识能力要求的特殊性,一方面要给予训练团队一个通用的知识训练体系,另一方面也要积极鼓励运动员从生活和学习环境中主动学习、获取知识。[1]

(四) 知名电竞选手简介

本章最后一节将简要介绍美国著名投票网站 Ranker 在 2021 年票选的前三位电竞史上最伟大的职业选手[2]:李相赫,李永浩和帕特里克·林德伯格,以及

---

[1] 恒一.电子竞技概论[M].北京:机械工业出版社,2021:98 - 104.
[2] Ranker Games. The greatest pro gamers in esports history [EB/OL]. (2021 - 09 - 24)[2021 - 01 - 15]. https://www.ranker.com/list/best-esports-gamers-in-history/ranker-games.

两位国内知名电竞选手，简自豪和李晓峰。

1. 李相赫

李相赫（游戏 ID：Faker），绰号"大魔王"，韩国《英雄联盟》职业选手，司职中单，是国际电子竞技俱乐部 T1《英雄联盟》分部的队员之一。李相赫以顶级的游戏操作和取得赛事冠军的数目而闻名，带领 SKT 取得三届英雄联盟全球总决赛冠军，两届英雄联盟季中冠军赛冠军，九次韩国国内顶级联赛冠军，率领 SKT 建立起自己的"王朝"，是《英雄联盟》项目中获得荣誉最多的职业选手。

李相赫出名的英雄是乐芙兰、劫、亚索、永恩、卡特琳娜、阿卡丽、汎、阿狸、锐雯、卡莎、婕莉、薇可丝、伊泽瑞尔、卢锡安、库奇、埃可尚、泰达米尔、伊瑞莉亚、卡萨丁、奥莉安娜、辛德拉、瑞兹、阿兹尔、璐璐、艾尼维亚、菲兹、泰隆、艾克、柔伊、崔斯特、维克托、安妮、萨勒芬妮、瑟提、塞拉斯、墨菲特、玛尔扎哈、加里奥等。他是史上第一个三次夺得英雄联盟全球总决赛冠军的中路选手，与前打野队友裴性雄（Bengi）同为全球总决赛夺冠次数最多者。他的三个冠军皮肤分别是 SKT T1 -劫（2013），SKT -瑞兹（2015）和 SKT -辛德拉（2016）。

2. 李永浩

李永浩（游戏 ID：Flash），绰号"教主"，韩国职业游戏选手。他在 2007 年出道加入 KTF MagicNS，是最年轻的《星际争霸》冠军。

李永浩于 2007 年 14 岁时加入 KT Rolster。他迅速确立了自己的顶级选手地位，带领 KT 参加了职业联赛团队比赛，并在 2007 Daum OnGameNet Starleague 联赛中获得第四名。第二年，他赢得了 Bacchus OnGameNet 星际联赛冠军，成为赢得韩国顶级锦标赛冠军的最年轻的选手，这一纪录至今仍未被打破。他的职业生涯在 2009—2010 赛季达到了新的高度，进入了七场顶级赛事的决赛并赢得了五场，这些成就使他成为有史以来最著名的电竞选手之一。

尽管他于 2015 年 12 月从《星际争霸Ⅱ》退役，但次年他凭借《星际争霸：母巢之战》重返赛场，并继续赢得了锦标赛的胜利。他定期通过 AfreecaTV 播放他玩游戏的过程，在那里，他还赢得了 Afreeca Starleague 联赛的第 2、3、4 季冠军。

3. 帕特里克·林德伯格

帕特里克·林德伯格(Patrik Lindberg,游戏 ID:f0rest)是一位瑞典职业电竞选手,在竞争激烈的《反恐精英》领域长期有着卓越的表现。林德伯格自 2005 年崭露头角,作为全球顶尖的《反恐精英》玩家之一,在电子竞技界享有盛名。

在 Fnatic 俱乐部的四年期间,林德伯格帮助 Fnatic 成为 2009 年最具优势的队伍——该队打破了《反恐精英》历史上收入最高队伍的纪录。2010 年底,林德伯格离开 Fnatic 并加入 SK Gaming,随后,他在 2012 年 7 月离队。不久之后,他加入"睡衣忍者"队伍并转投《反恐精英:全球攻势》战场。

4. 简自豪

简自豪(游戏 ID:Uzi),《英雄联盟》中国大陆联赛 LPL 的职业选手,曾在 RNG 战队担任 ADC(物理输出核心)。简自豪目前是 BLG 战队的 ADC 选手。他的成名游戏角色为薇恩、卢锡安、伊泽瑞尔、卡莎。

简自豪于 2013 年第一次进入全球总决赛,在四分之一决赛对阵 OMG 时使用暗夜猎手一战封神,却在决赛不敌 SKT 获得 2013 英雄联盟全球总决赛亚军。2014 年再次进入 S 系列赛决赛,获得 2014 英雄联盟全球总决赛亚军。2015 年初加入 OMG,无缘 S5 全球总决赛。2016 年春季赛期间转会至 QG,同年夏季赛转会至 RNG。2018 年 6 月,入选 2018 雅加达-巨港亚运会英雄联盟电子体育表演项目中国代表队。2018 年 8 月 29 日,雅加达亚运会电竞表演项目《英雄联盟》总决赛,由简自豪等人组成的中国队 3:1 战胜劲敌韩国队夺得金牌。2020 年 6 月 3 日,简自豪宣布正式退役。2021 年 12 月 15 日,简自豪复出加盟 BLG 电子竞技俱乐部。

5. 李晓峰

李晓峰(游戏 ID:SKY),电子竞技职业选手,钛度科技创始人。2005、2006 连续两届 WCG《魔兽争霸》项目冠军,被称为魔兽"人皇",是卫冕 WCG《魔兽争霸》项目的世界第一人,并且进入了 WCG 名人堂,与 BOXER 等电子竞技前辈享受同等荣誉。2008 年,李晓峰作为火炬手参加了北京奥运会的圣火传递活动。2017 年 7 月 19 日,在 OPPO 网易娱乐跨界盛典中,其荣获"年度最佳跨界电竞人物"称号。

2001 年,李晓峰成为 Home 战队的主力之一。2003 年 4 月,李晓峰接触到网络游戏《奇迹》,拿到 GOC 比赛的分赛区冠军,以及 GOC 星际线上比赛的冠军。2004 年,李晓峰进入 Hunter 俱乐部成为《魔兽争霸Ⅲ》选手,拿到了 ACON4 北京赛区的冠军。后李晓峰加入了 WE 电子竞技俱乐部。6 月,在北京举行的 ACON4 全球电子竞技中国区总决赛上,李晓峰获得亚军,并受韩国 WCG 世界电子竞技大赛邀请去韩国进行交流比赛。2005 年,李晓峰赴法国参加 ESWC 电子竞技世界杯,获殿军,在西安 ACON5 世界电子竞技大赛《魔兽争霸Ⅲ》项目中夺冠,同年和韩寒、郎朗、丁俊晖等共同获得"时尚先生"称号。2015 年 6 月,李晓峰发表长微博《迟来的告别,不别的坚持》,宣布正式退出《魔兽争霸Ⅲ》项目,转型创业,创办上海钛度智能科技有限公司,担任首席执行官。

拓展阅读

电竞运动员退役后的主播转型

限于身体条件等多方面原因,电子竞技运动员的职业生涯并不长,因此职业转型方向成为电竞运动员需要关注的重要话题。本部分将以茄子、YYF 等主播为例,介绍职业电竞运动员转型电竞主播的过程,为未来电竞运动员提供参考。

茄子:茄子最早在火猫 TV 直播,之后转战斗鱼。茄子在大热之前的直播一直鲜少有人关注,直到有一次他直播他弟弟(游戏 ID:DD),也就是前 Tyloo 俱乐部职业选手打《反恐精英:全球攻势》中国区的预选赛才得到关注。受到关注以后,他活跃的性格及在 5EPL 的另类表现使他收获了大量粉丝。其实茄子此前是一个《反恐精英:全球攻势》职业选手,在 IEM 台湾站的比赛当中,因为被发现有账号受到 VAC(反作弊系统)禁令,所以被终身禁赛。不过转型主播的茄子也解释了当年被 VAC 的事情,并且他幽默的风格也受到很多观众喜爱。

YYF：YYF 也是《刀塔 2》的职业选手，他在 TI2 的时候拿到了当时的冠军，在 2012 年坐拥 100 万美金的巨额冠军奖金。之后两年，YYF 选择退役转型主播。YYF 的直播风格比较中性，不激进也不无聊，最重要的是，YYF 在当主播的这些年头里基本没有传出负面新闻，每件事情做得都很有章法。《刀塔 2》专区大主播不多，并且 YYF 没有换过直播平台，所以 YYF 也顺理成章地属于职业选手转行成为主播的人中做得最成功的那一批。

大司马：大司马的横空出世让很多草根主播看见了自己的机会。在 2016 年以前，盈利能力较强的主播要么依靠足够的才艺和能力，要么依靠资本。但是大司马凭借"十年王者"的水平，在黄金局叱咤风云，其解说也十分引人入胜，这样自然让很多玩家关注到大司马。大司马此前也是职业选手，并且还当过教练，只不过年纪太大加上水平达不到顶尖，所以选择转型主播。早期大司马也曾处处碰壁，但好在他坚持了下来，成为一名优秀的主播。和茄子在直播过程中情绪波动大正好相反，大司马的温文尔雅是他吸引玩家的最大特点。

PDD：PDD 可以说是圈内职业选手转型主播最成功的一个人了。此前在 iG 的职业生涯当中，被誉为中国第一上单的 PDD 在最辉煌的时候选择了离开职业舞台，转型主播，收获了大量粉丝，其直播风格也受到很多玩家的喜爱。据业内人士称，PDD 本人不摆架子，并且三观十分正，即便是近几年身体原因导致直播中断过很多次，他也依旧是很多玩家最喜爱的主播之一。

第十四章

电子竞技运动裁判员

体育裁判员是指在电子竞技比赛过程中，根据竞赛规则和规程，评定参赛者成绩、胜负和名次的人员。裁判员是体育竞赛的组织者、竞赛规则的执行者、体育竞赛中的教育者与体育运动的推动者，是体育战线的一支重要力量。裁判员工作质量的好坏直接影响到竞赛工作能否顺利进行。

（一）裁判员的作用与职责

电子竞技运动中一部分的裁判工作由游戏软件执行，游戏软件每一次技能的伤害计算都无比精准、不会出错，更无须人工干预。但是，这并不意味着电子竞技裁判员不会进行任何的赛场内判罚。在此前的英雄联盟职业比赛中，由于游戏本身存在 bug，主办方禁止在 bug 修复之前使用带"惩戒"技能的"岩雀"或"死亡歌颂者"。若有选手使用了这一组合，裁判可以中止比赛并判罚其犯规。由于可能出现"出乎游戏软件判罚范围之外的情况"，电子竞技运动的裁判员需要承担起监督职责。

1. 裁判员队伍组成

在电子竞技赛事中，裁判工作并不是由一个人独立进行的，而是由一群负责裁判工作的人合作完成的。一般来说，这个队伍包括总裁判长、副裁判长、临场裁判员、编排记录长、技术裁判员、检录长、检录员及宣告员等。总裁判长全面负责竞赛中的裁判工作，在日常工作中组织裁判员学习，主持裁判技术会议，对竞赛中的疑难问题进行解释。赛前需要检查和落实比赛场地情况，使器材设备保持正常状态；另外，需要召开技术会议，对竞赛规则与赛会要求进行说明；负责组织抽签、适应场地、安排裁判员实习等。赛中指挥裁判组织赛场工作，负责协调执行过程中出现的争议，并作出最后决定；对比赛过程的录像保存进行监督；配合仲裁委员会处理竞赛中有争议的重大问题；对裁判员的仲裁工作进行记录、审核、签署和宣布比赛成绩。赛后做好裁判总结工作，上报中国电子竞技裁判委员会。假如在过程中，发现评定参赛者的裁判员有违反竞赛规则或严重违纪行为，有权依据相关管理办法对裁判员进行体育处罚。

副裁判长需要协助裁判长开展各项工作,在总裁判长临时缺席时可代理其职责。副裁判长担任各单项比赛的临场裁判组组长,负责本裁判组裁判员的协调工作、调度和安排各临场裁判员的工作;负责处理竞赛中与该组有关的临场裁决、检录、记录、宣告比赛中出现的问题并及时报请总裁判长。

临场裁判员是赛事裁判工作的主要执行者。临场裁判员需要在赛前检查软件,每一次都要核对赛事的设备、参赛运动员的身份和运动员自带的外设装备,但这并不要求电子软硬件设备恢复为标准状态。赛中需要按照竞赛规则进行场上裁决。赛后需要及时进行总结工作。临场裁判员需要精通电子竞技竞赛规则及其他有关规定,认真学习竞赛规程,尊重并服从总裁判长的指挥,并有责任将竞赛中出现的问题及时上报及提出合理建议。

编排记录长则需要协助总裁判长开展赛前准备工作和负责编排记录组的工作。编排记录长负责核查运动员报名表,参与编制秩序册;处理运动员弃权、变更组织抽签、编排场地及场次等事宜,并向总裁判长通报准备情况,以及将各种竞赛表格发送给有关裁判组;负责确认、登记赛事成绩并及时将下一阶段比赛秩序通知有关裁判组及运动员;负责保存比赛录像(包括自带录像功能及不带录像功能的比赛项目的比赛实况);负责整理资料并编写成绩册,协助赛事组委会及时编排与印刷。

技术裁判员对比赛的技术行为进行监督与裁决。负责协助组委会确定比赛的用机配置、制定软件及参数标准,并告知各裁判组;负责局域网络调试以保证技术通畅;负责赛前软件的安装、参数的设置;负责在每场比赛开始前检查、监督临场裁判员是否将比赛用机恢复到标准状况。在比赛过程中如出现断线死机等情况时,技术裁判员需要判定是否为人为因素,为临场裁判员提供裁决依据;配合总裁判长与仲裁委员会对有争议的问题进行判断与处理;负责处理比赛网络直播工作。

检录组长与检录员负责检录组的各项工作,保证比赛按流程顺利进行。检录组长负责根据赛程安排指挥检录员按时点名,认真核对运动员的参赛资格、检查参赛运动员着装及自带外设;负责处理运动员弃权问题并及时通报有关裁判组;负责协助大会做好开幕式、颁奖、闭幕式等相关工作。

宣告员也被称为主持人,负责对赛事情况进行介绍。宣告员负责宣布竞赛开始、结束、项目场次,介绍临场裁判、双方运动员的信息,同时,需要对电子竞技竞赛规则与队伍有一定了解,适时介绍电子竞技比赛及比赛中的运动员与运动队的基本情况。

2. 工作步骤

电子竞技运动裁判员的工作步骤分为赛前、赛中、赛后。

(1)赛前。裁判员需要认真学习竞赛规则、规程和裁判方法;对比赛场地、设备、表格、用具等进行检查;另外也需要对比赛双方的队员进行检查,确保他们从身体和心理上做好比赛准备。

(2)赛中。裁判员需要到达指定位置,宣布比赛开始,在比赛期间对选手与教练员的行为进行知识教育和科普,监督并排除外界干扰。为保证比赛公平顺利,裁判有权宣布比赛暂停/继续。在比赛过程中,如果出现违反规则的行为,裁判有权对违规行为作出处罚。在比赛结束时,由裁判对比赛结果进行确认。

(3)赛后。裁判员的工作过程也是经验积累的过程,因此在每场比赛及整个竞赛结束后需要及时总结经验教训,不断提高裁决水平。在整个赛事活动结束后,还须进行裁判工作的书面总结。

《腾讯 2018 电子竞技运动标准》从裁判职责、裁判举止、最终裁决及赌博禁令四个方面对电竞赛事裁判规则进行了详细说明。[①]

第一,裁判职责。裁判是指电竞赛事的官方人员负责判断在赛前、赛中及赛后发生的与比赛相关的问题。他们监管的方面包括但不限于:赛前检查队伍阵容,检查并监督选手的设备和比赛区域,宣布比赛开始,指挥比赛中的暂停/继续,对赛中违反规则的行为进行处罚,确认比赛结束及比赛结果。[②]

[①] 《腾讯 2018 电子竞技运动标准》——赛事领域标准完整版[EB/OL].(2017 - 12 - 25)[2021 - 12 - 30].https://www.sohu.com/a/212624630_535207.

[②] 《腾讯 2018 电子竞技运动标准》——赛事领域标准完整版[EB/OL].(2017 - 12 - 25)[2021 - 12 - 30].https://www.sohu.com/a/212624630_535207.

第二，裁判举止。自始至终，裁判的行为都应当具有专业性，并且应该以公正的方式进行裁决，且不得对任何选手、队伍、队伍经理或所有者及其他个人，展示出喜爱或偏见。

第三，最终裁决。如果一名裁判作出了不正确的裁决，那么此裁决在比赛过程中无法被撤销，因为裁判的决定不可更改。但赛事官方可在赛后自行对裁决进行评估，以判断其是否采取了能够作出公平裁决的正当程序。如果没有采取正当的程序，赛事官方保留撤销裁判裁决的权力。赛事官方会始终保留比赛期间所有裁决的最终决定权。

第四，赌博禁令。任何队伍成员和赛事官方人员都不得直接或间接地参与任何与赛事结果有关的投注与赌博。

（二）裁判员的知识与能力

电子竞技运动裁判员作为电子竞技运动竞赛规则的执行者，需要具备特定的知识结构、能力结构与素质结构，这些体现在项目规则、裁判方法、心理能力及职业素养等方面。[1]

1. 知识结构

裁判员的知识结构主要体现在对项目规则的熟悉与掌握上，每个项目都有自己的规则，对场地和设备也有不同的要求，项目规则是裁判员工作的基础与前提，裁判员应当主动学习研究并熟练运用项目竞赛规则。电子竞技运动的竞赛规则更新速度快，因此裁判员需要不断更新自己的知识储备，对规则知识做到深刻理解、熟练运用。

2. 能力结构

裁判员的能力主要表现在裁判方法的使用上。裁判方法是裁判员为确保比

---

[1]《腾讯 2018 电子竞技运动标准》——赛事领域标准完整版［EB/OL］．（2017 - 12 - 25）［2021 - 12 - 30］．https://www.sohu.com/a/212624630_535207.

赛符合项目规则的精神和要求而使用的工作程序和方法。不同国家、不同级别的电子竞技赛事,只要不违背项目规则的基本原则和精神,就可以使用不同的裁判方法。裁判员只有正确掌握裁判工作程序与方法,才能保证比赛的公平性。

3. 素质结构

裁判员的素质结构主要表现在心理素质与职业素质两方面。

1）心理素质

裁判员应具备的心理素质包括基本心理素质与专项心理素质两方面。基本心理素质是在所有项目中都必须具备的通用心理素质,包括高度的责任心、稳定的情绪、坚强的意志力与人际关系协调能力。专项心理素质包括具有敏锐的视觉差别感受、稳定的注意力、超强的记忆能力与思维能力。

2）职业素质

项目规则与裁判方法都是电子竞技运动裁判员应当掌握的基本知识,这体现了裁判员的业务水平。除了业务水平外,电子竞技运动对裁判员的职业素质有更高的要求。裁判员职业素质要求裁判员:①拥护中国共产党,热爱社会主义国家,热爱电子竞技运动事业,热爱电子竞技裁判工作;②努力钻研业务,精通电子竞技规则,积极参加实践,不断提高业务水平;③积极维护裁判员队伍形象;④严格履行裁判员职责,做到严肃、认真、公正、准确;⑤作风正派,不徇私情,坚持原则,敢于同不良倾向作斗争;⑥相互学习,互相尊重,互相支持,加强团结,不搞宗教活动,服从领导,遵守纪律。[①]

2018年《英雄联盟》的职业裁判招募公告指出,《英雄联盟》职业裁判在整个比赛赛季当中处于台前幕后的枢纽位置。作为职业裁判,需要与后台的专业团队(如导演、选手、技术人员等)保持紧密沟通并随时反馈任何问题;需要对赛事规则和标准都了如指掌。裁判员的主要职责是保证赛事的公平性及选手的专业性,作为赛事的仲裁人,裁判员需要在较短的时间里做出最合理的判罚,确保赛

---

① 新浪游戏.全国电子竞技竞赛规则［EB/OL］.（2006－09－27）［2023－03－30］.https://games.sina.com.cn/y/n/2006-09-27/2304169143.shtml.

事的整体竞技性及公正性。因此,在高压的环境下,需要冷静的大脑去处理相关赛事事务。

在招募申请中,对 LDL 主裁判的要求为:①熟悉《英雄联盟》游戏(白金及以上分段);②熟悉《英雄联盟》赛事;③可长期固定在英雄联盟 LDL 赛事城市(广州、深圳、北京、南京);④拥有较强的沟通协调能力;⑤拥有较强的逻辑思维能力;⑥富有团队精神和较强的责任感;⑦有英雄联盟赛事或其他电竞赛事裁判经验者优先;⑧有其他体育运动的裁判经验者优先;⑨擅长英语口语者优先;⑩大专以上学历者优先。

对 LPL 执行裁判的要求为:①熟悉《英雄联盟》游戏(黄金及以上分段);②熟悉《英雄联盟》赛事;③可长期固定在 LPL 赛事城市(上海、杭州、重庆、成都);④确保 4 个月(一个赛季)以上的见习周期,兼职的话,每周不低于 12 小时的工作时间,全职则每周工作 5 天,视比赛情况而定;⑤拥有较强的沟通协调能力;⑥拥有较强的逻辑思维能力;⑦富有团队精神和较强的责任感;⑧有英雄联盟赛事或其他电竞赛事裁判经验者优先;⑨有其他体育运动的裁判经验者优先;⑩擅长英语口语者优先;⑪大专以上学历者优先;⑫18 周岁或以上。

拓展阅读

电竞裁判经纪公司,能成为一个好的解决方案吗?

纵观电竞裁判的这个局部产业链,我们面对的现状大体是:位于上游的赛事方,想要直接找到专业的电竞裁判,必须投入大量的宣传招募和培训资源,而在传统招聘网站上收简历似乎也并不是最适合电竞行业的做法,而下游的裁判们同样有苦难言,想接更多赛事不知找谁,这一切似乎都给裁判经纪公司留下了契机。

作为行业进化的标志之一,裁判经纪公司的出现当然会在一定程度上起到整合资源和树立行业标准的效果。而与此同时,生态圈也认为如今的电竞行业从业人员教育基础参差不齐,尽管裁判培训可以提高专业能力,但诸如人际沟通、推理计算、外语沟通等方面是普通培训难以涉及的。

但经纪公司可以提供二次培训，尤其是在外语沟通方面，如今以《英雄联盟》为代表的项目，韩国成员甚多，而这部分韩国人年龄较小，英语较差，裁判如果韩语水平不够，则在沟通上难以保持高效。打铁还需自身硬，只有裁判的综合能力变强、可替代性变低，市场需求和收入空间才有可能上升。

从电竞裁判的进化论角度看，我们或许可以泛化到另一个话题：在电竞博彩业越来越受到关注的今天，中国举办的电竞赛事始终拥有超过世界大赛的赔率抽水——这是现有赛事公平性难以保障的直接体现，这个锅可不单单由"场内"的裁判来背。

据 NBC Sports 报道，国际奥委会主席巴赫（Bach）曾公开表示，其个人认为"电竞与奥林匹克精神相悖，没有任何组织机构能像国际奥委会一样去监督担保电竞赛事能够呈现体育精神"。简单来看，电子竞技并不在单项体育联合会之中，世界范围内缺少一个监督机构来做反禁药、反假球等工作是巴赫抛出此言论的原因之一。

尽管在国内有厂商＋ACE 的加持，但一没有被国际奥委会承认，二可能达不到传统体育的监管力度。如今电竞行业的阴暗面除了出现在场内裁判能管辖的范围外，还体现在场外，甚至有部分时候，场外的现象会更加致命。在未来电竞裁判方面，除了场上执法外，泛化来看或许"纪委"的工作也是同样值得去注意的。（来源：《电竞裁判人才紧缺，除了游戏更要懂赛事运营》，作者：Alvis 雷）

第十五章

电竞场馆和电竞设备

电竞场馆及其衍生的各种配套设施,是电子竞技赛事中必不可少的硬件设施,承担着训练、比赛、娱乐等多重功能,是电竞产业的重要组成部分。电竞场馆及其各种设施借助新技术不断更新迭代,为电竞赛事创造出了新的可能。本章将首先讨论电竞场馆的各方面的内容,然后讨论各类电竞比赛中常见的电竞设备。

（一）电竞场馆

电竞场馆作为电竞赛事落地的载体，是能够进行电子竞技运动训练、比赛和观摩活动，以及相关电竞娱乐活动的场所。从早期的网吧，发展至如今能够容纳上万人的大型电子竞技场馆，电竞场馆为电子竞技运动提供了必要的场所。

我国电竞场馆的发展时间不长。2015 年至今，随着政策的支持，电竞产业的腾飞，以及电竞赛事、爱好者数量的增加等利好因素，部分网咖向电竞馆转型发展，谋求新机遇。2016 年，联盟电竞在北京打造了首个专业电竞馆，它占地 1 300 平方米，设有内、外场区，配有高级设备，这也标志着中国首个专业型电竞馆诞生。同年，量子体育在上海打造了占地 26 000 平方米，设有电竞竞技区、电竞培训场、未来游戏机科技体验馆、直播间等完善配套设备的专业电竞馆。联盟电竞、量子体育等专业电竞馆以电竞娱乐为核心业务，各自在电竞赛事、电竞馆运营领域深耕细作。

1. 电竞场馆的分类

根据电竞场馆的功能特点、商业模式和体量大小，可以将当前的电竞场馆分为传统体育场馆、专业电竞场馆和小型电竞馆。

1）传统体育场馆

一般来说，部分传统体育从业者可能认为体育场馆和电子竞技有所冲突：前者是追求更快、更高、更强的体能考验，后者则是坐在显示屏前闷头操作。其实并不然，职业电竞选手同传统项目运动员一样，均有规律的训练时间和模式，他们都在各自领域中不断追求更卓越的比赛表现。而大型职业电竞比赛也常常在传统体育场馆举办,往往吸引数万名观众在现场或者线上观看。

传统体育场馆为适应特定类型的游戏,需要进行布置的改编或全新设计。场馆方往往需要从游戏市场的领先品牌(包括 Valve、Activision Blizzard、Nintendo 和腾讯)中汲取灵感,这些品牌会影响比赛中的玩家数量,舞台尺寸也会有所不同。因此,场地方需要尽可能地做到灵活调度,重新布置舞台和座位,以适应不同的游戏和玩家配置。

许多传统体育馆承接了电子竞技赛事。2017 年,英雄联盟 S7 的总决赛在国家体育场鸟巢举办,2020 年英雄联盟 S10 赛季总决赛则在上海的浦东足球场举行。而王者荣耀常规赛上海主场安排在了上海静安体育中心。2021 年,英雄联盟 S11 赛季世界总决赛在冰岛雷克雅未克的 Laugardalshll 室内体育馆的 A 馆举行。① 同年 5 月,体育馆的 B 馆还举办了季中邀请赛。除了电竞赛事外,冰岛大部分室内运动会和单项体育比赛都会在这里举行。

冰岛 Laugardalshll 室内体育馆

2) 专业电竞场馆

专业电竞场馆在电子竞技行业发展下诞生,是专门为进行专业电子竞技运动比赛、观赛活动及相关电竞娱乐活动而设计的场所。

---

① 《英雄联盟》S11 落地冰岛! 赛程公布:10 月 5 日正式开幕[EB/OL]. (2021 - 09 - 09)[2021 - 12 - 30]. https://ol.gamersky.com/news/202109/1422534.shtml.

专业电竞场馆主要有以下几种形态：第一种是以俱乐部为依托的主场电竞场馆。对于传统体育俱乐部来说，主场是凝聚粉丝热情和忠诚度的重要载体，同样，电竞职业联赛主客场制度的发展也需要建立更多专业化的电竞场馆。在海外，《守望先锋》中的洛杉矶英勇队、达拉斯燃料队等已经公布了他们的主场场馆——能容纳 7 000 多名观众的微软剧院和 6 000 多名观众的艾伦运动中心；国内的 JDG 电子竞技俱乐部《英雄联盟》分部主会场——"拯救者 JDG 电子竞技中心"已在北京启动。这些主场场馆经营俱乐部品牌，并围绕品牌提供俱乐部周边产品，实现电竞产业链的延长和业态的焕新升级。

拯救者 JDG 电子竞技中心

第二种是提供电竞赛事组织服务，以电竞赛事承办为主要经营内容的电竞场馆，如中国电子竞技运动发展中心（CESPC）、上海 VSPN 电竞中心等。专业化、基础设施完备化是这类电竞场馆发展的重点方向。上海 VSPN 电竞中心作为国内头部的电竞场馆运营商，承办了若干大型电竞赛事。为了更好地服务于电竞比赛，该中心规划了近 10 个不同类型的演播室，并配备完善的导播间、媒体区、贵宾室、化妆室等功能区域，可以说实现了卫视级的演播现场。①

第三种则是经营内容更加广泛多元的电竞业态。组织者往往以电竞为业务

① VSPN 抓住电竞发展机会，成电竞产业"最牛"运营商！［EB/OL］.（2020 - 12 - 23）［2022 - 01 - 30］. https://new.qq.com/omn/20201223/20201223A0F2UF00.html.

上海 VSPN 电竞中心

核心,开发出囊括展览展示、娱乐、餐饮等多种服务的经营体系,如联盟电竞、阿灵顿电竞馆。

联盟电竞成立于 2016 年,依托"内容＋场景"的电竞生态模式,通过布局电竞场馆网络、创办自有品牌赛事的方式,打造精良赛事内容。联盟电竞如今在中国、北美、欧洲等多地设有电竞馆。杭州馆由 LGD 和联盟电竞共同打造,是 LPL 杭州主场馆。天津馆则作为官方《英雄联盟》青训营训练基地,为电竞人才的培养提供了大量人才储备,不仅如此,天津馆还设有大量娱乐及服务设施,包括日常上网区和各类包间、VR 体验区等,为游戏玩家提供了丰富、多元的游戏体验。

占地 10 万平方英尺(1 平方英尺＝0.092 903 平方米)的阿灵顿电竞馆是北美最大的专用电竞场馆,场馆可容纳 2 500 名左右的观众,阿灵顿电竞馆不仅是电子竞技场,还是为来自世界各地的游戏玩家提供服务的社区中心,可供游戏玩家进行竞技体验。除此之外,体育场馆还囊括了社交区和购物区。

3) 小型电竞馆

自 2014 年文化部发布《关于推动互联网上网服务行业转型升级的意见》[①]起,国内许多网络服务场所都得到了较大程度的升级与换新。随着后续的利好政策相继出台,各种电竞主题馆、网咖等更加优质的上网服务场所也争相面

---

① 文化部关于推动互联网上网服务行业转型升级的意见[EB/OL]. (2014 - 11 - 25)[2022 - 01 - 15]. https://www.mct.gov.cn/whzx/bnsj/whscs/201411/t20141125_751908.html.

阿灵顿电子竞技体育场内的游戏中心、博览中心

世，而其中电竞主题网咖完全具备举办小型赛事的条件。小型电竞馆如今在城市中非常普遍，它属于上网服务行业营业场所的一种，以电子竞技为运营核心，为用户提供满足电子竞技训练的专业化软硬件设备，以及普通上网服务、餐饮服务等。

2. 电竞场馆的构成和分级

1）电子竞技场馆的构成

电竞场馆的服务对象不仅包含电竞选手、教练、俱乐部和观众，也有赛事内容制作方和厂商等人员。在进行电竞功能分区时，需要综合考虑多方的利益诉求。电竞场馆的功能分区主要有比赛区、训练区、运动员区、观众区、展示交易区、新闻媒体区、主播区、互动体验、休闲娱乐区、场馆运营区，以及赛事管理区等。

比赛区应当包括运动员比赛房、舞台、观赛大屏和灯光音响摄影区，为了防止观众等场外因素对选手比赛造成影响，比赛区与观众区之间应当设置分隔和防护。此外，比赛区的设计还应考虑比赛设备、摄影摄像设备安装、固定、更换和搬运的需求。

训练区是电竞选手进行训练的区域，由多人项目训练包房和单人项目训练包房组成，与比赛区应联系方便，以满足电竞运动员热身或者联系的要求。更衣、淋浴、存衣等服务设施可以独立安排,也可以与比赛区合并,进行集中设置。多人项目训练包房配置比赛用机数量不低于 5 台,单人项目训练包房的比赛用机数量不低于 1 台。为了避免训练时产生的噪声干扰,需要采取降低噪声的相关措施。

运动员区主要作为电竞运动员登记、休息、赛前准备和赛前检录的场所。除了电竞比赛时使用外,也可供运动员训练和普通用户日常使用。

观众区包括看台、包厢、休息区和卫生间等。观众区应该与比赛区接近,设置面积应当考虑场馆分级,与使用人数相一致。看台的布置形式应根据电竞运动比赛特点、疏散方式、视觉质量和电竞馆造型等多方面因素综合选定。

展示交易区是专业电竞馆区别于其他体育场馆的重要区域。这一区域宜设置在电竞馆底层,从而满足展品运输及大量人流集散的要求。展示交易区包括产品展示用房、商铺展位和服务区等部分,作为招商展示、衍生品交易的场所。展位分为永久性和临时性两种,临时性展位的空间宜能承载电竞馆内的临时性活动。随着主客场制度的推行,各俱乐部开始筹建自己的主场电竞馆,而展示交易区将成为这些俱乐部进行品牌宣传推广、商业化呈现的重要载体。

新闻媒体区包括新闻发布厅、新闻中心、媒体休息室和编辑室等。其承载了新闻收集、直播、网页宣传和媒体专访等功能。值得注意的是,应当设立媒体休息室,以便进行赛前、赛后的采访活动。

主播区包括主播用房、设备用房、技术支持区和主播训练用房,且应当能实现赛事直播的功能。主播区同运动员区一样,也需要用玻璃墙进行隔离,保证各类直播设备,如比赛用机、摄像头、电容麦、监听耳塞、麦克风、面光灯等设备的妥善安置。

互动体验区应作为主机电竞、体感电竞、VR 电竞和移动电竞等活动的体验场所,宜包括现场活动区、游戏游艺体验区和 VR 体验区。随着电竞业态的不断焕新,新技术的体验能够帮助电竞产业吸引更多爱好者参与其中,并带动相关产业发展。互动体验区不宜设置在场馆出入口处,以保证人流畅通。

休闲娱乐区一般包括公共上网区、休息区和餐饮区等。公共上网区应在休闲娱乐区内独立分区设置。休息区宜配置观赛大屏,并配备移动无线网络;应紧邻餐饮区,宜配置桌椅、沙发等休息设施;还应根据休闲娱乐区面积,设置相应数量的桌椅座席。此外,餐饮区应设置操作台、水池、收银机和水吧等相关设备。

场馆运营区应承载电竞场馆管理、设备运行维护和后勤服务等功能,应当配全电竞场馆相关配套设施。

赛事管理区的面积应满足电竞运动赛事管理的需要。针对裁判、赛事执行人员、参赛人员和主持人等角色,赛事管理区应当承载电竞赛事管理、合作洽谈、场地服务和比赛设备存储等功能。

2) 电子竞技场馆的分级

目前,我国国内有两个影响力较大的电子竞技场馆分级标准。

(1) 2017 年 6 月,中国体育场馆协会在中国电竞产业大会上,发布了中国首个《电子竞技场馆建设标准》。这份标准明确将电竞场馆按照主要用途、建筑面积、比赛区净高和内外场座位数指标分为四级,并对电竞场馆的选址设计、功能分区、用房配置等做出规定。

电子竞技场馆分级依据与标准

等级	主要用途	建筑面积/m²	比赛区净高/m	座位数/个	
				内场(活动座位)	外场(固定座位)
A 级	举办国际级电竞比赛	>5 000	>8	>500	>1 500
B 级	举办国家级和单项国际性电竞比赛	3 000~5 000(含 5 000)	>6	300~500(含 500)	1 000~1 500(含 1 500)
C 级	举办地区性和单项全国性电竞比赛	1 000~3 000(含 3 000)	>4	300~500(含 500)	
D 级	主要承载训练功能及赛事选拔功能	500~1 000(含 1 000)	根据实际需要	≤300	

(2) 2019 年的全球电竞大会中,上海市文化与旅游局发布了《电竞场馆建设规范》和《电竞场馆运营服务规范》,这算得上是上海迈向电竞之都的一大步。两项标准明确规定了电子竞技场馆的建设要求、等级划分、运营规范,包括声光电

在内的基础设施配套建设。从选手比赛和观众观赛需求出发,规定了电子竞技场馆应配备的服务设施及更新要求。其中,《电竞场馆建设规范》提出了上海市电竞场馆的分级依据和标准。

上海市电子竞技场馆的分级依据和标准

等级	用　途	建筑面积/m²	场馆容量	
			座位数/个	核载人数
A级	主要举办国际最高水平的电子竞技赛事活动	≥50 000	≥5 000	≥10 000
B级	可以举办国际性和全国性的电子竞技赛事	≥2 000	≥200	≥500
C级	可以举办全国性和地区性的电子竞技比赛	≥1 000	≥200	
D级	可以承载观赛功能及赛事选拔功能	≥500	≥100	

注:A级场馆主要举办的高水平电子竞技赛事包括全球性、洲际性的第三方赛事及赛事联盟的顶级赛事;B级场馆主要举办国际性和区域性的电子竞技赛事(含职业赛和非职业赛);C级场馆可以举办全国性和地区性的电子竞技赛事(含职业赛和非职业赛),同时具备电子竞技线下体验和展示、观赛功能;D级场馆以举办非职业赛事为主,具备电子竞技线下体验和展示、观赛功能,以及运动员临时训练功能。

除此之外,我国各地区的电竞场馆建设标准也纷纷出台。2021年,贵阳市电子竞技运动行业协会牵头编制了《贵阳市电竞场馆建设标准》《贵阳市电竞场馆运营服务范围》。2022年1月,海南省首部电子竞技评级团体标准——《海口市电子竞技场馆星级划分与评定》通过审查验收。

作为我国电子竞技行业中的排头兵,腾讯电竞于2017年12月19日亦发布了《腾讯2018电子竞技运动标准》[①],对电竞赛事、电竞教育和相关产业园区进行了规范。《腾讯2018电子竞技运动标准》的第三部分就讨论了"电竞赛事场馆标准",从场馆规模、场馆使用两个角度设立了相应标准。这对我国电子竞技场馆标准的制定和确立具有启发性价值。

[①]《腾讯2018电子竞技运动标准》——赛事领域标准完整版[EB/OL].(2017-12-25)[2021-12-30].https://www.sohu.com/a/212624630_535207.

电子竞技行业标准的纷纷出台,意味着电子竞技产业开始向规范化、体系化方向发展,电竞圈层的服务措施也日渐完备,电子竞技场馆建设的"标准化时代"已经到来。

3. 电竞场馆的意义

电子竞技运动场馆最直观的作用就是为电竞赛事或其他相关活动提供满足需求的空间场所,其具备完整的配套设施,对支撑电子竞技线下赛事的发展具有重大意义。而除了举办赛事以外,场馆仍然承载着赛前和赛后的集训筹备、教学训练、运营传播、商业合作、亚文化传播等职能。在电子竞技以外,场馆仍然属于公共体育设施的一部分,对于完善城市的综合功能、满足国民健身休闲娱乐的需求、促进体育事业的长久发展、促进现代化城市功能的完善都有着重要的作用。

1)推动电子竞技运动水平提升

电竞场馆不仅是电竞选手比赛的场地,也是电竞教学、选手训练的必备条件。从最初的网吧走到万众瞩目的国家体育馆,专业电子竞技场馆为选手提供了系统、科学的运动训练条件,能够对运动员的心理和运动能力进行全方位的锻炼,从而促进运动竞技水平的提升。

2)拉动电竞产业及实体商业发展

电子竞技场馆不仅可以作为训练、比赛的场地,还承载着举办大型赛事及商业展览、提供娱乐设施的功能。电竞行业除了包括游戏本身之外,其整条产业链还涉及制造业、旅游业、新闻业等众多行业。结合了虚拟游戏娱乐和线下泛娱乐体验的电竞场馆已经成为重要的线下消费场景。电竞场馆的建设、活动赛事的筹办以及广告的投放都成为电竞商业的新增长点。电竞场馆,对构建电子竞技产业链条、助力实体商业发展,包括电竞赛事运营和电竞衍生产业(如会展、娱乐、教育培训、旅游、酒店、零售等),都具有重要的推动作用。

3)满足公众娱乐休闲新需求

电子竞技场馆为公众观看喜爱的战队、紧张刺激的电竞赛事提供了线下接口。随着电竞产业的主流化发展,电竞爱好者日益增多。电竞场馆中的比赛、训练,以及其他娱乐设施能够最大限度地满足公众的娱乐需求,为爱好者们提供了与喜爱的电竞选手面对面交流的机会,也为电竞趣缘群体的社交活动提供了不可替代的空间场所。可以说,电竞场馆的涌现,体现了公共设施对消费者需求的进一步洞察。

4)打造城市品牌新形象

大型体育场馆是发展体育事业和体育产业的重要载体,在完善城市功能、提升城市形象、带动第三产业发展等方面,都发挥着不可替代的作用。电竞场馆的作用亦如是。电竞产业集聚效应是提升城市竞争力和知名度的重要途径之一。电竞产业为城市服务,有利于延长产业链条,将电竞元素向城市建设、旅游设施、商业娱乐设施铺开;城市借助政策红利,发展电竞产业,也能够吸引多元产业集聚,助推城市实现转型升级。

(二)电竞场馆的运营

受新冠疫情的影响,全球性的电竞赛事无法完美转接线上场景,导致疫情防控效果最为显著的中国地区成为举办全球赛事的一枝独苗。2020年,英雄联盟全球总决赛、和平精英国际冠军杯相继在中国上海举办,观众数量均创历史新高。近年来,随着LPL、KPL等国内外顶级电竞联赛开始朝城市化发展,主客场赛制逐步稳固,赛事地域化趋势加强。各地的电竞场馆成为电竞赛事运营的必备条件。而随着大型电竞赛事的落地,借助电竞产业的东风,各类中小型电竞场馆也如雨后春笋般涌现。电竞生态市场的蓬勃发展,电竞赛事数量的不断提升,不仅对电竞场馆的建设和打造提出了新的要求,也让电子竞技场馆的运营成为重点问题。

1. 电竞场馆的主要运营内容

电竞场馆运营的核心功能就是提供服务,筹办电竞赛事是电竞场馆生存和发展的关键。通常来讲,一个电竞场馆举办的赛事就是场馆等级和影响力的象征,可以说,赛事不仅意味着收入,还彰显着场馆的特色。赛事是场馆收入的主要来源,举办赛事也是场馆的核心功能。同时,通过筹备各类赛事,电竞场馆也能树立自己的品牌形象,促进场馆运营进入良性循环。例如,由国内知名赛事运营商 VSPN 打造的上海 VSPN 电竞馆,就将 KPL 联赛作为主打的代表性赛事。

但以赛事为主打的业务运营也给场馆带来了一些难题。由于目前传统电竞场馆的职能完全集中在办赛上,只要赛事出现空缺,那么场馆运营就会变成一个负增长点,因为它们不像传统场馆那样,除了举办电竞赛事以外,还有其他的体育、娱乐活动能够支撑场馆运营成本。此外,随着电竞行业热度走高,一些二三线城市的第三方电竞场馆也逐渐建设运营起来,但由于电竞行业资源严重向头部城市倾斜,这些场馆的生存十分艰难。一些底层场馆一方面缺乏赛事资源,另一方面也存在商业化困局,如何"破局"成为不少电竞场馆需要思考的问题。

因此,在举办电竞赛事之外,场馆天然具备的兼容性,以及目前存在的运营难点,也驱使电竞场馆探寻其他的运营模式。承办企业活动就是电竞场馆可以开展的一项运营内容。电子竞技作为一项多人参与的团体性活动,在提升团队凝聚力、增强团队配合度方面发挥着重要的作用。而从企业方来看,一些大型企业为了提升自身形象,扩大企业的影响力和美誉度,需要举办一系列与企业文化相关的团建活动,电子竞技就成为企业方的重要选项。和以往的聚餐、出游、户外拓展相比,电子竞技更受年轻人的喜爱,成为团建的一种新潮方式。而电竞场馆具备电竞的设备和场地条件,能够配合企业进行活动的举办。因此,承办企业团建活动也是电竞场馆的经营内容之一。

随着电竞赛事的崛起、IP 展览的常态化,会展服务也成为各大电竞场馆能够拓展的一项业务。一方面,电竞场馆坐拥电竞赛事资源,具备举办 IP 展览的条件;另一方面,位于中心城区位置的电竞场馆符合会展对位置的需求,适合举办各种会展活动。而电子竞技作为新文创的一部分,与动漫、影视、娱乐等产业有着接近性,因此也会吸引动漫展、游戏展等在电竞场馆落地。会展同样也会拉动产业链的发展,即以会展为核心,延展物流、传播、衍生品等业务结构,催生产业集聚、服务支持、互动互娱等链接可能,将有助于丰富会展生态内容,有效赋能经济与文化发展。

除却上述提到的各项业务,电竞场馆还可以提供配套的综合服务,即以赛事为依托,根据市场和消费者的需求开发其他服务,以满足消费者的多元化、个性化需求。单纯的赛事已经无法满足消费者的需求,电竞场馆围绕电竞赛事、体育经营等核心内容,可以开展如餐饮、超市、停车场、宾馆、酒店等业务,也可以利用场地独特的资源优势开展电子竞技训练营、线下电竞私人教练和陪练等服务。

杭州电竞数娱小镇坐落于杭州石桥,为电竞赛事、电竞场馆、电竞教育等产业内容提供了重要的线下产业载体。杭州电竞数娱小镇为国内首家以电竞为主题,结合了衣食住行＋休闲娱乐的一体化园区,内部设备一应俱全,同时还将电竞元素融合到基础设施中,并具有展示区、活动区、舞台区、后台区及工作区五大功能区。目前,LGD电子竞技俱乐部基地等国内头部电竞机构已经落户杭州电竞数娱小镇。电竞互动娱乐区、综合餐饮、周边服务等多个区块初步建立了起来。诸如杭州电竞数娱小镇一类的专业电竞场地建设,能够汇集电竞开发商和俱乐部、电竞泛娱乐行业重要企业,在打造完整的泛娱乐电竞生态圈中发挥着领头羊的作用。

杭州电竞数娱小镇

2. 电竞场馆的运营标准

目前,我国的电竞场馆运营标准主要有两个:2018年8月8日发布的《电子竞技场馆运营服务规范》和2019年8月3日发布的《电竞场馆运营服务规范》。

这里将综合阐述以上两份文件中的电竞场馆的运营标准。

（1）范围。文件规定了电竞场馆运营服务的基本要求、服务设备设施、服务环境、人员要求、服务内容、安全管理要求及服务质量评价与改进，适用于向社会开放的各类电竞场馆。

（2）基本要求。电竞场馆在运营服务的过程中，应满足如下基本要求：①按有关规定在工商、税务、文化、公安、消防等行政部门办理注册、登记、审核等手续；②建立优质高效、统一规范的运营服务模式；③制定日常工作管理制度及各类专项业务工作管理制度；④加强各类服务信息的公开工作；⑤根据实际情况不断创新服务和管理模式，提升服务质量。

（3）服务设备设施。电子竞技场馆一般应包含的服务设备设施有：①信息展示和咨询设施；②前台设施；③休闲餐饮服务设施；④公用网络设施；⑤比赛服务设施；⑥互动体验设施；⑦日常运营基本设施；⑧公共卫生设施；⑨安全应急设施。

（4）基本管理要求。主要从服务人员管理、场馆空间及设施管理、警示管理等方面提出了基本管理要求：①服务人员管理具体包括人员素质管理、工作管理、人员整体形象管理和人员服务用语管理等；②场馆空间及设施管理具体包括气味管理、声响管理、触觉管理等；③警示管理具体包括进入场馆必须进行实名登记管理、严禁赌博管理、消防安全管理、防失窃管理和禁烟管理等。

（5）服务内容。文件规定电子竞技场馆应提供的服务内容包括两大类：①日常服务，具体包括支付服务和信息服务；②赛事服务，具体包括资质审核、赛事运营、场地搭建、现场广告、技术应急等服务。

（6）安全管理。文件规定的安全管理包括：①场所食品安全管理；②安全培训管理；③经营内容安全管理；④灾害处理。

（7）服务质量评价与改进。文件规定的服务质量评价与改进包括：①评价方法，具体包括现场评价、自我评价和社会评价；②评价准备，具体包括应设置服务质量评价记录表或意见箱（簿），并给出明确的回复，以及应设置服务评价及改进栏目。

设立电子竞技场馆的运营标准，一方面有利于确保我国电竞场馆的规范化、有序化运营,也能保障电竞场馆的完善性、有效性和观众在场馆的体验,同时提高场馆运营和服务的质量;另一方面有助于政府机关对场馆的规范化监管,为日后对场馆主体行为的监督提供依据。

(三) 电子竞技设备

电子竞技设备是指进行电子竞技运动所需要的硬件设备,是实现电竞运动的物理载体。电竞场馆的开设离不开电竞设备的配备。电竞设备主要包括 PC设备、移动设备、外部设备及其他辅助设备。

1. PC 设备

PC 设备主要包括主机和显示器。

主机包括中央处理器(CPU)、内存、硬盘驱动器、显卡等。不同的电子竞技项目对主机的要求不同,但总体而言,电竞运动对主机配置的要求较高。电竞赛事的主机往往由比赛方统一配备提供。

显示器是一种输出设备,用于显示电子图形及色彩。随着技术的发展,显示器从 20 世纪 90 年代的 CRT(cathode ray tube,阴极射线管)显示器,发展到了今天的 LED(light emitting diode,发光二极管)液晶显示器。

显示器的主要性能指标是荧幕尺寸(按照英寸计量的荧幕对角长度,1 英寸＝0.025 4 米)、分辨率(单位面积显示的像素数量)和刷新率(一个显示器在一秒内页面刷新的次数,单位为赫兹,即 Hz)。在电竞比赛中,一般使用 24 英寸,分辨率为 2 560×1 440,刷新率为 120 Hz 以上的显示器。

2. 移动设备

据《中国日报》报道,2021 年中国游戏用户规模保持稳定增长,用户规模达6.66 亿,同比增长 0.22％。移动游戏的市场份额第一次超过客户端游戏,成为份额最大的细分市场。[①] 移动电子竞技已经成为电竞产业发展中的重要组成部分。由于移动设备的便携性,这类设备的普及率很高。移动设备包括手机、平板电脑、智能手表等能够无线传输或接收信息,且独立供电的可携带设备。

移动电竞以手机为主要载体。手机的技术性能,包括帧率波动、精准操作、电量、温度、设备稳定性等,对电竞比赛都有较大影响。手机的这些因素受到屏幕规格、CPU 型号、随机存储器(RAM)内存、只读存储器(ROM)存储、电池容量及操作系统的影响。

值得注意的是,采购或提供的主机设备、移动设备一般均须经过赛事官方同意,禁止使用未获得赛事官方许可的相关设备。

3. 外部设备

外部设备指主机和显示器以外的其他设备,如今常见的外部设备包括鼠标、键盘及其他外部设备(如耳机)等。

1)鼠标

鼠标是计算机的一种输入设备,可以对屏幕上的鼠标指针进行定位,并通过移动及操作按键对屏幕上的元素进行改变。

鼠标的性能参数对电子竞技运动有重要的影响,鼠标的主要性能参数包括分辨率、回报率和刷新率。

分辨率,也叫采样率,是选择一款鼠标的主要依据之一。分辨率反映了鼠标的灵敏度,有 CPI 和 DPI 两种说法。CPI(每英寸测量次数)用来表示鼠标在桌面上每移动 1 英寸距离所产生的脉冲数,又称为每英寸的采样率。DPI(每英寸像素点数)表示每英寸测量的像素点数,目前市场上大部分鼠标以 DPI 作为衡量指标。事实上,DPI 和 CPI 表达的含义是一致的:数值越高,指令数越多,鼠标的灵敏度越高。

回报率,指鼠标 MCU(微型控制单元)与计算机的传输频率,即鼠标向计算

[①] 2021 年中国游戏行业销售收入近 3000 亿 移动市场份额首超端游[EB/OL].(2021 - 12 - 28)[2022 - 01 - 30]. http://ex. chinadaily. com. cn/exchange/partners/82/rss/channel/cn/columns/6ldgif/stories/WS61cadaa8a3107be4979ff7c6. html.

机主机报告其位置的频率,单位为赫兹。例如,回报率为 125 Hz,表示鼠标每秒向计算机主机报告其位置 125 次,每次间隔 8 毫秒。一般来说,更高的回报率代表更佳的鼠标性能,这对于电竞选手来说,具有重要的实际价值。

刷新率,也叫采样频率,指鼠标每秒钟能采集和处理的图像数量,单位一般为帧/秒(fps/s)。高刷新率的鼠标可以保障鼠标在高速运动情况下不丢帧。有些电竞游戏中,鼠标刷新率的高低对赛局表现有着直接影响。

鼠标的性能参数对电竞选手的影响显而易见。不同电竞项目对鼠标的要求也不同。其中 FPS 类游戏项目对鼠标的精度要求更高,绝大多数 FPS 选手会将鼠标分辨率设置在 400~800 DPI 这个区间。

2) 键盘

键盘也是很常见的输入设备。键盘按照不同的标准有不同的分类:按照外形分类,可以分为标准键盘和人体工学键盘;按照接口分类,可以分为 USB 接口键盘、PS/2 键盘、AT 接口键盘等。

电子竞技中使用的键盘主要是机械键盘。机械键盘采用类似金属的接触式开关,工作原理是使触点导通或断开,具有工艺简单、易维护、打字时节奏感强、长期使用手感不会改变等特点。按照微动开关分类,机械键盘可分为茶轴、青轴、白轴、黑轴及红轴等。由于每个按键都是由一个独立的微动开关组成的,所以按键时的段落感较强,进而产生一种适于游戏娱乐的特殊手感。

键盘的性能参数包括键盘接口、背光模式、按键冲突数、轴体性能、键盘材质及键盘布局等,其中最重要的是轴体性能。目前市面上机械键盘最常使用的是 Cherry 公司的 MX 轴。而常见的 MX 轴分为青轴、茶轴和红轴三种。

对于电竞选手而言,手感是在挑选键盘时考量的第一要素。挑选适合自己的键盘和鼠标,需要不断试手,直到选出最适合自己的产品。

3) 耳机

耳机又被称为耳筒或者听筒,在电子竞技项目中兼具听和说两个功能。耳机的主要参数包括阻抗和灵敏度。在电竞项目中,一般对耳机的降噪效果、麦克风的降噪要求较高,针对这些对耳机的需求特点,耳机厂商开发了电子竞技耳机。电竞耳机可以很好地帮助游戏玩家、电子竞技选手精确定位电竞运动项目中的各种场景声音,做到听音辨位。

此外,在电竞项目中,往往都需要用耳机进行隔声。大型赛场往往会设置隔音棚进行隔音,在不具备隔音棚的赛场中,就需要耳机具备较强的降噪能力。耳机上的麦克风还用于在多人竞技团队中进行实时交流,避免噪声干扰。

拓展阅读

腾讯 2018 电子竞技运动标准——电竞赛事场馆标准(节选)

1. 场馆规模标准

电竞场馆可分为大型赛事场馆及常规赛场馆,将根据电竞场馆的各类标准达标情况进行相应划分。

1.1　大型电竞赛事场馆的选择标准

1.1.1　地理位置方面

1.1.1.1　场馆所在区域没有安全风险隐患

......

1.2.6.7　场馆本身是否有布线系连接各个房间,类似东方体育中心。

2. 场馆使用标准

2.1　比赛区域

"比赛区域"意为比赛中所用电脑周围的邻近区域,包括比赛舞台。在比赛进行期间,队伍成员中只有首发选手可以出现在比赛区域内。

......

2.4　选手休息室

选手休息室中有赛事指定的训练用电脑,专供选手在正式比赛开始前练习之用。选手休息室仅为队伍成员保留,由赛事官方自行决定进入的许可。

2.5　队伍公共休息区域

队伍公共休息区域是场馆内由赛事官方定义的区域,目的是将选手进行放松和社交的区域与比赛区域相隔离。除非得到赛事官方的明确许可,否则这些区域仅限队伍成员进入。

2.6　候场区

选手候场区为舞台两边供选手在上台前做最后准备的区域,比赛进行中,队伍工作人员可以在候场区监听队内语音。

注:本标准涉及的数值性标准为建议数值。

第十六章　电子竞技人才发展和培养

早在 2003 年，电子竞技就获得我国国家体育总局批准，正式成为第 99 项体育运动，并在 2008 年改批为第 78 项体育运动。随着电子竞技市场的不断开拓，国际电竞赛事的竞争呈现白热化，我国成为世界上最具影响力且最有潜力的电子竞技市场之一。电子竞技运动结合了体育与信息技术，呈现出专业化、体育化、娱乐化等多元特点。作为新型的体育运动赛事，电子竞技正在被越来越多的人所接纳与喜爱，其在未来可能拥有和现代体育同等重要的位置，但与此同时也面临着发展过程中的诸多问题与挑战。

电子竞技赛事对于高层次、高水平、高素质的电子竞技选手、电竞战队教练、电竞数据分析、电竞项目陪练等相关岗位的需求变得越来越迫切。培养高水平、高素质的电子竞技员，提升电子竞技选手的职业素养，增强电子竞技赛事的竞赛水平和质量，有助于提高我国电子竞技赛事活动的全球影响力。当前，我国电子竞技人才发展与培养正处在起步阶段，对专业化人才的需求极高。电子竞技从业人员职业化培养是行业发展的必然要求，其发展过程也遇到了一系列问题，如电子竞技专业建设滞后于产业发展，开设课程的教材更新速度慢于产业本身的新陈代谢，与电子信息技术融合的训练模式有待发掘等，这些都是在电竞人才培养过程中亟待解决的问题。无论是从行业发展历史的角度来看，还是从业界人员平均年龄的角度来看，电子竞技都是一个非常年轻的行业，其人才的发展与培养，向我们提出了新的要求。

（一）电子竞技人才健康管理

电子竞技由于缺乏运动性而备受争议。相比传统体育运动,电子竞技运动员的数量还不算多,几乎没有学者开展关于电竞运动员的身体和心理健康习惯的客观研究,通常大学会将电竞运动员放在大学校园的田径部门进行管理,目前还没有出台针对电竞运动员这种新型运动员的健康管理模型。但无论如何,电子竞技团队的每一位成员,都是校园中的"新运动员",应与其他运动员在各方面保持相同的标准。与传统体育一样,这些团队有自己专属的教练,团队成员聚在一起进行练习并定期参加比赛。不同的是电竞团队没有传统体育队的体育管理。大众通常认为电子竞技选手非常安全,受伤的机会很小。但事实上,电竞运动员长期遭受着健康问题的困扰和身体磨损的伤害。

电竞运动对反应力的要求非常高,一般从事电竞职业的多是年龄在 30 岁以下的青少年群体。电竞运动员需要保持高强度的训练,连续久坐两三个小时是常有的事,这对电竞运动员的体力、精力耗损很大,会给身体带来伤害,如 RNG 俱乐部的选手在 2018MSI 季中赛中因后背所贴的肌内效贴布而登上微博热搜。长期久坐还会导致更叮怕的身体疾病,如深静脉血栓塞等是直接危害运动员生命健康的隐疾。电竞项目要求选手将眼睛固定在计算机或手机屏幕上,这就导致他们的眼睛会过度暴露于发光二极管(LED)下,LED 广泛应用于计算机、智能手机、平板电脑和电视中,在 400~490 m 的蓝光范围内会达到发射的峰值。过度暴露于此蓝色光谱下会对人的视网膜和感光神经造成损伤,同时也会影响自然的昼夜节律。正常情况下,人体会自动合成褪黑激素,它是人体自然"生物钟"的重要标志,褪黑激素在人们白天清醒的时间里处于最低值,然后在晚上人们打算睡觉前升高，以使身体更好地进入休眠状态。过度暴露于 LED 灯下，会改变身体的褪黑激素分泌，进而影响人的"生物钟"。

电竞项目对运动员在电子设备上执行动作时的手动敏捷度的要求非常高，运动员需要比竞争对手拥有更快的思维能力和更短的反应时间。一般而言，新手运动员平均每分钟需进行约 50 次动作，而高水平的运动员可以达到每秒进行 10 次动作，每分钟进行 500 至 600 次动作。[①] 高频率的动作使手腕侧的肌腱和腱鞘高频率地摩擦，极易引起腱鞘肿胀，进一步损伤肌腱和腱鞘，造成运动员腕侧发热、红肿、压痛，手指无法屈伸，手腕不能随意摆动，若不积极治疗或稍微治疗好了就再次过度使用，极易导致永久性不可逆的损伤，对电竞运动员的职业生涯造成毁灭性的打击。北美 Cloud9 战队曾经的明星中单选手 Hai 退役的很大一部分原因就是他手腕的伤病。

电子竞技运动员与传统体育运动员一样，容易遭受过度使用身体所造成的伤害。最常见的是眼疲劳，其次是颈部和背部疼痛，以及手腕和手部疼痛。希望在未来，针对电竞运动员有专门的健康管理团队。电子竞技也可以考虑纳入临床运动医学研究课程内，以便体育医生和其他卫生专业人员更好地了解电竞运动员的医疗需求，为其提供更好的医疗建议及救治。

（二）电子竞技教育及人才培养

1. 电子竞技职业培训向学校教育的转变

电子竞技的高速发展带来企业对电子竞技人才的巨大需求，人才培养体系缺乏，行业人才积累不足，人才稀缺成为电竞这一新兴产业面临的发展瓶颈。为加快培养电竞专业技能型人才的进度，2016 年 9 月，教育部颁布《关于做好 2017 年高等职业学校拟招生专业申报工作的通知》（教职成司函〔2016〕114 号），将电子竞技运动与管理作为全国《普通高等学校高等职业教育（专科）专业目录》中的

---

① 超竞教育，腾讯电竞.电子竞技俱乐部运营与管理[M].北京:高等教育出版社,2019:161－162.

增补专业,2017年正式执行。教育部文件一出台,各高校纷纷关注并积极申报,在近几年陆续增设电竞专业。电子竞技运动与管理专业的开设为我国电子竞技专业人才的培养提供了有力的支持。①

2017年,国内共有18所高等院校开设电子竞技相关专业(相关内容见本书第十一章)。当前,已设立电竞专业的部分高职院校和中职院校如下。

已设立电竞专业的高职院校名单(部分)

序号	省份	专业名称	学校名称
1	北京市	电子竞技运动与管理	北京京北职业技术学院
2	云南省	电子竞技运动与管理	昆明艺术职业学院
3	陕西省	电子竞技运动与管理	西安汽车科技职业学院
4	河北省	电子竞技运动与管理	河北软件职业技术学院
5	河北省	电子竞技运动与管理	石家庄财经职业学院
6	山西省	电子竞技运动与管理	山西信息职业技术学院
7	山西省	电子竞技运动与管理	山西体育职业学院
8	内蒙古自治区	电子竞技运动与管理	兴安职业技术学院
9	内蒙古自治区	电子竞技运动与管理	锡林郭勒职业学院
10	吉林省	电子竞技运动与管理	长春健康职业学院
11	黑龙江省	电子竞技运动与管理	黑龙江商业职业学院
12	黑龙江省	电子竞技运动与管理	哈尔滨科学技术职业学院
13	江苏省	电子竞技运动与管理	常州纺织服装职业技术学院
14	江苏省	电子竞技运动与管理	苏州工业园区职业技术学院
15	安徽省	电子竞技运动与管理	安徽体育运动职业技术学院
16	安徽省	电子竞技运动与管理	合肥信息技术职业学院
17	福建省	电子竞技运动与管理	三明医学科技职业学院

① 人社部.新职业:电子竞技员就业景气现状分析报告[R/OL].(2021-01-29)[2022-01-10].http://www.mohrss.gov.cn/SYrlzyhshbzb/dongtaixinwen/buneiyaowen/201906/t20190628_321882.html.

（续表）

序号	省份	专业名称	学校名称
18	福建省	电子竞技运动与管理	厦门安防科技职业学院
19	江西省	电子竞技运动与管理	江西工程学院
20	江西省	电子竞技运动与管理	南昌工学院
21	河南省	电子竞技运动与管理	信阳涉外职业技术学院
22	湖南省	电子竞技运动与管理	湖南体育职业学院
23	四川省	电子竞技运动与管理	四川传媒学院

已设立电竞专业的中职院校名单（部分）

序号	省份	专业名称	学校名称
1	北京市	电子竞技运动与管理	北京市求实职业学校
2	河北省	电子竞技运动与管理	保定华中技工学校
3	江西省	电子竞技运动与管理	九江市理工职业技术学校
4	湖南省	电子竞技运动与管理	长沙银河职业学校
5	江苏省	电子竞技运动与管理	南京金陵中等专业学校
6	江苏省	电子竞技运动与管理	江苏省涟水中等专业学校
7	江苏省	电子竞技运动与管理	江苏省淮阴商业学校
8	江苏省	电子竞技运动与管理	江苏省南京工程高等职业学校
9	陕西省	电子竞技运动与管理	西安现代电子职业学校

　　我国普通高等学校和普通高等职业学校能为电子竞技产业发展所需的人才培养创造条件。首先，我国普通高等学校和普通高等职业学校是汇集了多学科教学资源的场所，具有培养电子竞技人才的教学条件。不论是普通高等学校，还是普通高等职业学校，均具有充足的师资力量、教学与实践条件，特别是经多年办学形成了自身特色学科优势的院校。尤其我国一些普通高等学校多学科教学所具备的既高度分化又高度综合的学科特点，能为电子竞技专业建设创造优越条件。考虑到电子竞技专业课程知识体系涉及体育、计算机、新闻传播等多类学

科,普通高等学校设置电子竞技专业,更有利于培养电子竞技复合型人才。依托多学科培养电子竞技人才,不仅有助于激发电子竞技专业学生的学习兴趣,而且有助于培养复合型的电子竞技人才。我国电子竞技产业的飞速发展与我国计算机技术的日新月异息息相关,一些普通高等学校具有的教学资源能为电子竞技专业人才培养创造良好的教学条件,其在计算机技术教育方面具有较大优势,能掌握国际计算机技术发展的前沿动向。此外,普通高等学校具有较优越的基础性教学条件,这不仅有利于电子竞技专业的实践教学,也有利于相关方面的学术研究与产教结合。

在中国电子竞技产业兴起阶段,各种形式的电子竞技培训虽在电子竞技职业教育中发挥了重要作用,但随着我国电子竞技产业的快速与纵深发展,其对人才的需求已从技能型人才转向了技术型人才。所谓技能型人才是指在生产和服务等领域,具备一定的职业技能,并在工作中能够运用技能的人,也称技艺型人才。在我国不同层次的职业教育中,会培养不同层次的技能型人才。我国的职业教育分为初等职业教育、中等职业教育和高等职业教育,多层次的职业教育结构在一定程度上与我国电子竞技产业的多层次人才需求相契合。

电子竞技的相关职位发端于互联网,其既具备计算机行业的一般属性,也具有体育产业和传媒产业的一般属性。我国普通高等学校的"计算机专业"难以独立培养当前电子竞技产业所需的技术型人才,因此,电子竞技专业的"跨界"属性不仅促使一些高等职业教育学校深入电子竞技人才培养领域,更在一定程度上对电子竞技产业中技术型人才的培养方式产生了影响。可以说,我国电子竞技产业的发展方式决定了各院校要适应并建设电子竞技专业。这不仅能对我国电子竞技产业从业人员进行"量"上的扩容,而且有利于实现电子竞技产业从业人员在"质"上的飞跃。[①]

2. 专业教师人才培养

现阶段进行我国高校电子竞技教育的教师主要分为两类。第一类是职业电

[①] 于文谦,谭利.中国 16 所学校"电子竞技专业"建设的困境及路径[J].首都体育学院学报,2020,32(5):439－444.

子竞技俱乐部的相关人员。这类人员从事电子竞技行业多年,对电子竞技行业有着深刻的认识,其相关经验也十分丰富,但大多是退役后的职业选手,较为年轻,一般没有经过管理学的专业培训;且高校电子竞技教育需要长期系统地教授学生电子竞技行业的相关知识,而这类人员对比普通高校教师来说,教学技能及方法相对欠缺,比起教学更像是就职培训,所以在这类专业人员中,愿意且能够进入高校进行教学的人较少。第二类是相关学科的普通高校教师。电子竞技是一门交叉复合型学科,涉及学科包括信息技术学、经济学、体育学、心理学等,高校电子竞技教育教学任务的执行也由这些相关学科的教师负责。这类人员从事高校教育多年,具有丰富的教学方法和技能,但其普遍对电子竞技的认识和理解不够透彻。这就直接导致这类人员在教学过程中无法把专业知识和电子竞技充分地结合起来,从而影响教学效果。电子竞技作为一门新兴学科,教师的数量和质量问题不仅会影响学科的发展,更会影响电子竞技人才的质量。这对我国电子竞技的发展是极为不利的。

我国电子竞技专业的师资匮乏问题会直接影响我国高校电子竞技教育的发展,虽然目前已有院校聘请国外优秀的电竞专业教师任教,但这只是权宜之计,无法从根本上解决我国电子竞技专业教师缺乏的问题。有学者认为,培养我国自己的电子竞技专业教师是加速我国高校电子竞技专业发展的基础,其方法主要有三种:第一种是让有意向当高校教师的电子竞技从业人员接受有关高校教学的培训,这样可以提高这些人员的教学技能,从而保证教学质量。第二种是让相关学科的高校教师接受有关电子竞技方面的培训。各高校可以与我国职业电子竞技俱乐部合作,让相关专业的高校教师进入俱乐部中学习有关电子竞技方面的知识,并与相关从业人员交流,以此来提高教学质量。第三种是将相关人员送至国外优秀的电子竞技专业高校深造。培养我国自己的电子竞技专业教师人才不是一朝一夕就能完成的,但坚持这条道路是十分有必要的。[①]

---

① 姚善贷,李沐宸.我国高校电子竞技教育的现状分析及对策研究[J].当代体育科技,2020,10(36):112−115.

3. 产教融合"双元"育人

"双元"的概念来源于德国,强调校内理论教学与合作企业提供的实践教学交替进行。双元制与普通大学学制相比,其优势在于,学生有充分的时间和条件了解企业文化,了解专业领域,以及生产、管理第一线的详情,同时更容易积累职业经验和提高职业技能。企业也有充分的时间考察和评估学生的发展潜力、素质特点等,以安排更适合的岗位。

职业教育目前有三个层次:中职、高职专科、高职本科。中等职业教育目前培养的学生主要还是面向与比赛紧密相关的岗位,如运动员、教练、裁判、分析师、领队等,讲授课程以各类游戏的实操为主。高职专科培养的学生主要面向场馆运营、游戏开发、赛事策划、俱乐部运营、编导等工作岗位,讲授课程以软件开发类、管理类为主。高职本科由于是 2021 年新增专业,尚未有成熟的课程体系,参考美国部分高校同类专业的课程设置,可大概将其理解为该类专业的本科层次教育教学,针对的是游戏开发设计、管理与测试(纽约大学)、游戏策划、互动交流与设计、造型艺术设计等(卡内基梅隆大学)、电竞营销推广、国际商务合作(加州大学尔湾分校)等岗位,旨在培养具有完整知识体系,具备较强设计和管理等综合能力的人才。

在企业融合层面,锡林郭勒职业学院与内蒙古电子竞技协会、内蒙古漫步云端体育文化有限公司联合开办中专层次电竞专业,并与 LPL 的四个职业俱乐部合作,开展相关专业技术教学;中国传媒大学与腾讯电竞合作,培养高水平解说人才;中国传媒大学南广学院与南京恒一文化传播有限公司开展合作办学,联合上海钛度智能科技有限公司共同打造"艺术与科技(电子竞技分析方向)"专业;四川电影电视学院与成都电子竞技协会签订合作协议;完美世界教育在全国与20 多所院校合作开展专业共建、师资培训、实习实训等,同时主导开发 49 门电子竞技运动与管理课程;腾讯电竞与多所高校及机构长期合作,出版电竞专业教材 12 本,并投入教学使用。可以看出,"双元"中的"企"包含了头部电竞厂商(以腾讯电竞、完美世界等为代表)、行业协会、电竞俱乐部、电竞培训机构等。

在校企合作中,企业方可以提供"环境",支持学校师生进入电竞环境学习,在这个过程中帮助教师成长,筛选有潜力的学生。实现这两点,企业就已经与学校教育教学进行了融合。在校方协助管理的前提下,企业获得的价值主要来自人才筛选过程的前置。在成本增加不高的情况下,发掘在校人才,吸引其毕业后入职,能降低员工入职培训的成本、员工试错的成本和人员流失造成的损失。更高层次的产教融合校企"双元"育人,应当是企业将行业发展中遇到的困难提出,与学校共同研究应对方案,并共同实施以助力企业成长。当然,这对学校师资队伍及学生素质的要求也会更高,可以作为专业学位硕士研究生的培养目标。

产教融合校企"双元"育人是经过实践证明的、有效的人才培养模式,适合于大多数学科的人才培养。未来电竞领域的人才培养要依靠学校克服弱项,从与企业联合培养电竞专业师资队伍入手,脚踏实地地提高该专业的建设水平,以特定类型的岗位为切入点,定向培养电竞领域某一类人才,避免盲目追求知识体系的完整,从而为该专业学生提供专门技术技能培养的机会,并创造广阔的发展空间。企业应发挥平台作用,协助学校给学生提供发展的舞台,在此过程中挖掘可以助力企业成长的人才,提高企业人力资源素质,增强竞争力。[1]

(三) 电子竞技人才训练与人工智能的融合

1. 人工智能选手参与赛事

随着人工智能(AI)的引入及移动计算功能的发展,下一个重大技术飞跃可能会给电子竞技带来质的飞跃。基于 AI 的处理器正在给电子竞技项目的规则和性能带来改进,而 5G 技术在全球的持续推广,给设备和网络带来更快的连接和更低的延迟,将使 AI 技术在电子竞技领域有更大的参与度。美国芯片巨头高通公司已经意识到高性能设备上的 AI 处理器可以为电子竞技领域带来影响,它于 2019 年 9 月与手机厂商 vivo、腾讯《王者荣耀》团队和腾讯 AI Lab 合作推出了"想象力项目",进一步探索如何在游戏、移动设备和 AI 领域为移动游戏生态

---

① 郭梁.电竞专业产教融合校企"双元"育人模式的建构[J].投资与合作,2021(12):199-200.

系统带来更高效和更身临其境的体验。顶级的电竞职业运动员如何训练和持续改进 AI 模型也是这个团队的一个研究方向。

AI 和电子竞技这两个新兴产业的结合,在未来有无限可能,AI 机器人成为电子竞技项目的一部分,直接参与电子竞技比赛;AI 也可以成为电子竞技伴侣,充当电子竞技选手或玩家的陪练或教练。腾讯 AI Lab 所设想的个性化、定制化的"电竞虚拟人",除了具有陪练和教练功能外,还具备更多的拟人化技能,如可以扮演专业的电子竞技主播,让玩家定制自己喜欢的模式,从而进一步提升电子竞技的娱乐性。

如今,机器学习这一技术的兴起及电子竞技的日益普及,将 AI 与电子竞技密切地联系在一起。电子竞技中最常见的 AI 技术就是游戏本身,像 AI Gaming 这样的公司希望能开发出用于电子竞技比赛的更智能的 AI 机器人,而由美国企业家埃隆·马斯克(Elon Musk)与他人共同创立的研究实验室 Open AI 所开发的 AI 机器人,已经可以击败《刀塔 2》项目里水平排名前 1% 的业余爱好者。

谷歌 DeepMind 团队开发的 AI 机器人 AlphaGo 在 2016 年与韩国职业九段棋手李世石的围棋比赛中,使用了一些令人惊讶的策略。这些策略可以类比到电子竞技领域,如果使用 AI,可能会启发电子竞技运动员发现类似的新策略,在游戏比赛中重新考虑自己的一举一动。AI 能给运动员提供人类可能无法想象的洞察力。

《反恐精英:全球攻势》项目中有一个"第六个人"的设置,观察者会向项目的玩家提供他们的策略建议。在未来,AI 机器人可以代替"第六个人"的角色,作为"建议"的一种形式,向参赛团队将不得不在其竞技策略中增加机器人的建议。而对于《星际争霸 II》这种具有相当战略深度的游戏,对于新手玩家会更加困难,这种情况下,游戏中的 AI 机器人就可以充当教练,带领玩家快速入门,有效缩短他们的学习时间。

2. 人工智能专业电竞陪练

电子竞技运动员为了不断提高能使自己赢得比赛的各项技能(如响应时间、策略和肌肉记忆力等),每天需要练习八至九个小时。除了与队友共同练习以培养默契之外，职业的运动员还会做大量的单独练习。这就意味着他们需要找到技能水平与自己一致甚至更高的对手，而游戏平台上充满了业余玩家，这就给职业运动员带来了一定困扰。一旦他们排在竞技项目的前列，就很容易达到稳定状态，这对他们在高水平的竞技比赛中对战其他选手非常不利。

AI 可以充当运动员个人训练的对手。通过 AI 陪练，职业运动员可以与和自己能力相匹配的对手抗衡。此外，团队可以参照他们在联赛中即将面临的战队模式，去设置 AI 的模型，提前模拟好他们在联赛中可能遇到的对战，从而提高竞争优势。如果运动员能够与模拟众多顶级选手的 AI 机器人进行训练对抗，将提升运动员自身的技能和竞技水平，使他们在真正的赛场上面对那些真人选手时做到有备无患。在胜者为王的电子竞技赛事中，这会给运动员带来巨大的优势。持续改进、不断自我学习且训练有素的模拟机器人的 AI 陪练，在未来可能会成为职业电竞运动员首选的练习方法，尤其是在准备重大比赛前，当运动员发现经过数百小时的与模拟竞争对手的 AI 训练模型进行对抗训练后，能在真正的赛场上赢得这些对手，那么越来越多的电竞专业人士将会采用 AI 陪练的模式，以使自己不会落后于人。

业余的游戏爱好者同样可以使用 AI 陪练，体验与电竞职业选手一起训练的乐趣。目前，业余的游戏爱好者一般需要参加职业电子竞技俱乐部或游戏厂商等举办的各项线下见面活动或线上粉丝活动，才能真正接触到职业选手。由于选手的时间和精力有限，业余玩家能与他们同台开展游戏项目竞技的机会少之又少。AI 的模拟训练就可以满足这些热情的游戏爱好者们近距离接触明星选手的诉求，使他们获得与崇拜的偶像一起合作的乐趣。此外，有些业余玩家还怀有成为下一个专业明星运动员的梦想，AI 陪练也能尽可能地帮助这些业余玩家专注于提升自己的水平。

在未来，AI 陪练可能会被视为一种非常有趣的订阅模式，在这种模式下，业余电竞爱好者可能需要每月支付一定的费用，以访问不断更新的 AI 陪练玩家模型。前面提到过，AI 自己也会参与电子竞技项目，那么这种订阅模式还可以为使用者增加 AI 玩家访问的机会，以便在他们缺少队友时有 AI 玩家可以进入团队，或者 AI 玩家可以充当他们团队的对手，从而磨练团队水平。随着电子竞技联赛开始在全世界的高中和大学中发芽,这种 AI 陪练的市场可能会不断增长。最终,就像大学里常规的体育运动一样,大学中的电子竞技运动员也有机会在 AI 的帮助下达到职业运动员的水平,为电子竞技俱乐部选拔电竞人才提供更多的潜在可能。

业余玩家在刚接触游戏时,会花费大量的时间在各大视频网站上观看游戏视频和教程,以期获得经验并发现新的技能秘诀。有些爱好者甚至会付费聘请专业的教练。比如国外有 Gamersensei.com 这样的网站,提供不同项目的教练,收费一般从每小时几美元到几百美元不等。教练能将玩家带到一个全新的高度,通过战略性的指导提升玩家的技能,清晰地定位到玩家目前个人策略的问题,并提出解决方法。

如今带有 AI 处理功能的新一代处理器将进一步向前发展,未来会为各种游戏项目的玩家提供实时的 AI 指导,在玩家的屏幕上给出提示,可以帮助游戏初学者掌握必备的游戏基础知识,也可以实时分析玩家的比赛、游戏环境和敌人的情况,以提供即时反馈,从而使玩家变得出色。可以预见,未来在由 AI 驱动的实时游戏内,实时教练会具有巨大的市场,因为它可以适应多种游戏,并具备多种价格模型。AI 教练可以具备多种表现形式,比如普通 AI 教练、高级 AI 教练(可以根据玩家自身的长处和短处,定制玩家的训练过程)、更高级的 AI 专业教练(类似于职业电竞俱乐部的教练)。①

3. 人工智能虚拟电竞解说

电竞主播和解说兼具娱乐和教育的意义,这是"电竞虚拟人"可以提供价值的地方。在解说场景下,AI 要在一个开放的环境下,结合知识、经验、重要度、精彩度、连贯度等多个纬度对诸多事件进行优先级排序,输出有关电竞局势分析的诙谐幽默、引人入胜的解说语言。这些看似简单的表达对 AI 技术来说是巨大的挑战。

腾讯 AI Lab 的一项研究——"电竞虚拟人",不只局限于使用 AI 来达成电

---

① 超竞教育,腾讯电竞.电子竞技俱乐部运营与管理[M].北京:高等教育出版社,2019:163－165.

子竞技项目的教练或陪练功能，而是希望将"AI＋电子竞技"打造成具备个性化、成长性、主动性甚至创造性的"虚拟人"，在 AI 解说、电子竞技陪练等多个领域为电子竞技带来新的可能。在 2019 年 6 月的全球电竞运动领袖峰会暨腾讯电竞年度发布会上，腾讯 AI Lab 副主任及西雅图实验室负责人俞栋以 AI 电竞解说这一功能为例，分享了腾讯在"AI＋电子竞技"上的成果，他们让"虚拟人"不断地从新闻报道、优秀的真人解说中学习经验，提升 AI 的解说能力；通过研发 Durian 模型对语音进行合成并同步预测唇形和设置表情参数，使 AI 在解说时更加生动自然、有趣，并拥有拟人化的表情和肢体动作。未来玩家可以根据自身喜好，定制自己的观赛伙伴。[①]

（四）电子竞技运动员的相关法律保障

1. 电子竞技选手合同管理

对于电子竞技俱乐部与选手的合同纠纷，电子竞技圈内有诸多案例。由于电子竞技出现时间较短，涉及这方面的法律法规尚未完善，而且很多国家和地区并不认可电子竞技运动为一项体育运动，所以也无法完全使用与体育运动相关的法律法规来确保电子竞技玩家和电子竞技人士的权益能受到保护。

2019 年 5 月，电子竞技项目《堡垒之夜》的著名职业玩家特纳·坦尼（Turner Tenney）在美国的洛杉矶市提起诉讼，要求法院对电子竞技特许经营者正在持有的合同条款进行审查。特纳·坦尼的律师称该选手所在的游戏组织 FaZe Clan 从其赞助交易中获得了 80％的收入，同时单方面替选手拒绝了其他潜在的邀约。市场研究公司 Newzoo 称，这一纸诉讼催生了电子竞技和视频游戏界进行的一场辩论，涉及此行业选手的权利保护。

在电子竞技领域中，职业选手有两类主要的收入来源：一是联赛的薪金，如守望先锋联赛、英雄联盟冠军联赛、NBA 2K 联赛，这些联赛薪金占了运动员报

---

① 腾讯电竞. 腾讯 AI Lab 发布"电竞虚拟人"[EB/OL]. (2019－06－22)[2021－12－01]. https://www.sohu.com/a/322343074_120099903.

酬的大部分。二是对于参加《堡垒之夜》这种没有发行商支持的项目的比赛的职业玩家来说,奖池、品牌赞助、社交媒体收入则是主要的收入来源。同时,许多顶级联赛运动员也拥有大量的社交媒体追随者和赞助协议。

在美国,类似电子竞技运动员与行业的雇佣关系,演员、音乐家和传统体育运动员与行业也具有雇佣关系,根据法律能享有与诸多福利相关的保护。而上述特纳·坦尼的诉讼行动阐明了电子竞技行业中与运动员福利相关的部分缺乏基本的保护。很明显,电子竞技行业的选手们没有工会或玩家协会,没有一个组织能完整地保护电子竞技运动员。在有些游戏项目中,情况相对好一些,如《反恐精英:全球攻势》项目背后有一个独立的非营利性组织;美国的最主要电竞联赛之一《英雄联盟》项目联赛冠军系列,则由游戏的发行商和联赛所有者拳头游戏公司赞助。

对新生运动员更为不利的是,由于缺乏法律保护,很多老牌运动员的合同条款较为苛刻,新生运动员知晓后,索性放弃合同谈判。这使得电子竞技运动员受到更少的法律保护,情况更加恶化。运动员所属的组织会进一步地进行掠夺,以此来支付转会费等大笔支出。在未来,电竞组织与流媒体公司是否会受到相应人才代理法案的监管至关重要,因为一旦选手背后的组织获得劳工专员的许可和监管,将充分保护年轻的电竞运动员,让他们免于被此类并没有保障的合同困扰。

美国职业选手特纳·坦尼的这个案例,说明了欧美国家正在重新思考电子竞技选手与相关电子竞技组织之间的劳务关系。考虑到电子竞技行业的市场规模越来越大,在可以预见的将来,各国可能会针对电子竞技产业链出台更为严谨的法律。如何在保证选手利益的同时,也最大化维护俱乐部的利益,是每个电子竞技俱乐部在未来引进新的选手、续约选手时需要考虑的方向。①

2. 电子竞技运动员版权保护

我国在 1995 年颁布的《中华人民共和国体育法》属于传统体育领域的法律,但电竞运动与传统体育运动还是有较大差别的,《中华人民共和国体育法》中存

---

① 超竞教育,腾讯电竞.电子竞技俱乐部运营与管理[M].北京:高等教育出版社,2019:172－173.

在不少与其相关的立法空白。就目前的相关法律来看,当一名电竞运动员的正当权益受到侵害时,他很有可能得不到充分的保护。电竞运动员作为一个特殊的群体,应享有一定的权利,但目前这部分的相关法律是相对缺失的。[①]

目前电子竞技界的游戏设计厂商拥有对版权的绝对统治。这种结构使游戏发行商在很大程度上控制了电竞团队、运动员、联赛。根据《德国版权法》第七十三条、第七十七条和第七十八条,表演者(歌手、演员等)应有权将其表演视为自己所属,表演者具有在视频或音频记录媒体上录制其表演的专有权,并有权将自己的表演向公众公开或广播。问题是,电子游戏玩家是否具有与歌手、作家等相同的表演地位,德国法律并未对此作出明确的定义。需要说明的是,传统体育运动员(如足球运动员)按照《德国版权法》第七十三条的含义,不被视为表演者。[②] 对于电子竞技运动员对其竞技影像是否拥有版权的问题,目前仍未有国家出台相应法律,电子竞技在知识产权方面仍然存在相当多的法律不确定性。随着电子竞技行业的发展,游戏厂商、玩家、竞技俱乐部、运动员都在为游戏的合理性、可玩性、精彩程度进行创新,版权权利问题也一直存在变化。[③]

拓展阅读

上海发布《电子竞技指导员管理规范》

随着电子竞技产业的繁荣发展,上海在探索游戏文创产业中"先行先试",先后引入 DOTA2 国际邀请赛、2020 英雄联盟全球总决赛等国际级电竞赛事,正成为电竞产业蓬勃发展的沃土。

上海市电子竞技运动协会发布《电子竞技指导员管理规范》(简称《规范》),对电子竞技指导员的资质认定、服务要求、技能水平等维度予以细化明确,旨在进一步规范电子竞技指导员的认定和管理,引导行业良性发展,提升用户体验。

---

① 姜汉烽,吕楠.电子竞技产业概论[M].北京:电子工业出版社,2020:177.
② 联邦德国著作权及有关保护权的法律(著作权法)[EB/OL].(2019-04-06)[2022-01-29].https://china.findlaw.cn/chanquan/zccqfg/qtzccqf/29172_6.html.
③ 超竞教育,腾讯电竞.电子竞技俱乐部运营与管理[M].北京:高等教育出版社,2019:177-178.

电子竞技产业发展至今,已经成为在线新经济的重要组成部分,同时也是灵活就业的重要平台。基于电子竞技及行业相关生态,大量人员在不同平台为用户提供指导或咨询服务。据不完全统计,全行业从业人员已经超过1000万,上海相关从业者超过80万。电子竞技指导这一行业规模已经形成,市场需求也具有可持续性。但由于前期发展较快、规模扩张较大、相关引导匮乏,在服务中存在规范性不足、专业性不够、服务性不强等问题。

此次发布的《规范》,进一步对电子竞技指导员这一细分群体做了具体定义。《规范》指出,"电子竞技指导"指基于电子竞技及行业相关生态,为提高用户电竞体验感和水平而提供的技战术指导、咨询、竞技陪同体验等服务。"电子竞技指导员"是指从事电子竞技指导服务并具备一定服务意愿、服务能力的从业人员。需要注意的是,"电子竞技指导员"需年满18周岁。

加强电子竞技指导使行业发展的规范化、专业化,通过专业指导使行业发展更加健康、有序,同时进一步丰富健全上海重要电子竞技行业标准体系,继续保持上海在电竞行业标准打造方面的领先地位。在有关政府部门指导和要求下,上海市电子竞技运动协会联手上海一谈网络科技有限公司(比心)等行业头部平台、市场头部企业,上海市互联网公共上网服务行业协会、上海市质量和标准化研究院,上海市质量监督检验技术研究院,以及法律专家、公证处专家、主流媒体代表等不同领域专业人士,以规范发展为中心,吸取体育领域中的很多先进做法,按照上海市团体标准相关要求和流程,制定了《电子竞技指导员管理规范》和《电子竞技指导员服务能级评价导则》。

这两项标准将为行业发展提供更为清晰明确的定义、指引和考核规范,同时通过专业考核,从思想政治、表达规范、个人认识、时事要闻、法律常识、行业概况、专业技术等方面对从业者进行全方位培养和引导,提升从业人员的整体水准和整个行业的服务水平。

《规范》的出台,让此前处于模糊地带的电子竞技指导服务有了更清晰的界定,有利于推进电子竞技指导员这一细分领域的"职业化"进程。考虑到目前国内诸多高校均已开设电竞教育相关专业,且社会电竞人才缺口依旧较大的情况,《规范》可以为高校的人才培养提供更为清晰的方向,帮助高校培养的电竞人才更好地与产业需求接轨。

这两项标准的推出,也标志着上海打造电竞行业标准进入更加垂直、专业的阶段,定义更加严格、要求更加具体、发力更为精准。未来,上海市电子竞技运动协会将根植电竞领域,依据不同环节,打造更多具有针对性的行业标准。

参考文献

［1］Funk D C，Pizzo A D，Baker B J. eSport management：embracing eSport education and research opportunities[J]. Sport Management Review，2018，21(1)：7 - 13.

［2］Hutchins B. Signs of meta-change in second modernity：the growth of e-sport and the World Cyber Games[J]. New Media & Society，2008，10(6)：851 - 869.

［3］Jonasson K，Thiborg J. Electronic sport and its impact on future sport[J]. Sport in Society，2010，13(2)：287 - 299.

［4］Martončik M. E-Sports：playing just for fun or playing to satisfy life goals? ［J］. Computers in Human Behavior，2015，48：208 - 211.

［5］Pizzo A D，Su Y，Scholz T，et al. Esports scholarship review：synthesis，contributions，and future research[J]. Journal of Sport Management，2022,36(3)：228 - 239.

［6］Pizzo A，Baker B，Na S，et al. eSport vs sport：a comparison of spectator motives ［J］. Faculty/Researcher Works，2018.

［7］Raggiotto F，Scarpi D. It's not just a game：virtual edgework and subjective well-being in eSports[J]. Journal of Interactive Marketing，2023，58(2 - 3)：185 - 197.

［8］Reitman J G，Anderson-Coto M J，Wu M，et al. Esports research：a literature review ［J］. Games and Culture，2020，15(1)：32 - 50.

［9］毕金泽,郭振,林致诚.中国电子竞技与产业发展研究[J].北京体育大学学报,2020,43 (8):87 - 96.

［10］陈信凌，黄盛泉，李艳艳.中国网络游戏产业发展现状与趋势[M].北京:社会科学文献出版社,2015.

［11］陈亦开.中国电子竞技学术研究的现实问题与视角转向[J].成都体育学院学报,2022, 48(3):29 - 34.

［12］杜承润,王子朴.电子竞技运动员竞技能力特征分析及损伤康复路径探讨[J].中国体育科技,2021,57(3):87 - 92.

［13］房晓溪,侯宇坤.游戏电子竞技教程[M].北京:中国水利水电出版社,2012.

［14］高强,徐凡,汪维,等.从"体育是什么?"到"体育哲学是什么?":始于"电子竞技是否体育"争议的思考[J].成都体育学院学报,2023,49(1):29 - 37.

［15］洪建平,刘庆振.制度化中的网络互动与利益平衡:杭州亚运会电子竞技比赛项目研判

[J]. 成都体育学院学报,2022,48(3):18-23.

[16] 黄一涛,杜友君. 电子竞技赛事直播节目版权保护的现实困境与实践路径[J]. 传媒, 2022(13):76-78+80.

[17] 霍传颂. 体育演进逻辑下的电子竞技现象思辨[J]. 成都体育学院学报,2020,46(4):102- 107.

[18] 蒋毅,孙科,熊双. 中国电子竞技发展困境的文化阐释[J]. 成都体育学院学报,2022,48 (1):49-54.

[19] 李宗浩,李柏,王健. 电子竞技运动概论[M]. 北京:人民体育出版社,2005.

[20] 刘福元. 电子竞技产业化的行政法律机制建构:"放管服"指引下的应对之策[J]. 兰州学 刊,2020(12):82-88.

[21] 刘福元. 电子竞技场域中政府主体的身份转型与路径重设:从"举办和参与"到"监管和 服务"[J]. 上海体育学院学报,2021,45(2):32-42.

[22] 刘福元. 电子竞技执裁公正的法理界说与制度建构[J]. 上海体育学院学报,2023,47 (5):25-38.

[23] 刘福元. 监管主体与对位罚则:电子竞技场域中假赛惩处的机制建构研究[J]. 武汉体育 学院学报,2021,55(6):45-51.

[24] 刘福元. 权益保障、违规处罚与申诉救济:电竞职业选手的三维规则体系建构[J]. 上海 体育学院学报,2022,46(2):68-80.

[25] 刘双庆,刘璐. 正当性建构:电子竞技报道的框架与话语分析[J]. 成都体育学院学报, 2021,47(5):106-112.

[26] 刘志国,宫彩燕,郭兆霞. 社会责任视角下电子竞技负功能应对:以青少年为例[J]. 体育 与科学,2021,42(2):64-69.

[27] 路珏,邰子学. 机构、平台和玩家:中国电子游戏发展的多维考察[J]. 新闻爱好者,2022 (12):104-106.

[28] 罗宇昕,李书娟,沈克印. 体育竞赛表演业的数字化革命:电子竞技职业化的时代困境和 未来展望[J]. 中国体育科技,2021,57(3):93-97.

[29] 马宏智,钟业喜,张艺迪. 中国电子竞技产业地理集聚特征及影响因素[J]. 地理科学, 2021,41(6):989-997.

[30] 马中红,刘泽宇. "玩"出来的新职业:国内电子竞技职业发展考察[J]. 中国青年研究, 2020(11):20-28.

[31] 宁传林,徐剑. 全球电竞之都评价分析[J]. 城市问题,2022(11):43-53.

[32] 沈克印,寇明宇,吕万刚. 数字经济时代体育产业数字化的作用机理、实践探索与发展之 道[J]. 上海体育学院学报,2021,45(7):8-21.

[33] 唐威. 电子竞技产业概论[M]. 上海:华东师范大学出版社,2020.

[34] 王松,阿柔娜,郭振. 文明进程中体育化浪潮的发生、现代性及当代思考[J]. 沈阳体育学 院学报,2023,42(2):130-137.

[35] 王治河. 扑朔迷离的游戏:后现代哲学思潮研究[M]. 北京:社会科学文献出版 社,1998.

[36] 徐珺. 从资本之都走向创新之城:创新视角下的全球城市发展探讨[M]. 上海:格致出

版社,上海人民出版社,2020.

[37] 徐笑菡.域外电子竞技研究的推进路径、理论框架与现实旨趣[J].成都体育学院学报,2022,48(3):24-28.

[38] 许鑫.电子竞技人才建设现状及发展对策研究[J].人民论坛,2022(8):76-79.

[39] 杨赫,杜友君,梁天翼.具身体验与数字劳动:电子竞技网络媒体传播效果的发生机制[J].上海体育学院学报,2021,45(7):58-66.

[40] 杨一江,刘海燕.电子竞技赛事观众现场观赛动机量表开发与验证[J].旅游科学,2022,36(4):75-89.

[41] 于文谦,谭利.中国16所学校"电子竞技专业"建设的困境及路径[J].首都体育学院学报,2020,32(5):439-444.

[42] 恽如伟.数字游戏概论[M].北京:高等教育出版社,2012.

[43] 张惠彬,沈浩蓝.论电子竞技运动的法律治理[J].西安体育学院学报,2021,38(5):534-541.

[44] 张惠彬.传统与现代之间:电子竞技的版权省思[J].上海体育学院学报,2021,45(12):100.

[45] 张琳,刘耀荣,柴王军,等.基于知识图谱的中外电子竞技研究进展与热点分析[J].西安体育学院学报,2023,40(2):197-209.

[46] 张文杰.数字时代的电子竞技与粉丝文化[J].青年研究,2022(3):50-62+95.

[47] 张轩,巩晓亮.电子竞技新论[M].北京:电子工业出版社,2019.

[48] 张震.电子竞技是否属于体育的"本体论约定"阐析与解决路径[J].成都体育学院学报,2023,49(1):38-44+118.

[49] 周乐."电子竞技是否是体育":基于"历史意识"的逻辑分析与思维方式批判[J].成都体育学院学报,2023,49(1):45-50.

[50] 朱一鑫,程哲.技术关联、无关多样性与新兴产业发展:基于中国电竞产业的实证研究[J].中国科技论坛,2022(11):114-124.

[51] 邹天然,张钏瑞,肖淑红.比较视域下电子竞技后备人才的培养模式及优化策略[J].科学决策,2021(12):133-144.

后　记

　　我们团队对于电竞的兴趣始于 2020 年,其时我在大学课堂和青年学生们进行交流。有次课堂上讨论城市和体育的话题,只有一半的男生对我所熟知的大众体育(如足球、篮球)有观看比赛的爱好,而女生基本不喜欢。但全班四十多人有百分之八十以上的同学有看电竞的爱好,并且没有性别差异。这让我意识到,对于当代的青年而言,电竞已经成为他们的主流文化,就像我们那代人爱看武侠、言情小说一样。

　　由此,我和我的研究生们对电子竞技这项未来世界的主流大众体育活动开始了系统学习和研究。面对电子竞技这一不断受到人们重点关注的新兴数字产业领域,我们希望能够编著一本全面反映当前电子竞技发展新内容、新趋势和多维度的概论性书籍。在撰写本书的过程中,我们力求全面、客观地呈现电子竞技的发展历程、产业特点、市场规模、未来趋势等方面的信息,同时也对电子竞技的游戏分类、电竞选手、电竞场馆、电竞设备等方面进行了详细讲解。我们希望读者通过阅读本书,能对电子竞技有更加深入的认识,能了解电子竞技产业的基本情况和未来发展趋势,也希望本书为广大电子竞技爱好者和从业者提供有益的参考。

　　在本书的撰写过程中,我们得到了许多人的帮助和支持,特别是上海交通大学的多位硕士和博士研究生,其中徐佳悦负责编写了第一章和第十章,何嘉劲编写了第二章和第十四章,宁传林编写了第三章和第六章,陈韵仪编写了第四章和第十五章,袁欣瑶编写了第五章和第十三章,王雨佳编写了第七章和第八章,刘彦怡编写了第九章和第十一章,韩昺旭编写了第十二章和第十六章。此外,宁传林、徐佳悦、高远、陈芷韵、寇育晰、高紫越等人对书稿内容进行了多次校对,他们对本书的撰写和出版工作做出了一定贡献,为本书的质量提供了重要保障,在此向这些同学表示感谢。

此外,我们还要感谢众多电子竞技产业的专家和从业者,在本书的撰写过程中提供了宝贵的意见和建议。

最后,再次感谢您选择阅读《电子竞技概论》,希望本书能够对您有所帮助,同时也欢迎您对本书提出宝贵的意见和建议,以便我们不断改进和完善。